Sophia Bergmann

AM ENDE DAS GLÜCK DER WELT

Sophia Bergmann

AM ENDE DAS GLÜCK DER WELT

Roman

DIANA

Von Sophia Bergmann sind im Diana Verlag erschienen:
Zum Glück ein Jahr
Am Ende das Glück der Welt

MIX
Papier aus verantwortungsvollen Quellen
FSC® C014496

Verlagsgruppe Random House FSC® N001967

Originalausgabe

in der Verlagsgruppe Random House GmbH,
Neumarkter Straße 28, 81673 München
Umschlaggestaltung: t.mutzenbach Design, München
Umschlagmotive: © Shutterstock/Vintage Vectors Studio/Ladoga/
Oksana Alekseeva/grop/ olillia/ Radoman Durkovic/Nataliia Semeshchuk /
LineTale/Art Alex/Amzhylttay/Moloko88/Ravital/ShustrikS
Satz: Leingärtner, Nabburg
Druck und Bindung: GGP Media GmbH, Pößneck
Printed in Germany

ISBN 978-3-453-35970-3

Zitat einer irischen Triade auf Seite 166 mit freundlicher
Genehmigung aus Jane Urquhart: *Fort* © der deutschen Übersetzung:
1995 Berlin Verlag in der Piper Verlag GmbH, Berlin

Zitat des Gedichts »Der nicht genommene Weg«
von Robert Frost auf Seite 221 mit freundlicher Genehmigung
aus Robert Frost: *Promises to Keep. Poems – Gedichte,*
übers. v. Lars Vollert © 2011 der deutschen Übersetzung
C.H. Beck oHG, München, S. 66/67.

www.diana-verlag.de
Besuchen Sie uns auch auf www.herzenszeilen.de
Dieses Buch ist auch als E-Book lieferbar.

Du kannst den Hahn zwar einsperren,
doch die Sonne geht trotzdem auf.

KONFUZIUS

1. KAPITEL

Ellen atmete tief durch und umklammerte den Baseballschläger fester. Sie zielte und holte aus. Jetzt! Doch kurz vor dem Scheinwerfer stoppte sie wieder ab. Nein, so jemand war sie nicht. Das hier war unter ihrer Würde.

Welche Würde?

Was für ein altmodischer Begriff für eine Frau wie sie – und in Kombination mit diesem Baseballschläger nachgerade lächerlich. Womöglich hatte bei ihrer momentanen Glückssträhne auch schon ein wachsamer Nachbar die Polizei alarmiert. Und welche Würde läge darin, sich ausweisen zu müssen und wegen Sachbeschädigung verhaftet zu werden? Ellen seufzte. Tatsächlich wäre selbst diese Schande noch angenehmer für sie als dieses unerträgliche Gefühl der Demütigung, die schrecklichen Selbstzweifel und die Schlaflosigkeit.

Sie schwang den Schläger durch. Zuerst die Rücklichter. Danach würde sie den Rest seines Autos brutal zerlegen, so wie er mit seinen Lügen nicht nur die Gegenwart, sondern gleich auch noch ihre gemeinsame Vergangenheit in tausend Scherben zertrümmert und alles vernichtet hatte. Sie holte wieder aus, aber dann, kurz bevor der Schläger das Plastik der Rücklichter berührte, hielt sie erneut abrupt inne. Ihr Brustkorb hob und senkte sich, als wäre sie gerannt. Nein. Sie konnte es einfach nicht. So ging nur sein Auto kaputt, nicht sein Leben.

Ellen kauerte sich auf den Bürgersteig, weil ihre Knie anfingen zu zittern, wie jedes Mal, wenn ihr das ganze Ausmaß der Katastrophe bewusst wurde. Wenn sie nur nicht so entsetzlich ahnungslos gewesen wäre!

Aber seine Lügen hatten sie sanft und seidig in einen Kokon gehüllt, und erst als sie ihre Flügel ausbreiten und mit ihm zusammen endlich davonfliegen und die Reise ihres Lebens antreten wollte, hatte sie gemerkt, dass ihr Innerstes längst von einer räuberischen Schlupfwespe aufgefressen worden war.

Sie sprang auf, stellte sich breitbeinig hin und schwang nun zum dritten Mal den Schläger wie zu einem Golfabschlag. Er hatte es verdient! Ihre beste Freundin Geli war davon überzeugt, es würde ihr guttun, ihre Wut an Richards brandneuem Cabrio auszulassen. Rache sei das einzig Richtige in ihrem Zustand, hatte Geli gesagt. *Zustand*. Das sagte man sonst nur, wenn eine Frau schwanger war. Aber auch das war lange vorbei.

Was zur Hölle war denn eigentlich ihr Zustand? Wie fühlte man sich, wenn einem klar wurde, dass man seit einem Jahr von vorne bis hinten belogen worden war? Mies. Total mies. Und noch dazu schien es allgemeiner Konsens zu sein, dass sie daran auch noch selbst schuld war. Frau hätte es halt besser wissen müssen. Als Wissenschaftlerin hatte sie sofort sämtliche psychologische Ratgeber zu diesem Thema in ihrer Bibliothek zusammengesucht und festgestellt, dass man sich erstaunlich einig war: Ellen hätte es spüren, merken, ahnen müssen, denn es gehörten schließlich immer zwei zum Scheitern einer Ehe, bla, bla, bla …

Was für ein Bullshit! Richard war einfach der perfekte Lügner. Er hatte sich genauso verhalten wie immer. Leicht zerstreut, leicht desinteressiert, aber stets gut gelaunt. Ellen hatte es für völlig normal gehalten, dass ihr Sexleben nach über zwanzig Jahren nicht mehr wie das von Frischverliebten gewesen war. Und im Gegensatz zu vielen anderen Paaren, die sie kannte, hatten sie immer noch so viel miteinander geredet und gelacht. So war es ihr jedenfalls vorgekommen, Richard hatte offensichtlich nur gut geschauspielert und dabei höchstens noch *über* sie gelacht.

Los, schlag endlich zu!

Und wahrscheinlich wäre diese Scharade noch ewig so weitergelaufen, wenn das Reisebüro nicht versehentlich diese Tickets an sie geschickt hätte. Als sie den Umschlag von der Agentur gesehen hatte, bei der Richard seine Reisen buchte, weil er Onlineangeboten misstraute, war sie zutiefst bewegt gewesen. Ihr Mann hatte sich eine Überraschung für sie ausgedacht, wie cool war das denn?! Endlich würden sie die Weltreise antreten, die er ihr damals bei seinem romantischen Antrag so heißblütig für die Flitterwochen versprochen hatte. Sie hatte den Umschlag geöffnet und zwei Flugtickets mit Air France nach Mauritius gefunden. Rührselige Begeisterung hatte ihr die Tränen in die Augen getrieben. Dann erst hatte sie die Namen auf den Tickets registriert. Nicht Ellen und Richard Schneyder, sondern Richard Schneyder und Hanna Müllerschön standen darauf.

Ellens Hände hatten angefangen zu zittern, noch bevor ihr richtig bewusst geworden war, was das bedeutete. Hanna Müllerschön war der Name von Richards Assistentin, und ganz sicher gab es gerade kein Bauprojekt auf Mauritius, dessen Fortschritt die beiden dringend überprüfen mussten.

Hanna war blond und sehr zart. Sie hatte etwas von einem jungen süßen Hund, womit sie in Männern und Frauen gleichermaßen einen Beschützerinstinkt auslöste. Ellen war es da nicht anders ergangen, als sie Hanna an Gelis fünfundvierzigsten Geburtstag kennengelernt hatte. Hanna, Gelis reizende Nichte, hatte die Cocktails für ihre Tante herumgereicht. Dabei waren sie und Ellen ins Gespräch gekommen, und als Hanna ihr von dem Praktikumsmarathon erzählte, den sie seit Jahren durchlief, weil kein Architekturbüro bereit war, sie endlich fest einzustellen, da musste Ellen ihr einfach helfen. Deshalb hatte sie Richard inständig darum gebeten, der Jungarchitektin eine Chance in seinem Büro zu geben.

Hanna also.

Mit Tränen in den Augen hatte Ellen die beiden Flugtickets angestarrt, während ihr gesamtes Eheleben vor ihrem inneren Auge rückwärts abgelaufen war wie in einem viel zu schnell gedrehten Film – bis zu der Geburtstagsparty, auf der sie damals Richard kennengelernt hatte. Wo war der Augenblick, an dem sie aufmerksamer hätte sein müssen, wo war der Moment, an dem ihr gemeinsames Leben sich plötzlich in zwei verschiedene Welten aufgesplittet hatte? Was hatte Richard gefehlt? Wann hatten sie sich gegenseitig nicht mehr wirklich wahrgenommen? Scham brannte in ihren Eingeweiden wie Säure. Sie hatte versagt.

Zum Glück waren wenigstens die Kinder gerade unterwegs.

Work and Travel. Lukas war in Asien, zuletzt irgendwo in Vietnam, und Mia war in Japan, wo sie immer noch versuchte, Geisha zu werden. Beide meldeten sich eher selten und wenn, dann schickten sie entweder ein lustiges Selfie oder per WhatsApp ein »Es geht mir gut und ich lebe noch«. Zum ersten Mal war Ellen gottfroh, dass die beiden so weit weg waren.

Die Metallplakette auf dem Baseballschläger blitzte im Laternenlicht auf und brachte sie wieder zurück in die Gegenwart. Was, wenn ihre Kinder sie so sehen könnten oder irgendwelche Leute sie filmten und das bei YouTube reinstellten? Sie musterte die Hausreihen. Alles lag im Dunklen. Am Himmel leuchtete nur eine schmale Mondsichel, und es schien auch keine schlaflosen oder wachsamen Nachbarn zu geben. Jedenfalls hatte noch niemand die Polizei gerufen.

Geli wäre doch besser mitgekommen. Die hätte Richards schwarzen Audi TT ohne jede Hemmung längst zu Hackfleisch verarbeitet. Ellen hielt den Schläger vor den rechten Scheinwerfer. Wenigstens dieses Licht sollte sie ausknipsen. Sie holte tief Luft, aber all ihre Energie war verebbt. Statt der Wut gab es in ihr nur noch ein Loch, als wäre ihr Innerstes gestohlen worden. Mit so einem Gewaltakt würde sie sich nur noch mehr demütigen.

Seufzend stützte sie sich auf den Baseballschläger. Er war ein Geschenk von Richard für Lukas gewesen. Und jetzt war Richard weg. Wie sollte sie das den Kindern erklären? »Euer Vater hat den Reset-Button gedrückt und mich gegen das Modell Hanna, Version 25.0, ausgetauscht.« Sie konnte es nicht mal leise aussprechen, selbst die Flüsterversion davon machte sie klein und alt, verwandelte sie in eine weibliche Version von Gregor Samsa, die morgens aufwachte und eine von diesen hässlichen, graubraun behaarten Motten geworden war – die Sorte, die Kindern Albträume verursachte, wenn sie sich in der Nacht in ihren Haaren verirrten – langen, eigentlich längst grauen Haaren, die sie aber trotzig immer noch dunkelblond färbte. Kein Vergleich zu Hannas echter blonder Lockenpracht. Aber Hanna war schließlich auch ein ganzes Vierteljahrhundert jünger. Ein Neuwagen quasi. Die aktuelle App, passend zu Richards nagelneuem Cabrio.

Ellen schwang den Schläger noch mal vor sich durch die Luft. Tu doch endlich irgendwas! Entweder du zerstörst sein neues Spielzeug, oder du meditierst darüber, dass jeder auf seine Weise einzigartig ist und alles so kommt, wie es kommt, und im Fluss ist und so weiter. *Ommm …*

Aber sie neigte weder zu Gewalt, noch war sie eine Zenmeisterin, und von denen gab es auch nicht wirklich viele. Wahrscheinlich war es für die meisten Frauen auf dieser Welt schwierig, den Kopf komplett auf stumm zu schalten, selbst nach vielen Stunden Meditation. Dazu mussten sie sich um zu viele Dinge kümmern, zu viel im Auge behalten. Apropos Zen und Erleuchtung: Vielleicht hätte ihr etwas dämmern müssen, als Richard plötzlich anfing, sich geradezu religiös mit Sport zu beschäftigen und damit begann, sogar nach dem Kaloriengehalt von Sushiröllchen zu fragen.

Aber Ellen war, anders als ihre Mutter, noch nie besonders misstrauisch gewesen. Sie hatte sich ihrer Mutter in dieser Hinsicht sogar sehr überlegen gefühlt. Schließlich hatte Ellen im Gegensatz zu ihr immer gearbeitet, eigenes Geld verdient und nicht nur zu Hause herumgesessen und an Richards Rockzipfel geklebt. Das Misstrauen ihrer Mutter, so hatte Ellen allen Ernstes geglaubt, war nur deren Abhängigkeit geschuldet gewesen. Ein Fehler, den sie deshalb nie hatte wiederholen wollen. Doch Misstrauen war offensichtlich immer angebracht, selbst wenn man aussah wie Angelina Jolie und mehr als genug Geld verdiente. Es war egal, wie sehr man sich zwischen Kindern, Küche, Karriere und Körperkult abstrampelte, irgendwann landete man eben im Abseits. Und daran würde sich auch nichts ändern, wenn sie jetzt Richards Auto verprügelte.

Ellen seufzte, legte sich den Schläger über die Schulter und trabte langsam durch die laue Sommernacht zu ihrem eigenen Auto zurück, das sie ein paar Straßen entfernt geparkt hatte.

Sie konnte sich schon lebhaft vorstellen, was Geli zu ihrem Rückzieher sagen würde: »Du bist doch nicht normal! Es ist völlig okay, ein bisschen rachsüchtig zu sein! Du brauchst eine Therapie oder ein Glückscoaching.« Und Ellen war gottfroh, dass ihre Mutter nicht mehr lebte, denn deren Kommentare würden ihr jetzt den Rest geben. Ihre Mutter hatte Richard angebetet und Ellen immer aufgefordert, alles zu geben, um diesen tollen Mann »zu halten«.

Ein merkwürdig zischendes Geräusch ließ sie zusammenfahren, und erst als ihr ein paar Wassertropfen ins Gesicht rieselten, wurde ihr klar, dass in dem Garten, an dem sie gerade vorbeigelaufen war, die Rasensprenkleranlage angesprungen war. So eine hatte sie auch immer für ihren Garten haben wollen, aber Richard hatte das »spießig« gefunden. Uncool. Ein weiterer Kompromiss auf dem Weg ins Aus.

Sie schloss ihr Auto auf – den uralten Volvo Kombi, den sie sich nach Mias Geburt angeschafft hatten –, stieg ein und fuhr zu ihrem Haus, das nicht mehr lange ihr Zuhause sein würde.

Sie parkte das Auto in der Einfahrt und bemerkte erst beim Aussteigen, dass etwas nicht stimmte.

Im Haus brannte Licht.

Um vier Uhr morgens!

Dafür konnte es nur eine einzige Erklärung geben. Ellens Herz begann zu hämmern. Richard musste eine plötzliche Eingebung gehabt und sich ins Taxi geschwungen haben, um zu ihr zurückzukommen. Er hatte seinen Fehler, seinen Irrtum, seine Schwäche eingesehen! Er liebte sie doch noch. Und sie würde ihm alles verzeihen. Sie würden neu anfangen, würden diese Krise überwinden. Wie gut, dass sie das Auto nicht angerührt hatte.

Sie rannte zur Haustür, zitterte aber so sehr, dass sie den Schlüssel kaum ins Schloss stecken konnte. Gerade als sie es endlich geschafft hatte, wurde die Tür von innen aufgerissen.

2. KAPITEL

Der Mann, der dort stand und sie entgeistert anstarrte, war definitiv nicht Richard. Er war deutlich jünger und trug einen Weihnachtsmannvollbart über einem leicht schmuddeligen bodenlangen Kaftan.

Erst als er Ellen anstrahlte und in seine Arme zog, wurde ihr klar, dass das ihr Sohn war – braun gebrannt, verschwitzt, fast kahl rasiert und durch den Bart völlig verändert.

»Mama!«, rief er, und seine Augen leuchteten. »Wie schön, dass endlich jemand kommt. Hab mich schon gewundert. Ich bin wieder da!«

Er zog sie in den Flur und drückte sie so fest an sich, als wären sie beide gerade einer Naturkatastrophe entkommen. Seine großen warmen Hände auf ihrem Rücken torpedierten Ellens Selbstbeherrschung. Sie fühlte sich, als wären all ihre Wirbelkörper in zerbrechliches Glas verwandelt, das in Lukas' unbekümmerter Umarmung in tausend Einzelteile zu zersplittern drohte.

Um ihre Fassung zurückzugewinnen und nicht wie ein wirbelloses Tier in seinen Armen zu hängen, versuchte Ellen, sich auf den Geruch von Schweiß und ungewaschenen Kleidern zu konzentrieren. Schließlich war sie seine Mutter und kein Waschlappen! Sie atmete tief durch, wollte, nein *musste* beherrscht und fürsorglich sein, um das hier jetzt durchstehen zu können.

»Lukas, was …«, stotterte sie. »Was machst du denn hier?«

»Mama, ist alles gut mit dir? Freust du dich denn gar nicht, dass ich wieder da bin?« Er trat einen Schritt zurück und musterte sie.

Ihr stieg nicht nur heiß die Röte ins Gesicht, sondern jetzt brach ihr auch noch der Schweiß aus allen Poren. Lukas war nicht dumm. Es war vier Uhr morgens, sie war komplett schwarz angezogen, trug mitten im Sommer einen schwarzen Mantel und dazu noch die Skimütze ihres Sohnes, während ihre Hand seinen Baseballschläger umklammerte. Sie riss sich die Mütze vom Kopf, lehnte den Baseballschläger gegen die Wand und ging auf ihren Sohn zu, um ihn noch einmal zu umarmen.

Doch er wich ihr aus und starrte sie durchdringend an.

»Mama, wo kommst du eigentlich in dem Aufzug um diese Uhrzeit her?«

»Ich war bei Geli, wir … äh … proben für ein Theaterstück, für ein Flüchtlingshilfeprojekt in meiner Bibliothek.« Etwas Besseres fiel ihr gerade nicht ein. Lukas war sozial engagiert, vielleicht würde ihn das überzeugen. Er hatte sie eiskalt erwischt. Sie musste dringend von sich ablenken.

»Und warum bist du hier, mein Schatz? Du wolltest doch frühestens nach einem Jahr wieder nach Hause kommen? Das musst du mir gleich bei einem Kaffee erzählen, ja?«

»Ich weiß, es ist noch ein bisschen früh, aber ehrlich gesagt hab ich ziemlichen Hunger …« Lukas klang so schüchtern, als wäre er neun Jahre alt, und das war ein Segen, weil Ellen dadurch wieder wusste, wer sie war und was sie zu tun hatte.

»Kann ich dir was kochen?«

Lukas kraulte begeistert seinen Bart. »Das wär bombastisch! Hast du vielleicht zufällig etwas von deiner super Lasagne tiefgefroren? Davon habe ich unterwegs so oft geträumt.«

»Ich schaue gleich mal nach.« Obwohl sie wusste, dass keine Lasagne da war, stürmte sie in die Küche, machte Licht und kramte im Gefrierfach herum. Das gab ihr Zeit zum Nachdenken. Seit Richard weg war, hatte sie nichts mehr gekocht und kaum gegessen. Nur Geli hatte sie hin und wieder gezwungen, etwas aus dem Tiefkühler aufzutauen und zu essen.

»Oh, das sieht schlecht aus, mein Schatz«, sagte sie schließlich und bemühte sich um einen heiteren Ton. »Aber ich mache dir gern Nudeln mit Tomatensoße, wenn du willst.«

»Geht das denn? Ich hab vorhin schon den Kühlschrank inspiziert, so leer habe ich den noch nie gesehen. Wart ihr verreist, oder seid ihr so einer komischen Fastengruppe beigetreten? Macht ihr so eine Art Reinigungsritual?« Er zeigte auf die vielen Umzugskisten, die im Wohnzimmer standen, und schüttelte irritiert den Kopf.

»In Hanoi beim Couch-Surfing waren die Typen dort auch gerade auf so einem Trip. Ich musste auf dem Boden schlafen, nur weil die sich gerade von allem getrennt hatten, was ihrer Meinung nach überflüssig in ihrem Leben war.«

Dein Vater ist auf dem gleichen Trip, bei dem muss auch die Alte raus, damit die Neue Platz hat, dachte Ellen, aber das konnte sie natürlich nicht sagen. Stattdessen kramte sie im Vorratsschrank herum.

Nach einer Weile trat Lukas zu ihr und legte eine Hand auf ihre Schulter. »Mama, was ist denn los? Irgendwas stimmt doch nicht. Wo ist eigentlich Paps?«

Weg, dachte sie, einfach weg, wusste aber nicht, wie sie das in Worte packen sollte.

»Ist er auf einer Tagung?«

Als Ellen den Kopf schüttelte, hakte er besorgt nach. »Ist er etwa im Krankenhaus?«, fragte er, und sie konnte hören, wie sehr er sich ein Nein als Antwort wünschte.

»Nein, Lukas, niemand ist krank.« Auch wenn sie sich krank fühlte, seit sie die Tickets gefunden hatte. Sie überlegte, ob sie die Wahrheit mit einer Notlüge abmildern konnte, aber wozu? Sie hatte ihre Kinder in wichtigen Dingen nie angelogen und würde heute nicht damit anfangen.

»Also gut.« Nur nicht die Beherrschung verlieren. Sie musste jetzt stark bleiben. »Dein Vater und ich haben uns getrennt.«

Ellen musste sich setzen. Sie hatte es laut ausgesprochen. Vor ihrem Sohn. Wie würde er das aufnehmen? Was würde er sagen?

»Dieser Arsch hat was mit Hanna, stimmt's?« Lukas setzte sich zu ihr an den Küchentisch und trommelte mit den Fingerkuppen auf der verschrammten Holzplatte herum.

»Rede nicht so über deinen Vater«, murmelte sie reflexartig, während sich ihre Gedanken überschlugen. Wie kam er denn darauf? Hatten ihre Kinder womöglich lange vor ihr etwas gemerkt, das ihr völlig entgangen war? Lukas war acht Monate lang fort gewesen, aber Richard hatte zugegeben, dass seine Affäre mit Hanna schon fast ein Jahr lief. Lukas musste also schon vor seiner Abreise einen Verdacht gehabt haben.

»Wie kommst du denn auf Hanna?«

»Sag schon, hab ich recht?«

Sie konnte nur nicken.

»Das ist doch krank!« Er schüttelte sich. »Papa ist mehr als zwanzig Jahre älter als sie, das wäre so, als würde ich es mit Geli treiben!«

»Bitte, rede nicht so ein dummes Zeug. Dein Vater und Hanna haben sich verliebt.« Sie war stolz auf sich. Es war ihr gelungen, das zu sagen, ohne daran zu ersticken, ohne die niveaulosen Worte zu benutzen, die permanent von den Neandertalregionen in ihrem Gehirn ausgestoßen wurden: Verräter, Wichser, Arschgesicht.

Sie atmete durch. »Gegen die Liebe kann man nichts machen.«

»Und was passiert jetzt?« Er musterte sie eingehend. Früher hatte er mit genauso einem prüfenden Blick abgecheckt, ob es sich lohnte, die Erlaubnis für noch eine Runde an der Playstation zu erbetteln. Plötzlich sah sie ihn im Pyjama, dem hellblauen mit den bunten Elefanten darauf. Richard stand hinter seinem achtjährigen Sohn und zwinkerte ihr zu, weil er selbst ebenfalls gern noch eine Runde Fifa gespielt hätte, obwohl am nächsten Tag Schule war. Damals hatte Ellen genickt und den Jubel der beiden genossen wie andere Standing Ovations. Nie im Leben wäre sie auf die Idee gekommen, dass sie und Richard nicht zusammen alt werden würden.

Was sollte sie Lukas antworten, wo sie doch selbst nicht die leiseste Ahnung hatte, wie es jetzt weitergehen würde? Richard und sie würden sich scheiden lassen, ja natürlich, aber was sonst noch?

Ellen sprang von ihrem Stuhl auf. Sie konnte nicht länger still sitzen und fing an, alles für eine Nudelsoße zurechtzulegen. Während ihre Hände wie von selbst nach Messer und Schneidbrett griffen, Parmesanreibe und Töpfe bereitstellten, wurde ihr eines glasklar: Sie würde hier doch nicht ausziehen. Auch wenn Richard das unbedingt wollte, auch wenn sie schon die ersten Umzugskisten gepackt hatte. Von wegen woanders neu anfangen, sich nicht mit der Vergangenheit belasten. Bullshit! Das hier war ihr Zuhause. Hier waren ihre Kinder groß geworden. Es würde Mia völlig durcheinanderbringen, wenn sie aus Japan zurückkam und andere Leuten in ihrem Haus wohnten.

Sie würde die Kisten wieder auspacken. Gleich nachher, wenn die Sonne ganz aufgegangen war. Erleichtert drehte sie sich zu Lukas um. Ihrem Sohn. Ihrem erwachsenen, braun gebrannten Sohn mit dem Bart eines alten Mannes. Er starrte sie immer noch an, ein wenig verunsichert jetzt, und sein Anblick erinnerte sie an den Tag, als sie ihm hatte sagen müssen, dass seine Großmutter gestorben war.

Wie gestorben?, hatte er nachgebohrt. War sie jetzt im Himmel? Wie war sie denn da hingekommen? Mit einer Rakete? Seine Oma? Nein, ohne Rakete, ihre Seele war dort hinaufgeflogen. Wie das? Hatte sie Flügel bekommen und war sie durchsichtig geworden? Wenn ja, woher wusste man das denn dann? Und wenn alle toten Seelen unsichtbar zum Himmel flogen, gab das keine Probleme mit den Flugzeugen, wo doch ständig Menschen starben? Hatten die Flugzeuge einen Radar für Seelen, oder konnten sie durch diese Seelen hindurchfliegen, ohne sie zu verletzen?

Und genau wie damals wusste Ellen, dass es ihre Aufgabe war, ihm eine plausible Erklärung anzubieten, eine Lösung.

»Sag doch, Mama, was passiert denn jetzt?«

Sie zuckte mit den Schultern. Lässig, wie sie hoffte. Dann räusperte sie sich, denn das wenigstens hatte sie als Mutter gelernt: Wenn es gerade keine wirkliche Lösung für die Seele und ihre Probleme gab, konnte man immer noch die Behausung der Seele, den Leib, pflegen. »Jetzt koche ich uns erst mal was!«

Anstatt wie früher begeisterte Zustimmung auszudrücken, kam er zu ihr, legte einen Arm um sie und zog sie wieder auf den Stuhl zurück.

»Nein, Mama, vergiss die Nudeln. Warum hast du mir denn nichts gesagt? Dann wäre ich schon früher nach Hause gekommen. Ich mache uns jetzt erst mal einen Kaffee, und du erzählst mir alles.«

Ihr Sohn war erwachsen geworden. Aber er war immer noch ihr Sohn und sie seine Mutter. So ging das nicht. Sie würde ihn nicht in diesen Sumpf mit hineinziehen. Nicht wie ihre Mutter.

»Es gibt nichts zu erzählen. Es ist, wie es ist.« Sie stand

wieder auf, ging zurück zur Arbeitsplatte und holte Gewürze aus dem Schrank. Basilikum, Lorbeerblätter, Thymian.

»Ihr wart vierundzwanzig Jahre verheiratet.«

»Lukas, ich werde darüber nicht mit dir sprechen.«

»Weil du denkst, dass ich noch so ein Kindskopf bin?«

»Nein. Weil es eine Sache zwischen deinem Vater und mir ist.«

»Und, redet ihr darüber?«

Nein, dachte sie, natürlich nicht. Aus ihrer Sicht gab es nichts zu reden. Lügner. Wichser. Arschgesicht.

»Weiß Mia es schon?«

»Nein, und du wirst es deiner Schwester auch bitte nicht sagen. Es reicht, wenn sie nach ihrer Rückkehr davon erfährt. Verdirb ihr bloß nicht die Reise. Und verrätst du mir jetzt endlich, warum du schon zurück bist? Ich habe erst in ein paar Monaten mit dir gerechnet.«

»Erst wenn du mir sagst, was du so schwarz angezogen mit meinem Baseballschläger mitten in der Nacht gemacht hast.«

Eher würde sie sich die Zunge abbeißen. Mütter demolierten keine Autos, sie waren Vorbilder. Aber sie sollten ihre Kinder auch nicht anlügen.

»Das war, wie schon gesagt, so ein Projekt in der Bibliothek. Du weißt ja, wie sehr ich mich da engagiere«, sagte sie und hoffte, dass ihr Sohn niemals erraten würde, was sie wirklich vorgehabt hatte. Keine weiteren Entgleisungen dieser Art mehr! Und jetzt Themawechsel.

»Also, Lukas, nun aber raus mit der Sprache!«

»Das glaubst du eh nicht.«

Sie musterte ihren Sohn, ein Riese wie sein Vater, aber mit viel breiteren Schultern. Ob er sich verliebt hatte und es nur nicht sagen wollte, weil sie ihm gerade von der Trennung erzählt hatte? »Das werden wir ja sehen.«

Mit einem Mal sah er ganz verlegen aus. Sie musterte ihn genauer. Um Gottes willen! War *er* womöglich krank? Hatte er sich unterwegs etwas eingefangen? Oder hatte er etwas angestellt?

»Egal was es ist, ich glaube dir.«

»Na gut, dann verrat ich's dir: Ich hatte einfach Heimweh.«

Heimweh! Das Wort durchbohrte die letzten Reste ihrer Selbstbeherrschung. Tränen schossen ihr in die Augen. Heimweh. Dazu musste man nicht nur von zu Hause weg sein, sondern es musste auch ein Zuhause oder eine Heimat geben, nach der man sich sehnen konnte. Das Zuhause ihrer Kinder jedenfalls war zerstört. Ellen wollte sich gar nicht vorstellen, was ihre Tochter dazu sagen würde. Sie konnte sich nicht länger zusammenreißen und fing an zu schluchzen.

»Aber Mama, Heimweh ist doch nichts Schlimmes!« Lukas setzte sich neben sie und nahm ihre Hand. »Bloß peinlich! Es geht sofort vorbei, wenn man zu Hause ist!« Und als sie das nur noch mehr zum Weinen brachte, fügte er ein wenig schüchtern hinzu: »Alles wird wieder gut.« Das war genau der Satz, mit dem Ellen ihn immer getröstet hatte, wenn er sich wegen eines verlorenen Spiels oder einer Sechs in Physik gegrämt hatte. »Und wenn es noch nicht gut ist, dann ist es auch noch nicht das Ende der Geschichte.«

Mittlerweile war die Dämmerung angebrochen, und das Zwitschern der Meisen, Grünfinken und Rotkehlchen in den Himbeerhecken mischte sich in Lukas' letzte Worte wie eine fröhliche Begleitmusik.

Heimweh!

3. KAPITEL

Eine Stunde später schien die Frühlingssonne, als wollte sie schon für ein Sommerfest aufspielen. Die Küche war wieder aufgeräumt, Lukas lag bei runtergelassenen Rollläden in seinem Bett und schlief.

Ellen stand vor den Umzugskisten unten im Wohnzimmer.

Nein, sie würde nicht aus dem Haus ausziehen, von dem sie immer geglaubt hatte, dass es ihr Zuhause war und sie den Rest ihres Lebens darin verbringen würde. Nur deshalb hatte sie sich damals darauf eingelassen, mit Richard dieses heruntergekommene Fünfziger-Jahre-Häuschen in Laim zu kaufen. Nicht gerade eine besonders noble Gegend, aber er hatte sofort gesehen, wie wertvoll der große Garten eines Tages sein würde. Und dann hatte er sich als Architekt an dem dunklen, verwinkelten Haus ausgetobt. Sein großer Glasanbau hatte mehrere Preise gewonnen, für Nachhaltigkeit, für Design, für Innovation, und eine Zeit lang hatte Ellen ständig Leute durch das Untergeschoss führen müssen. Richard hatte zwar die Renovierung geplant, doch mit dem Dreck und dem Ärger und zwei kleinen Kindern, für die man Wasser und Strom brauchte und keine Löcher in der Wand und im Boden, hatte sie sich herumgeschlagen. Aber es hatte sich wirklich gelohnt. Das ganze untere Haus war zu einem lichtdurchfluteten Raum geworden und wirkte, als ob es mit dem Garten verwachsen wäre. Was auch an den handbemalten blauen Bodenkacheln lag, die sie zusammen in der Toskana entdeckt hatten. Nicht nur im Haus, auch im Garten steckten Jahre ihres Lebens. Die englischen Teerosen, der Schwimmteich mit dem Sonnendeck, den sie aus Angst um die Kinder nie, Richard aber so unbedingt hatte haben wollen, die Kräutertreppen, die Himbeerhecken, ihr Staudengarten.

Seit ihrem Gespräch mit Lukas war Ellen sich ganz sicher: Sie brauchte keinen Neuanfang in einer neuen Umgebung, in einem dieser lächerlich winzigen Apartments, die sie sich mit Geli angesehen hatte. Jede dieser Wohnungen war ihr wie eine Gefängniszelle vorgekommen, und warum sollte sie überhaupt irgendwo anders einen Scheißneuanfang machen? Was für ein Blödsinn! Das hier war ihr Leben! Sie hatte halbhohe Ölsockel von der Wand gekratzt, Teppichböden und Linoleum abgeschabt und Badfliesen von der Wand geklopft. Damals hatten sie nie genug Geld gehabt und alles selbst gemacht. Wobei Ellen nie ganz aufgehört hatte zu arbeiten. Und sie waren so stolz gewesen, das alles gemeinsam zu stemmen – ein Umbau, zwei Kinder, seine Karriere *und* ihre Doktorarbeit. Jede der Treppenstufen aus rötlich schimmerndem Kirschholz war von Ellen eigenhändig abgeschliffen und poliert worden. Nein, das hier würde sie nicht kampflos aufgeben. Voller Elan kniete sie sich neben eine der noch offenen Kisten und fing an, sie wieder auszupacken. Richard konnte sie nicht zwingen, hier auszuziehen. Oder doch? Nein, das würde er nicht wagen.

Sie erhob sich und lief zu dem mächtigen Rollladenschreibtisch, den sie von ihrem Urgroßvater geerbt hatte. Wunderbar! Dann musste sie sich doch nicht davon trennen. Ihr Großvater Wilhelm hatte ihn selbst gebaut, und das dunkle Eichenholzmonster hätte durch keines der Treppenhäuser dieser Apartmenthäuser gepasst. Ellen nahm die von den Kindern gemalten Nikoläuse, Monster und »Mami ich hab dich lieb«-Herzen wieder aus der offenen Umzugskiste und legte sie in die Fächer zurück, und mit jedem Bild fühlte sie sich ein wenig besser. Sie packte gerahmte Fotos von ihren Großeltern, Bänder und Schleifen, die sie liebevoll auf alte Sektkorken gewickelt hatte, und alte Kalender wieder aus.

Bis sie ganz unten in der hintersten Ecke der Kiste auf das »Ja, heirate ihn!«-Buch stieß.

Das musste Geli hinter ihrem Rücken dorthin geschafft haben, denn Ellen konnte sich nicht erinnern, es eingepackt zu haben. Dreiunddreißig Postkarten hatte Richard für sie zu diesem Buch binden lassen. 33 war symbolisch, weil sie sich am 3.3. kennengelernt hatten. Damals hatte Richard noch das Mythische in ihrer Verbindung sehen wollen. Er war eigentlich kein Esoteriker, aber er liebte Zahlen. Ihr Mann hatte am 3. März Geburtstag, sie am 6. Juni, weshalb er dann auch unbedingt an einem 9.9. hatte heiraten wollen. Diese Dreiheit in der Verbindung ihrer Zahlen hatte ihn fasziniert, und er hatte damals jedem erzählt, sie beide seien sich eben geradezu vorherbestimmt. Und er war höchst unglücklich gewesen, als seine Kinder sich dem verweigerten und beschlossen, an eher banalen Daten auf die Welt zu kommen. Lukas am 17. April und Mia am 11. Februar. Wie mystisch wohl Hannas Geburtstag war?

Seufzend starrte sie auf das Buch in ihrer Hand. Jetzt war daran gar nichts Mystisches oder Esoterisches mehr, jetzt waren es nur noch abgegriffene Postkarten. Aber damals hatte es für sie tatsächlich die Welt bedeutet, und nicht nur weil es als Gutschein für ihre Flitterwochenweltreise gedacht gewesen war. Nie in ihrem ganzen Leben hatte jemand sich ein schöneres Geschenk für sie ausgedacht.

Die Karten, die er von Freunden und Bekannten für sie hatte schreiben lassen, kamen aus aller Welt und standen symbolisch für all die Orte, an die er sie in den Flitterwochen entführen würde. Eine Weltreise! Bevor sie Richard getroffen hatte, war Ellen über London nicht hinausgekommen. Sie hatte ihr Glück kaum fassen können.

Doch diese Reise war bis heute nur ein Traum geblieben. Allerdings war das nicht seine Schuld. Als sie kurz nach der Hochzeit hatten losfliegen wollen, hatte ihre Schwiegermutter Helga einen Radunfall gehabt und sich die Schulter gebrochen. Und weil sie allein in einem Dorf im tiefsten Niederbayern wohnte, musste man sich um sie kümmern. »Man«, das bedeutete Ellen, denn für Richard hatte sich der verschobene Reiseantritt als der ganz große Glücksfall herausgestellt. Er konnte spontan bei einem Projekt einspringen und ergatterte so seinen ersten Job in einem der ganz großen Architekturbüros. Ein harter Job, der ihm kaum Zeit ließ, die Wäsche zu wechseln, geschweige denn nach Niederbayern zu fahren. Ellen hatte es zuerst nichts ausgemacht, sich um ihre Schwiegermutter zu kümmern, weil sie mit ihrer Arbeit sehr viel flexibler war als er. Sie hatte ihr Studium trotz der vier Auslandssemester in London in Rekordzeit durchgezogen und schrieb nun an ihrer Doktorarbeit. Richard hatte sich immer darüber lustig gemacht, weil er einen Doktor in Bibliotheks- und Informationswissenschaften für völlig überflüssig hielt. Später hatte es ihm allerdings gefallen, Ellen auf Partys immer mit »Und hier ist *meine* Frau Doktor« vorzustellen. Was zu großen Enttäuschungen geführt hatte, weil jeder vermutete, sie wäre Ärztin. Für einen Doktor in Bibliothekswissenschaften interessierte sich nämlich niemand so wirklich. Trotzdem liebte Ellen ihren Beruf, und damals hatte sie es auch geliebt, Richard helfen zu können. Auch ihre unkomplizierte Schwiegermutter hatte sie sehr gemocht. Doch die Schulter musste zweimal operiert werden, und nach mehr als einem halben Jahr ständigen Hin- und Herfahrens war Ellens Geduld erschöpft gewesen, was zum ersten schlimmen

Streit in ihrer Ehe geführt hatte. Natürlich hatten sie sich damals noch wunderbar leidenschaftlich versöhnt.

Ellen starrte das Buch an. Eigentlich hätte sie es an die Wand pfeffern, darauf herumtrampeln oder es zerreißen sollen. Aber sie konnte es nicht. Was für ein Hohn! *Ja, heirate ihn!* Dreiunddreißig Postkarten von Freunden und Bekannten aus aller Welt mit teilweise abstrusen Begründungen, warum Ellen ausgerechnet Richard Schneyder heiraten sollte. Geli hatte es bestimmt absichtlich unten in der Kiste versteckt. Sie hatte es gut mit ihr gemeint.

Ellen legte das Buch unschlüssig neben sich auf den Boden.

Ich brauche frische Luft, entschied sie schließlich, stand auf und ging nach draußen auf die Terrasse, die, wie sie ganz nebenbei bemerkte, dringend gekehrt werden musste. Sie streifte ihre Flipflops ab und lief barfuß über den immer noch taufeuchten Rasen, den sie so oft vertikutiert, gedüngt und gemäht hatte. Sie ging in die Hocke und streichelte mit der Hand über die kurzen weichen Halme, die sich auch unter ihren Füßen wie ein dichter sanfter Teppich anfühlten. Es duftete nach Gras und Zitronenmelisse und von irgendwoher auch nach Lavendel, und wenn sie ein anderer Mensch gewesen wäre, hätte sie sich jetzt hier hingelegt, in den Himmel geschaut und darum gebetet, jemand möge die Zeit wieder zurückdrehen.

Stattdessen schraubte sie sich hoch, hörte das Knacksen in ihren Gelenken, schob die Schultern nach hinten und lief am Teich vorbei zu den Rosen, wo sie ein paar verblühte Köpfe abknipste.

Wie war es möglich, dass Lukas sofort gewusst hatte, was passiert war? Warum hatte sie selbst nichts gemerkt? War sie so viel besser darin, sich zu betrügen, als er? Wann hatte das angefangen? War es schon zu spät gewesen, als sie letztes Jahr zu einer Tagung nach Lissabon mitkommen wollte und er ihr versichert hatte, dass sie sich dort nur zu Tode langweilen würde, weil er sicherlich keine Zeit für sie hätte? Oder hatte er sich schon viel früher von ihr entfernt, damals als sie wegen Mias Depression schweren Herzens ihre Leitungsstelle in der Bibliothek aufgegeben hatte, um für ihre Tochter da zu sein? Es hatte Richard nicht gefallen, er wollte, dass Mia in einer Klinik untergebracht wurde, wo sie fachgerecht behandelt werden würde. Mias Depression hatte ihm so zugesetzt, dass er oft erst spät nach Hause gekommen war. Damals hatte Ellen gedacht, er käme wegen der schlechten Stimmung so ungern heim. Und sie hatte ihn verstanden, denn Richard hasste es, so hilflos zu sein. Er wollte immer der Supervater sein, der seine Tochter aus allen Gefahren rettete, aber aus diesem schwarzen Loch hatte er sie nicht herausziehen können.

Geli glaubte nichts davon. Papperlapapp, hatte sie schon damals bei Mias Depression gesagt, du suchst nur nach Entschuldigungen für ihn. Und jetzt war sie der Überzeugung, Richard könne es nur nicht ertragen, dass seine Frau älter geworden war, weil es ihn an seine eigene Sterblichkeit erinnerte. Aber so einfach war das nicht.

Ellens Füße wurden kalt, obwohl die Sonnenstrahlen den Teich nun schon zum Glitzern brachten. Sie füllte ein paar ihrer altmodischen Blechgießkannen mit Wasser. Hatten sie zu viele Rituale gehabt? Der erste Kaffee morgens zusammen, noch bevor die Kinder wach waren, das Haus in den Schären, in das sie immer wieder gefahren waren. Der Italiener, bei dem sie sich einmal im Monat eine Auszeit genommen hatten, die Musik, die sie zusammen gehört hatten …

Ihr hatte das gefallen. Schließlich war ihr Leben schon chaotisch genug, nicht nur wegen der Kinder. Lukas hatte zwar von Geburt an ein sehr sonniges Gemüt gehabt, aber er war so faul, dass die Schulzeit ein einziger Kampf gewesen war. Mia hingegen wollte in allem perfekt sein und hatte dafür mit extremen Stimmungsschwankungen und am Ende mit der schweren Depression bezahlt. Und weil man das ernst nehmen musste, denn die meisten Selbstmorde in Deutschland wurden von Jugendlichen begangen, hatte sie ihre Arbeit in der Bibliothek für ein Jahr aufgegeben, um sich voll und ganz ihrer Tochter zu widmen. Danach war Ellen zwar wieder in ihren Beruf zurückgekehrt, doch die Leitung der Bibliothek hatte sie natürlich abgeben müssen, und leider hatte es dann auch nur noch eine Teilzeitstelle für sie gegeben.

Was für eine Ironie, dass genau an dem Tag, als die Mauritius-Tickets im Briefkasten lagen, auch die Aufforderung vom Kulturamtsleiter gekommen war, sich wieder um die Leitung der Bibliothek zu bewerben. Und obwohl Ellen sich nichts sehnlicher wünschte, hatte sie Herrn Weniger, den Amtsleiter, um Bedenkzeit bitten müssen, weil plötzlich ihr gesamtes Leben aus den Fugen geraten war und sie keine Ahnung hatte, wie es überhaupt weitergehen sollte.

Ellen stellte die Gießkannen am Rand der Terrasse ab, holte sich den Besen aus dem Schuppen und fing an, die Terrasse zu kehren. In der kräftigen Morgensonne kam sie schnell ins Schwitzen. Vielleicht hatte Richard ja deshalb nie hier gekehrt. Er hasste es nämlich zu schwitzen, das kam für ihn allerhöchstens beim Joggen, beim Sex und in der Sauna infrage. Ihr war schon gleich am Anfang ihrer Beziehung aufgefallen, dass er nach dem Sex jedes Mal sofort unter der Dusche verschwand, hatte es aber als liebenswerte Marotte abgetan. Erst nach der Hochzeit war ihr klar geworden, dass es eher ein ausgewachsener Tick als eine Marotte war. Denn statt der geplanten Weltreise waren sie von nun an nur noch dorthin gefahren, wo nach Richards Meinung vernünftiges Wetter herrschte: nach England, Schweden und Dänemark.

Ellen drosch nun geradezu auf die Terrasse ein. Nimm das! Und das! Von wegen Weltreise! Dabei hatte er ihr das »Ja, heirate ihn!«-Buch nur deshalb geschenkt – und natürlich auch, weil er wusste, wie sehr sie Postkarten liebte. Als sie sich kennenlernten, hatte sie zwei Wände ihres Zimmers mit einer Art Plastikduschvorhang dekoriert, in den man Postkarten einstecken konnte. Damals hatte sein Postkartenbuch sie viel mehr berührt als der Ring, den er ihr dazu überreicht hatte. Den schmalen Goldring mit dem kleinen achteckigen Smaragd hatte sie vor drei Jahren in Cornwall am Strand verloren. War das ein Zeichen? Hätte sie es da schon sehen müssen? Ring weg, Liebe weg?

Sie kehrte den Dreck mit dem dänischen Designerkehrblech auf, das sie aus Kopenhagen mitgebracht hatten. 2003, an ihrem zehnten Hochzeitstag – den sie damals dank Richards brandneuem Nokia-Handy in ständiger Telefonkonferenz mit ihrer Schwiegermutter verbracht hatte, weil beide Kinder kurz vor dem Abflug die Windpocken bekommen hatten. Richard hatte aber trotzdem fliegen wollen, schließlich wären die Flüge sonst verfallen. Seitdem erinnerte Ellen sich jedes Mal, wenn sie das Kehrblech in der Hand hielt, daran, wie mies sie sich gefühlt hatte, ihre kranken Kinder jemand anderem zu überlassen, auch wenn ihre Schwiegermutter das mit den beiden wunderbar hinbekommen hatte.

Dieses Designerding schien jedenfalls unverwüstlich zu sein, ganz anders als ihre Ehe. Ellen nahm das Blech mitsamt dem Dreck, lief um das Haus herum und warf alles mit Schwung in die Mülltonne. Ah, sie fühlte sich wie befreit. Wunderbar! Eigentlich sollte sie dieses lächerliche »Ja, heirate ihn!«-Buch gleich hinterherwerfen. Sie ging zurück ins Haus und hob das Buch auf, das ihr heute merkwürdig altmodisch vorkam. Wie ein Artefakt aus einer Zeit, in der sie nie gelebt hatte. In den Müll, wirklich?

Vielleicht sollte sie zuerst etwas trinken. Sie legte das Buch auf den Schreibtisch, ging in die Küche, drehte den Wasserhahn voll auf und trank das kühle Leitungswasser direkt aus der Hand. Diese Unsitte hatte Richard immer geärgert, und er hatte jedes Mal gewettert, warum in Gottes Namen sie denn kein Glas nehmen könne. Der Gedanke brachte Ellen dazu, noch eine Handvoll Wasser zu schlürfen, laut und trotzig. Und danach spritzte sie sich Wasser ins Gesicht, weil ihr ein bisschen übel war. Nicht so schlimm wie damals, als sie mit Lukas schwanger gewesen war – eine Risikoschwangerschaft, bei der sie nur liegen und auf keinen Fall reisen durfte. Und danach war überraschend und viel zu früh auch schon Mia gekommen. Von wegen, Stillen ist ein natürlicher Empfängnisschutz! Sie hatten das Haus gekauft und wegen der aufwendigen Umbauten danach nie wieder genug Geld gehabt, um ans andere Ende der Welt zu reisen. Und mittlerweile wollte Richard das auch gar nicht mehr. Zu gefährlich mit den Kindern, zu teuer, zu anstrengend und vor allem natürlich zu heiß.

Sie trocknete Hände und Gesicht ab und ging zurück zum Schreibtisch, wo sie wieder auf das Postkartenbuch starrte. Als Lukas und Mia noch klein gewesen waren, hatte Ellen die Karten oft mit ihnen gemeinsam angeschaut und sich dazu Geschichten ausgedacht, bis Richard irgendwann sauer geworden war. Damals dachte sie, er würde es als heimlichen Vorwurf interpretieren, weil er diese Reise mit ihr nie unternommen hatte, und da sie ihn nicht kränken wollte, hatte sie das Buch in der Schublade vergraben. Und nun war es sicher mehr als zehn Jahre her, seit sie es das letzte Mal angeschaut hatte. Es fiel schon ein bisschen auseinander, und manche Texte konnte man kaum noch lesen.

Die allererste Karte kam aus der Südsee: weißer Sand vor einem türkisfarbenen Meer mit der obligatorischen schief gewachsenen Palme. Robinsonfeeling. Gott, ja, das hatte sie schwer beeindruckt: Dieser gut aussehende, coole Typ hatte auch noch auf der ganzen Welt Freunde, die ihr Karten schickten und rieten, ihn zu heiraten? Was für ein Mann! Bis heute hatte Ellen sich nie Gedanken darüber gemacht, warum Richard die Karte aus Samoa wohl an den Anfang gestellt hatte. Hatte er geglaubt, die Ehe mit ihr werde das reinste Paradies sein? Oder hatte er damals angenommen, er müsste ihr das Paradies versprechen, um sie zu kriegen?

Ellen drehte die Karte um. Sie war von Alicia Telefoni Kaisa. Richard hatte ihr damals erzählt, Alicia sei die Freundin eines Studienfreunds, der ausgestiegen war und eine Tauchschule auf Samoa eröffnet habe. Sein Freund selbst habe keine Heiratspostkarte an Richard schreiben wollen, weil er prinzipiell gegen das Heiraten sei.

Aloha Ellen, Richard will spice up your life! A man with ideas like that will warm your soul, marry him! P.S. If you do not, give me a hint, and I'll cross the pacific …

Gegen ihren Willen schlich sich ein Lächeln auf Ellens Gesicht. Wahrscheinlich war dieses PS der Grund, warum Richard die Karte als erste ausgewählt hatte. Er hatte Ellen auch ein Foto von Alicia gezeigt, einer strahlend schönen und ungemein gut gepolsterten Frau, die in ihrem geblümten Wickeltuch aussah, als ob sie sich allein von Glück ernähren würde.

Die zweite Karte war von einem Freund von Richard aus dem tschechischen Teil des Böhmerwalds und zeigte einen Elch. Der Text auf der Rückseite war stark verblasst, aber Ellen erinnerte sich noch gut: Sie solle Richard heiraten, weil es besser sei, den Elch im Haus zu haben als den Adler auf dem Dach. Damals fand sie das witzig. Richard war groß und schlank und hatte so gar nichts von einem Elch, trotzdem hatte sie ihn dann eine Zeit lang nur noch »Elchman« genannt.

Wie er wohl auf die Idee zu dem Buch gekommen war? Ein zynisches Lächeln ließ ihre Mundwinkel zucken. Sie könnte sich einen Spaß daraus machen, alle wieder anzuschreiben und um genau so ein Statement für Hanna zu bitten. Voranstellen würde sie eine Karte mit einem Dackelwelpen, und sie wusste auch schon, wie ihre Begründung für das »Heirate ihn!« lauten würde: *Heirate ihn, denn nur so kann Richard sicher sein, dass wenigstens ein einziger Mensch auf seiner Beerdigung tanzen wird.*

Eigentlich war das nicht zynisch, sondern ziemlich realistisch. Der gewaltige Altersunterschied zwischen den beiden hatte Geli ganz besonders wütend gemacht. Auch wenn sie sich gleich eine Erklärung für das Verhalten ihrer Nichte zurechtgebastelt hatte – was typisch für sie war, denn Geli brauchte immer eine Erklärung für alles: Mit fünf hatte Hanna ihren Vater verloren. Er war zusammen mit Gelis Mann bei einem Lawinenunfall in den Zillertaler Alpen ums Leben gekommen. Deshalb, davon war Geli überzeugt, hatte Hanna Sehnsucht nach einem Mann, der doppelt so alt war wie sie selbst. Dennoch fühlte sie sich irgendwie mitschuldig an dem Desaster und versuchte alles, um ihre verlassene Freundin aufzuheitern. Bestimmt würde sie auch heute wieder auf der Matte stehen, nur um sicherzugehen, dass Ellen nicht durchdrehte.

Würde sie nicht, vor allem nicht jetzt, nachdem Lukas wieder da war. Immerhin war es ein Glück, dass Richard sie nicht schon verlassen hatte, während ihre Tochter mit dieser schlimmen Depression zu kämpfen hatte. Mia hasste Veränderungen. Damals, als sie das rote Ferienhaus auf den Schären verkauft hatten, war ihre achtjährige Tochter davon so mitgenommen gewesen, dass sie tatsächlich wochenlang unter Albträumen gelitten hatte. Jeder Versuch, sie zu trösten, war fehlgeschlagen.

Sie hatte auch ihren viel zu klein gewordenen Hello-Kitty-Rock unter keinen Umständen an ihre Kusine abtreten wollen. Kein Argument war zu ihr durchgedrungen. Mia wollte einfach, dass alles immer so blieb, wie es war. Als Ellen sich einmal ihre Haare rot gefärbt hatte, ohne es ihrer Tochter vorher anzukündigen, war Mia bei ihrem Anblick in haltlose Tränen ausgebrochen.

Ellen musste lächeln. Heute würde sie selbst weinen, wenn sie sich mit roten Haaren sehen müsste. Andererseits: Vielleicht war es gar keine so üble Idee, sich eine neue Frisur machen zu lassen, irgendwas Gewagtes. Eine Glatze vielleicht? Aber da würden alle denken, sie sei krank.

Nein, nein, nein! Dieses Starren auf das Postkartenbuch brachte sie nur auf seltsame Gedanken. Weg damit. Ellen warf das Buch in eine der Umzugskisten. Sie würde später entscheiden, was sie damit tun wollte.

Zeit zu duschen und sich für die Arbeit fertig zu machen. Während sie die Treppen nach oben stieg, wunderte sie sich, dass sie trotz der durchwachten Nacht kein bisschen müde war.

Das plötzliche Läuten der Türklingel kam ihr in der frühmorgendlichen Stille sehr laut vor und ließ sie zusammenzucken. Dabei war das sicher nur Geli, die danach lechzte zu erfahren, was Ellen denn nun mit Richards Auto angestellt hatte. Sie musste sofort aufmachen, damit Lukas nicht wach wurde, denn neuerdings hatte ihre Freundin sich penetrantes Dauerklingeln angewöhnt, wenn Ellen nicht sofort reagierte und die Tür öffnete.

Ellen rannte die Treppe hinunter. Doch bevor sie unten angekommen war, steckte schon jemand den Schlüssel ins Schloss und öffnete die Haustür. Geli hatte keinen Schlüssel, das war Richard!

4. KAPITEL

Ellen blieb wie angewurzelt stehen. Was Richard wohl hier wollte? Es war das erste Mal seit seinem Auszug, dass er unangemeldet auftauchte. Hoffnung breitete sich warm und kribbelnd in ihrem Magen aus. Dumm, dachte sie, sehr dumm. Du bist nicht mehr drei Jahre alt und glaubst auch nicht mehr an den Weihnachtsmann. Sei also nicht so naiv!

Richard stürmte ihr entgegen und sah gottverdammt noch mal so gut aus wie immer: groß und schlank wie ein junger Mann. Eine seiner silbergrauen Locken fiel ihm ungestüm in die hohe Stirn.

Aber seine vollen Lippen waren zusammengepresst, und die dunkelblauen Augen schimmerten hinter seiner Brille schwarz wie die Ägäis im Sturm. Er war wütend.

»So läuft das nicht!«, brüllte er.

Verdattert zuckte sie mit den Schultern.

»Tu doch nicht so naiv! Du weißt genau, was ich meine!«

Sie hatte ihm noch gar nicht verraten, dass sie nicht aus dem Haus ausziehen würde, also wovon zum Teufel redete er? Siedend heiß fiel ihr die nächtliche Baseballschlägeraktion ein. Aber sie hatte seinem Auto nicht einen Kratzer zugefügt.

»Du brauchst gar nicht in deine typische ›Ich tue einfach mal so, als ginge mich das alles nichts an‹-Haltung zu verfallen. Das habe ich so was von satt!«

»Dass du mich satthast, ist ja wohl offensichtlich!«

»Deshalb bin ich nicht hier. Aber es geht nicht, dass du die Kinder gegen mich aufhetzt! So ein mieses Benehmen hätte ich gerade von dir nicht erwartet!«

»Die Kinder?«

»Jetzt tu doch nicht so unschuldig! Lukas hat heute Morgen angerufen, als wir noch geschlafen haben, und mir aufs Band gesprochen. Leider hat Hanna das dann abgehört – all seine lächerlichen und wüsten Beschimpfungen.«

»Das tut mir leid.« Sie sah den leidenden Welpen direkt vor sich. Ob sie gejault hatte?

»Ach wirklich?«

»Du glaubst doch nicht, dass ich unseren Sohn zu so einem Benehmen ermutige, oder?« Und nein, dachte sie, das würde sie auch wirklich nicht. Sie wollte die Kinder da raushalten. »Aber es kann dich doch nicht wundern, dass er wütend ist, oder?«

»Er hat mich als pädophilen alten Sack bezeichnet.«

»Ich rede mit ihm, wenn er wach ist.«

»Das wirst du schön bleiben lassen. Ich selbst werde das hier und jetzt klären.«

»Aber er schläft.«

»Ist mir egal.«

Ellen überlegte, ob sie sich Richard in den Weg stellen sollte, um Lukas vor seinem Zorn zu bewahren. Aber Lukas war alt genug, um zu wissen, was man anderen an den Kopf knallen konnte und was nicht.

»Dein Sohn ist oben. Und nur damit du das auch gleich weißt: Ich werde hier nicht ausziehen. Auf gar keinen Fall.«

Richard lächelte dünn. »Ach, und wie willst du das finanzieren? Das Haus gehört uns beiden, und wenn du drinbleiben willst, musst du mich auszahlen. Ich glaube nicht, dass du das schaffst, mit deinem mickrigen Gehalt als Teilzeit-Bibliothekarin.«

Er rannte an ihr vorbei die Treppe nach oben und hämmerte an Lukas' Tür. Als der nicht reagierte, riss er sie einfach auf und brüllte seinen Sohn so laut an, dass Ellen es bis unten hören konnte.

Früher hatte sie die Kinder vor dem Jähzorn ihres Vaters beschützt, aber jetzt ging sie nach draußen in den Garten.

Richards Jähzorn war legendär, aber bisher war dabei noch nie jemand körperlich zu Schaden gekommen. Trotzdem hatte er alle damit zu Tode erschreckt. Ellen erinnerte sich noch gut an ihren siebten Hochzeitstag. Beide Kinder waren noch klein und entsprechend anstrengend gewesen, an Ausgehen war nicht zu denken, nicht mal daran, gemütlich zu Abend zu essen. Weil garantiert immer eines der Kinder anfing zu weinen, sobald das Essen auf dem Tisch stand, hatte Ellen vorsichtshalber die Teller im Ofen angewärmt. Gerade als sie das sizilianische Zitronenhuhn, eines von Richards Lieblingsgerichten, darauf angerichtet hatte, fing Mia schrecklich an zu weinen, und sie lief ins Kinderzimmer, um nach ihr zu sehen. Richard hatte die Teller genommen, um sie auf den Tisch zu stellen, ohne daran zu denken, dass sie heiß waren. Bis ins Kinderzimmer hatte Ellen den Schmerzensschrei gehört und war mit Mia auf dem Arm zum Esstisch gerannt. Dort mussten sie mit ansehen, wie Richard alles Geschirr, dessen er habhaft werden konnte, wutschnaubend auf den Boden schmetterte. Mia hatte aufgehört zu plärren und lag schockstarr in Ellens Arm. Dafür war Lukas von dem Lärm wieder aufgewacht.

Als beide Kinder endlich wieder eingeschlafen waren und Ellen zum Essen zurückkam, hatte Richard die Scherben wieder aufgekehrt und alles aufgeräumt. Er hatte sie leidenschaftlich um Vergebung gebeten, denn er brauchte ihr Verständnis, weil er sich so für diese Ausbrüche schämte. Sein Verhalten erinnerte ihn an seinen Vater, der im Gegensatz zu Richard allerdings gegen jeden, der sich in seiner Nähe befand, gewalttätig geworden war.

Insgeheim hatte Ellen immer Angst gehabt, eines der Kinder könnte diesen Jähzorn geerbt haben, aber bis heute hatten weder Lukas noch Mia irgendwelche Anwandlungen gezeigt. Im Gegenteil, beide erschienen ihr manchmal geradezu unnatürlich sanft.

Sie setzte sich auf das Holzdeck am Teich und wartete ab, was passieren würde. Eine Libelle nippte am Wasser, und während sie die blau schillernden Flügel betrachtete, gratulierte Ellen sich zu ihrem Entschluss, dieses von ihr geschaffene Paradies auf gar keinen Fall zu verlassen.

Sie brauchte nicht lange zu warten, da kam Richard zu ihr und setzte sich an den Rand des Decks.

»Lukas ist nicht aufgewacht, er hat so tief und fest geschlafen.« Er seufzte. »Es tut mir leid. Ich dachte, mein Temperament wird im Alter besser, aber das tut es nicht.«

Nein, dachte Ellen, nichts wird besser im Alter. Vieles wird schlimmer.

Die Libelle schwirrte davon.

»Kann ich einen Kaffee haben?«, fragte er.

»Nein.«

»Hör mal, ich habe das vorhin nicht so gemeint.« Er legte seine Hand auf ihren Arm, die sie müde abschüttelte.

»Ich will nicht mit dir streiten. Lass uns Freunde bleiben. Wir haben immerhin Lukas und Mia, wir haben …«

»Ich ziehe hier nicht aus.« Sie starrte auf den glitzernden Schwimmteich, den sie nie gewollt hatte, aber ohne den sie jetzt nicht mehr leben wollte.

»Es gibt einen Käufer, der unseren unverschämt hohen

Kaufpreis bezahlen will, und er ist wirklich solvent. Ich habe das schon überprüfen lassen.«

»Ist mir egal. Blas es ab.«

»Was willst du denn in diesem Riesenhaus, du ganz allein?«

Der Teich verschwamm vor ihren Augen, das Glitzern bohrte sich wie Nadelspitzen in ihre Netzhaut. Sie schluckte ein paar Mal, um sicher zu sein, dass er nicht hören konnte, wie sie sich fühlte.

»Leben«, sagte sie und stand auf.

»Die Kinder werden hier nicht länger wohnen.«

»Bitte geh jetzt.«

»Gott, wenn du doch nicht immer so verdammt stur wärst, dann …«

»Was dann?« Nun wurde auch Ellen von ihrem Zorn überwältigt. »Dann wäre das alles nicht passiert? Dann würdest du nicht mit der Nichte meiner besten Freundin schlafen und dich benehmen wie ein lächerlicher alter Sack?« Dann hättest du mich nicht verraten, mich nicht verlassen, mich nicht gedemütigt und alles in den Dreck gezogen, an das ich jemals geglaubt habe?, fügte sie in Gedanken hinzu.

»Mit dir kann man einfach nicht reden. Ich gebe mir wirklich Mühe, denn niemand will dich leiden sehen. Aber du lässt dich völlig gehen, siehst aus wie das Leiden Christi und benimmst dich so selbstgerecht, dass ich kotzen könnte. Mir reicht's. Dann musst du eben in Zukunft mit meinem Anwalt reden.«

Er stand auf und marschierte davon.

Ellen starrte ihm nach. Immer noch ein Knackarsch, immer noch so dynamisch, immer noch so voller Energie, während sie selbst gerade das Gefühl hatte, sie würde in diesem Leben nie mehr aufstehen.

5. KAPITEL

Zwei Tage später fragte Lukas beim Frühstück, ob er ein paar Umzugskisten haben könne, um seine Sachen zu packen. Er habe auf seiner Reise beschlossen, doch nicht zu studieren, sondern eine Ausbildung anzufangen, und zwar zum Dachdecker.

Ellen hätte sich beinahe an ihrem Milchkaffee verschluckt. Das würde Richard persönlich nehmen, als eine perfide Art, ihn zu ärgern. Der Sohn des Stararchitekten wird Dachdecker, das konnte ja nur das Werk seiner rachsüchtigen Exfrau sein.

»Wie, Dachdecker? Bevor du losgeflogen bist, wolltest du doch noch Architektur studieren. Du hast doch schon einen Studienplatz in Graz.«

»Hab's mir anders überlegt. Jetzt will ich lieber was Praktisches machen. Auf die Walz gehen. Und dann schauen wir weiter.«

»Aha.« Sie verkniff sich einen missbilligenden Kommentar. Erst mal zuhören, ermahnte sie sich. Ihr Sohn hatte das Abi erst nach zwei Ehrenrunden und nur mit Ach und Krach geschafft. Richard war so begeistert gewesen, als Lukas sich für Architektur entschieden hatte.

»Nix aha! Hab mir schon gedacht, dass euch das nicht gefällt. Deshalb habe ich mir von Hanoi aus auch schon einen Ausbildungsplatz im Süden von München organisiert.«

Von Hanoi aus. Es lebe das Internet!

»Hast du es deinem Vater schon gesagt?«

»Hab ihm gestern 'ne Nachricht geschrieben. Hab echt keinen Bock, mit dem zu reden.« Seine Augen funkelten wütend. »Ich dachte immer, ihr zwei wärt anders als die Eltern von meinen Freunden. Nie im Leben hätte ich gedacht, dass ihr euch mal scheiden lassen würdet.« Er nahm ihre Hand und streichelte sie ein wenig unbeholfen.

Sie gab sich Mühe, die aufsteigenden Tränen wegzublinzeln.

»Und da ist noch was, Mama: Ich werde mit Valentin und Basti zusammenziehen.« Er drückte ihre Hand. Sie erwiderte den Druck, musste dann aber aufstehen und die Spülmaschine mit dem Frühstücksgeschirr einräumen. Richard hatte recht gehabt. Was wollte sie allein in diesem riesigen Haus?

»Schön!«, sagte sie und pfefferte die Messer in den Besteckkorb. Basti und Valentin, die beiden hatte sie lange nicht mehr gesehen. In ihrer Erinnerung rannten sie noch in knielangen dreckverschmierten Kopien von echten Fußballspielertrikots durch den Garten und kickten den Ball ständig aus Versehen in den Teich. Sie unterdrückte ein wehmütiges Lächeln, atmete tief durch und drehte sich zu ihrem Sohn um. »Klingt toll!«

»Basti hat von seiner Oma eine kleine Wohnung in Waldperlach geerbt, da können wir 'ne WG machen. Oder soll ich noch ein paar Wochen abwarten und hierbleiben, bis es dir hier wieder besser geht?«

»Mit mir ist alles in Ordnung.« Sie begann die Anrichte von Krümeln zu befreien. Lukas sollte doch nicht für die Sünden seines Vater bezahlen. *Die Sünden der Väter!* Herrje, mit ihr war wirklich etwas ganz und gar nicht in Ordnung. Bibelsprüche eroberten die Macht über ihre Denkzentrale!

Natürlich würde sie Lukas diese Chance nicht verderben.

Ein bezahlbares Zimmer in einer WG war in München und auch im Umland wie ein Sechser im Lotto.

»Ich brauche auch nur eine oder zwei von den Umzugskisten. Es gibt nicht so viel, was ich mitnehmen will – mein Bett, meine Playstation, ein paar Klamotten, meine Baseballschlägersammlung. Kann ich auch ein paar Handtücher haben?«

»Klar. Ich suche dir gleich welche raus.«

»Wohin soll ich das Zeug aus den Kisten räumen?«

Es war ihr herzlich egal. Sie war noch immer damit beschäftigt zu verdauen, was er ihr eben erzählt hatte.

»Ziehst du denn heute schon um?«

»Nicht, wenn du das nicht willst. Meine Freunde verstehen das und halten mir das Zimmer frei.«

Übersetzt bedeutete das, sie hatten Mitleid mit der armen alten – und vor allem jetzt auch einsamen – Schachtel.

»Das ist sehr nett von dir, ich weiß das zu schätzen, aber Reisende soll man nicht aufhalten.« Sie zwang sich zu einem Lächeln und dachte: Demnächst werde ich noch mit Zungen reden und dazu aus dem Buch Hiob zitieren.

»Ah, Mama, das alles tut mir so leid.«

»Geh und räum einfach zwei von den Kisten aus. Nimm die im Wohnzimmer, da ist noch nicht viel drin. Schütte einfach alles auf das große Sofa.«

»Mama!«

Sie lief nach oben in Mias ehemaliges Zimmer, wo sie seit deren Abreise die Handtücher, die keinen Platz mehr im Bad hatten, in einer Kommode aufbewahrte.

Wie viele würde er brauchen? Drei große, drei kleine? Oder besser vier, falls er mal Besuch hatte? Ganz unten im Stapel lagen die bestickten Babyhandtücher der beiden. Rosa und hellblau. Bestimmt würde man das heute nicht mehr so machen. Dabei fiel ihr auf, dass sie keine Ahnung hatte, welche

Farben Lukas gefallen würden. Früher hatte sie das immer gewusst.

»Welche Farbe hättest du denn gern?«, rief sie nach unten.

»Ist mir total egal, Hauptsache groß!«

Sie zog die Schubladen auf, nahm ein paar Handtücher heraus, setzte sich auf Mias Bett und starrte sie an.

Die schwarzen mit dem schmalen, bunt gestreiften Rand hatte Richard in London gekauft. An ihrem fünften Hochzeitstag. Sie war damals mit Mia schwanger gewesen. Lukas hatten sie bei ihrer Mutter gelassen. Es war das erste Mal, dass sie von ihm getrennt gewesen war, und sie hatte die ganze Zeit über ein mulmiges Gefühl gehabt. Bei jedem Telefonat mit ihrer Mutter war sie darauf gefasst gewesen, mit einer Katastrophe konfrontiert zu werden. Richard hatte sie für verrückt erklärt und versucht, sie abzulenken. Er schleppte sie zu Paul Smith, den er damals für den größten Designer aller Zeiten hielt, und kaufte dort neben drei Hemden diese schwarzen Handtücher. In ihrem Badezimmer zu Hause sahen die sündhaft teuren Designerstücke dann aus, als hätten sich über Nacht schwarze Löcher in die weißen Kacheln gesaugt. Außerdem fand Ellen Schwarz unhygienisch, und so lagen die Handtücher seit Jahren unbenutzt in irgendeiner Kommode.

Immerhin waren sie schön flauschig. Ellen überprüfte, ob sie in Ordnung waren, und schnüffelte daran. Einwandfrei.

»Mama, schau mal, was ich gefunden habe!« Lukas kam die Treppe rauf, setzte sich neben sie auf Mias Bett und entdeckte die schwarzen Handtücher. »Wow, die sind ja cool!«

»Kannst du haben.«

»Danke. Sieh mal, auch wenn ich sauer auf Papa bin«, Lukas hielt ihr das Postkartenbuch hin, »mag ich das immer noch. Das haben wir früher oft zusammen angeschaut. Den Elch mochte ich total gern, aber meine Lieblingskarte war die hier, kuck mal.«

Er deutete auf eine Karte, die Ellen auswendig hätte malen können: *Greetings from* stand oben links in einem orangeroten Ahornblatt, und von unten links nach oben rechts zogen sich die Buchstaben C, A, N, A, D und A, in die Szenen gemalt waren: Im C war ein Indianer mit prächtigem Federkopfputz, im A ein Grizzlybär, im N ein Angler im Fluss, im nächsten A ein Skifahrer, im D waren Huskys mit einem Schlitten zu sehen und im letzten A ein Bauer auf dem Feld mit zwei Ochsen. Tatsächlich hatte Lukas so angefangen, sich für Buchstaben zu interessieren.

»Schau mal, Mom, weißt du noch? Den Grizzlybär hab ich damals Rich getauft. Und das hier war Mias Liebling. Ganz bestimmt ist sie nur deshalb in Japan!« Er zeigte auf die Karte aus Japan mit drei prächtig herausgeputzten Geishas in einem von rosafarbenen Blüten übersäten Kirschgarten.

Er blätterte in dem Buch, als stünde nicht auf der Rückseite jeder Postkarte eine Begründung dafür, warum seine Mutter seinen Vater heiraten sollte, den Mann, der sie gerade verlassen hatte. Ellen riss ihm das Buch aus der Hand und warf es schwungvoll in den Mülleimer, der neben der Kommode stand. »Schluss damit!«

»Mama! Das wär doch schade! Können wir das denn nicht aufheben? Vielleicht kriegst du ja mal Enkel, dann kannst du das mit denen auch anschauen und ihnen erzählen, welche Karte ihr Vater am liebsten hatte?« Er grinste sie so entwaffnend an, dass sie beinahe in der Lage gewesen wäre, die Demütigung zu vergessen, die für sie gerade mit diesem Buch verbunden war. Aber eben nur beinahe.

Wortlos legte sie alle schwarzen Handtücher auf einen Stapel und räumte die restlichen zurück in die Kommode.

»Ich verstehe total, dass du auf Papa sauer bist, aber immerhin wart ihr viel länger ein Paar als die meisten, oder nicht?« Lukas bückte sich und zog das Buch kopfschüttelnd wieder heraus. »Damals, als er das gemacht hat, war doch noch alles gut, oder nicht?«

»Schon, aber es war auch als Gutschein für eine Weltreise gedacht. Die haben wir nie gemacht. Ich habe bis heute den europäischen Kontinent nicht verlassen.« Ellen verkniff es sich hinzuzufügen: Dafür fährt dein Vater jetzt mit Hanna nach Mauritius.

»Hattest du denn nie Lust, mal an all diese Orte zu fahren?« Er blätterte schon wieder darin herum.

»Doch, natürlich.« Sie hatte davon geträumt, vor allem von Kanada und der Südsee. Nach Asien hatte es sie allerdings nie sonderlich gezogen.

»Dann mach's doch jetzt!«

»Dafür ist es zu spät.« Sie hatte zusammen mit Richard dorthin gewollt. Allein reisende Frauen in ihrem Alter, das waren Witzfiguren auf der notgeilen Suche nach einem Mann oder auf einem Selbsterfahrungsachtsamkeitsyogaichessenachhaltig-Trip.

Lukas grinste breit.

»Zu spät? Soll das ein Witz sein? Mama, du bist zwar schon ziemlich alt, aber ganz sicher wirst du hundert, und bis dahin hast du schließlich noch ein halbes Jahrhundert Zeit.«

»Blödsinn!«

»Du kannst das doch nicht einfach wegwerfen!«

»Und wie ich das kann!«

»Wenn ich das Mia erzähle …« Er wedelte mit dem Buch.

»Das ist unfair.« Es war nicht nur unfair, es war sogar sehr viel schlimmer, richtige Erpressung, denn ihr war klar, dass ihre Tochter mindestens in Tränen ausbrechen würde, wenn sie davon erfuhr. Als Ellen sich vor gar nicht so langer Zeit erlaubt hatte, Mias seit Jahren unbenutztes Kinderfahrrad einem Heim zu spenden, hatte das zu einem Drama geführt. Und als Ellen sich dann auch noch weigerte, das Rad zurückzuholen, bestrafte ihre Tochter sie mit einer Woche absolutem Schweigen. Sie kommunizierte nur noch über Zettel.

Aber vielleicht hatte sich Mia ja durch die Reise verändert und konnte nun etwas leichter loslassen. Oder aber – und dieser Gedanke ließ Ellen zum ersten Mal heute laut auflachen – ihre Tochter zog durch Japan mit einer endlos langen und täglich wachsenden Schleppe aus aneinandergehängten, überquellenden Einkaufswagen, weil sie einfach jede Kirschblüte und jeden Libellenflügel aufheben und mitnehmen musste.

Zu Hause waren es Streichholzbriefchen, Notizzettel, getrocknete Blumen, Bänder, leere Klorollen, Flaschen oder einfach kaputte Dinge gewesen, die ihr leidtaten. Und vor allem Tiere. Mia zog verletzte Lebewesen geradezu magisch an. Eigentlich hatten alle erwartet, dass sie eines Tages Tierärztin werden würde. Jede Woche war sie mit einem anderen Viech nach Hause gekommen, so als ob alle verwundeten Tiere im Umkreis von München Mia zu ihrer Retterin auserkoren hätten.

Komisch eigentlich, wo waren die denn jetzt? Seit Mia weg war, hatte Ellen keine aus dem Nest gefallene Blaumeise mehr gesehen, kein dreibeiniges Katzenbaby, nicht mal einen zweigeteilten Regenwurm.

Lukas tippte auf die Karte mit den Geishas.

»Ich weiß noch, wie Mia sich meine alte Judojacke und deinen Morgenmantel ausgeliehen hat. Und dann hat sie sich mit all deinen Tüchern so umwickelt, dass sie darin fast aussah wie eine Geisha.«

Ellen erinnerte sich auch sehr gut, wie stolz sie auf Mias überbordende Fantasie gewesen war und an den verdutzten Ausdruck auf Richards Gesicht, als ihm seine Tochter mit einer tiefen Verneigung und einem hingehauchten »Konnichiwa!« erklärt hatte, dass sie unbedingt Geisha werden wolle.

Mias Interesse an Japan war mit den Jahren immer stärker geworden. Sie hatte neben der Schule Japanisch gelernt und war nach dem Abitur voller Hoffnung nach Japan geflogen. Nur um dort zu erfahren, dass sie trotz all ihrer Bemühungen als Europäerin nicht zu einer echten Geisha-Schule zugelassen werden würde. Man gestattete ihr lediglich, die Kurse zur Teezeremonie zu besuchen. Aber Mia war zäh. Sie weigerte sich aufzugeben, blieb in Japan und lernte jetzt eines der klassischen Instrumente, die Geishas beherrschen sollten, eine kleine Flöte, die durch das Telefon höchst eigenartig klang. Doch was, wenn ihr Traum trotzdem nicht in Erfüllung ging?

Lukas hatte recht. Ellen streckte die Hand nach dem Buch aus und nickte ihm zu. »Ich werde es nicht wegwerfen. Versprochen.«

Plötzlich klingelte es so stürmisch an der Haustür, dass Ellen und Lukas erschrocken zusammenzuckten. »Das ist nur Geli!«, rief Ellen ihrem Sohn hinterher, der schon nach unten rannte.

Doch bevor Lukas die Haustür öffnen konnte, preschte sein Vater schon wutschnaubend ins Haus.

»Oha, so schnell haben wir gar nicht wieder mit dir gerechnet. Und dann gleich wieder so gut gelaunt!«, bemerkte Ellen. Richard sah deutlich mitgenommener aus als vor zwei Tagen. Älter und gestresster. Das Leben mit Hanna hatte vielleicht auch nicht nur Sonnenseiten.

»Lukas, ich habe wirklich immer viel Geduld mit dir gehabt, aber das schlägt ja wohl dem Fass den Boden aus!«

Verdattert sah Lukas zwischen seinen Eltern hin und her. »Was ist denn überhaupt los?«

»Du hast mir eine WhatsApp geschickt, in der steht, dass du Dachdecker werden willst!«

Fast hätte Ellen Mitgefühl mit ihm gehabt. Sie selbst hatte wenigstens ein Gespräch und nicht nur eine Textbotschaft von ihrem Sohn bekommen.

»Dachdecker!« Richard spuckte das Wort aus wie eine ansteckende Krankheit.

»Jetzt beruhige dich erst mal. Ich mache uns einen Tee«, schaltete Ellen sich ein.

»Das hast du doch sicher eingefädelt, um mir eins auszuwischen!«, fuhr Richard sie an.

»Falls du es noch nicht gemerkt hast: Dein Sohn ist erwachsen und kann selbst entscheiden, was er werden möchte. Und außerdem dreht sich nicht alles immer nur um dich!« Ellen merkte, wie sie anfing, sich aufzuregen, versuchte aber ruhig zu bleiben, denn es war immer ein Fehler, auf seinen Zorn einzusteigen.

»Niemand will dich ärgern, Papa, das war ganz allein meine Idee. Na ja, um ehrlich zu sein, war es auch die Idee von Marie, meiner neuen Freundin.«

»Tee?«, bot Ellen wieder an und fragte sich, wer diese Marie wohl war. In ihren Gesprächen mit Lukas war sie jedenfalls noch nicht vorgekommen.

»Du solltest nicht jetzt schon damit anfangen, dir von Frauen vorschreiben zu lassen, was du zu tun und zu lassen hast. Sonst endest du wie ich!« Richard lief an ihnen vorbei in die Küche und goss sich ein Glas Leitungswasser ein.

Was sollte das denn bedeuten? Dass sie ihn rumkommandiert hatte? Was für ein Unsinn! Richard ließ sich von niemandem rumkommandieren.

»Marie schreibt mir nichts vor, aber sie bringt mich zum Nachdenken.«

»Nachdenken. So nennst du also den Prozess, bei dem du, mit deinen beschissenen Noten, einen Studienplatz in Graz in den Wind schießt?«

»Genau!«

Ellen machte sich am Wasserkocher zu schaffen.

»Niemand will Tee!« Richard hob demonstrativ das halb leere Wasserglas. »Ich werde mich hier nicht hinsetzen und so tun, als wären wir noch eine Familie. Und diesen Dachdecker-Schwachsinn werde ich mit keinem Cent unterstützen.«

»Brauchst du auch nicht!«

»Und wovon willst du leben?«

»Die zahlen mir 520 Euro im Monat.«

»Und wovon willst du leben?«

»Davon.«

»Hahahaha. Ha! Damit kannst du nicht mal deinen Bierkonsum bezahlen! Glaubst du vielleicht, deine Mutter kann dich unterstützen? Die Frau Doktor verdient nicht besonders, und von mir habt ihr alle nichts mehr zu erwarten!«

Ellen brühte sich selbst einen Tee auf, obwohl sie Richard das kochende Wasser am liebsten ins Gesicht geschleudert hätte. Was für eine Unverschämtheit! Wie gut, dass sie jetzt die Aussicht auf die Leitungsstelle in der Bibliothek hatte. Damit könnte sie Lukas dann schon ein bisschen unterstützen.

»Wir sollten uns jetzt alle erst mal beruhigen und hinsetzen. Ich finde so eine praktische Ausbildung eine gute Idee von Lukas. So kann er dann später während des Studiums Geld als Dachdecker verdienen und liegt uns nicht auf der Tasche.«

»Es dauert drei Jahre, bis er fertig ist, und wenn er studiert, muss er in den Ferien Praktika in Architekturbüros machen. Dachdecker? Du musst von allen guten Geistern verlassen sein!«

»Das wird mir zu blöd hier, Mama, ich verzieh mich zu Basti. Meine Sachen hole ich morgen!«

»Nein, bleib doch hier!«, bat Ellen, die so gern noch nach Marie gefragt hätte und auf keinen Fall mit Richard allein bleiben wollte.

»Ich war noch nicht fertig!« Richard rannte hinter ihm her, aber Lukas war schon zur Tür hinaus, und Richard kam mit hängenden Schultern zurück. Beinahe schien es, als hätte Lukas seinen Zorn mitgenommen. Erschöpft setzte er sich auf den großen Tisch in ihrer Wohnküche und ließ die Beine baumeln.

Es war dieser Tisch gewesen, an dem er ihr die ersten Skizzen für sein preisgekröntes Genossenschaftsmodell gezeigt hatte, der Tisch, an dem sie alle zusammen frühmorgens Ein-Euro-Stücke aus Pappe ausgeschnitten hatten, weil Lukas die für Mathe brauchte und vergessen hatte, sie vorzubereiten. Der Tisch, an dem Mia zum ersten Mal einen ganzen Satz gesagt hatte: »Ich möchte Butter« – was sich wie »Iss mösste Buddha« angehört hatte. Der Tisch, auf dem sie Sex gehabt hatten, wenn die Kinder nicht da waren. Der Tisch, an dem sie ein Amselküken mit einer Pipette großgezogen hatten und den Ellen in einem seltenen Wutanfall mit dem Messer ruiniert und eine Riesenschramme reingeritzt hatte. Der Tisch, an dem sie mit den Kindern selbst Pizza gemacht hatte. Lukas wollte eine mit Nutella und Salami und Mia eine mit Bananen, Pilzen und Tomaten, und die hatten sie gekriegt und tatsächlich aufgegessen. Seitdem war die Nutellapizza unter seinen Freunden legendär. Und es war der Tisch, an dem Ellen Richard vor sieben Jahren das erste und einzige Mal in sechsundzwanzig Jahren hatte weinen sehen, weil seine Mutter gestorben war, ohne dass er sie noch einmal hatte sehen können. Er war auf einem Kongress in Stockholm gewesen und konnte wegen der Aschewolken, die nach dem Ausbruch des isländischen Eyjafjallajökull den Himmel verdunkelt hatten, nicht rechtzeitig zurückfliegen.

Doch für ihn war dieser Tisch sicher nur ein Tisch. Er stellte das leere Wasserglas neben sich ab.

»Dachdecker!« Er tippte sich an die Stirn. »Manchmal frage ich mich, ob bei deinem Sohn im Oberstübchen was nicht stimmt.«

»Mein Sohn kommt ganz nach dir.«

»Das wird er ganz sicher bereuen, denk an meine Worte!«

»Das ist etwas anmaßend, findest du nicht? Lukas ist viel klüger, als du denkst, und vielleicht ist es genau der richtige Weg für ihn. Zum Glück ist ja nicht jeder so gestrickt wie du.«

»Auf den Seitenhieb geh ich jetzt nicht ein, der ist unter deiner Würde!« Er stöhnte dramatisch. »Und ich habe immer gedacht, wenn die zwei groß sind, wird alles leichter.«

Für ihn, dachte Ellen ketzerisch, war es doch nie besonders beschwerlich gewesen. Sie war es gewesen, die zwischen Promotion und Schwiegermutter, zwischen Job und Kindern hin und her jongliert hatte, während er sich allein auf seine Arbeit konzentrieren durfte. Schon ein Elternabend war außerhalb seiner Möglichkeiten gewesen. Sie fragte sich, ob Hanna für ihn auf Kinder verzichten würde. Vielleicht war sie aber auch schon schwanger, und Richard hoffte nur deshalb, dass es mit den großen Kindern keine Probleme mehr gab.

»Die Tochter Geisha, der Sohn Dachdecker, damit könnte ich im Fernsehen auftreten.«

»Zwei kluge und gesunde Kinder mit vielen Ideen für ihr Leben, also *mich* macht das stolz.«

Richard betrachtete sie mit einem merkwürdigen Blick. Dabei fiel ihm diese bescheuerte Locke, die sie immer noch so gern mochte, über die Stirn.

»Es ist deine große Stärke, dir alles so hinzudrehen, dass es sich gut anhört.«

Sein Ton verriet deutlich, wie sehr er das hasste.

»Und deshalb«, fuhr er fort, »wird es dir sicher auch nicht schwerfallen, aus dem Haus hier auszuziehen. Warum solltest du ganz allein dieses Riesenhaus bewohnen? Es verschlingt nur Unmengen an Heizkosten und Steuern. Wir müssen es verkaufen. Von deinem Anteil kannst du ja dann eine nette kleine barrierefreie Wohnung erwerben. In deinem Alter ist das eine vernünftige Sache.«

Ein Fausthieb mitten in den Solarplexus hätte nicht schlimmer sein können. Ellen schnappte nach Luft.

»Wie fürsorglich von dir. Bitte geh jetzt.« Das also war sie für ihn, eine alte, kranke Frau, die in Kürze dem Siechtum anheimfallen würde.

»Ich will wirklich nicht mit dir streiten. Und wir sollten auch keinen Anwalt reich machen, sondern uns lieber so einigen.«

»Sofort!« Sie zeigte zur Tür und nahm sich vor, doch die Schlösser austauschen zu lassen. Dabei hatte sie das eigentlich nicht tun wollen. Unter keinen Umständen wollte sie zu einer hysterischen Furie mutieren, die überschnappte und ihren Mann wie einen Verbrecher behandelte.

»Elli, ich meine es doch nur gut – mit uns beiden!«

»Uns beide? Die gibt es nicht mehr.« Ihr wurde übel. Was für ein Vollidiot! »Im Übrigen heiße ich *Ellen*, für dich nur noch Ellen. Und jetzt geh endlich. Um der alten Zeiten willen, Richard, geh!«

Widerwillig schob er endlich seinen Hintern vom Küchentisch und ging zur Tür. »Ich komme wieder, wenn du dich beruhigt hast. Und dann reden wir wie Erwachsene.« Diesmal schloss er die Tür ganz sanft, und als sie hörte, wie er draußen den Motor anließ, setzte sie sich an ihren geliebten Familientisch, verschränkte die Arme auf der Platte und legte den Kopf darauf. Sie dachte, sie müsste weinen, aber es wollten keine erlösenden Schluchzer kommen. Stattdessen legte sich die Verzweiflung wie ein schwarzes Tuch um ihre Kehle, zog erbarmungslos zu und schnürte ihr die Luft ab.

6. KAPITEL

Drei Tage später gelang es Geli, Ellen zu überreden, gemeinsam mit ihr etwas zu unternehmen. Und so saß sie nun mit ihr im Biergarten und musste feststellen, dass sie den angenehm betäubenden Lärm, den Duft von gegrilltem Steckerlfisch, frisch gebackenen Brezn und abgestandenem Bier genoss. Seit Tagen hatte sie das seltsame Gefühl, als würde sie sich auflösen, als wäre nichts mehr von ihr übrig, und hier in diesem Biergarten war das völlig in Ordnung. Um sie herum hörte, redete, atmete, summte und schwitzte man kollektiv, da musste sie niemand sein, es reichte, wenn sie einfach nur dasaß.

Von ihrem Platz aus sah sie, dass sich die Schlange vorn am Getränkeschalter kaum vorwärtsbewegte, und sie hatte ein schlechtes Gewissen, weil Geli, die darauf bestanden hatte, alles zu besorgen, noch eine halbe Ewigkeit dort würde warten müssen. Andererseits war Geli immer so sicher in ihrer Überzeugung, zu wissen, was anderen guttat, dass Ellen gar nicht die Kraft gehabt hätte, ihr zu widersprechen. Sich dieser nährenden Urmutter zu widersetzen wäre so, als wollte man absichtlich eine Naturkatastrophe auslösen. Also war sie mit ihrer Freundin am See schwimmen gewesen, und obwohl Ferien waren und es überall laut und voll war, hatte es ihr gutgetan, sich mitsamt ihren Problemen im Wasser schwerelos dahintreiben zu lassen und abzukühlen. Dabei hatte sie eigentlich erwartet, vom unendlichen Wirbel ihrer Gedanken und der Frage »Warum?« auf den tiefen Grund des Sees gezogen und dort verschlungen zu werden, doch stattdessen wurde dieses »Warum?« im Wasser weichgespült, verlor an Schärfe. Doch hier kam es nun langsam zurück. Aus dem angenehmen Biergartenrauschen kristallisierten sich die Paare und Familien heraus. Glückliche Familien. Glückliche Paare, die es geschafft hatten, sich nicht zu trennen.

»Nur wegen deiner Weißweinschorle hat das so lang gedauert!«, schnaubte Geli atemlos und stellte ihre beiden Gläser auf den Tisch. Der Schweiß tropfte ihr in ihr Dirndldekolleté. In den Biergarten ging man nur im Dirndl, da machte ihre Freundin keine Ausnahme, und sie fand es schade, dass Ellen sich dem so hartnäckig verweigerte und immer in Jeans und T-Shirt aufkreuzte. In Wahrheit wusste Geli natürlich genau, dass sie im Dirndl unschlagbar sexy aussah, und nutzte jede Gelegenheit, sich so zu präsentieren. Und sie liebte es zu flirten, auch wenn sie seit dem Tod ihres Mannes niemanden mehr wirklich an sich heranließ.

Sie stellte das Tablett vor Ellen auf den Tisch und nickte der Gruppe zu, die sich gerade am anderen Tischende niederließ.

Englische Gesprächsfetzen klangen zu ihnen hinüber, und es dauerte nicht lange, da kam Geli mit den Jungs, die etwa in Lukas' Alter waren, ins Gespräch. Sie stammten aus Australien, waren auf Weltreise und wollten von Geli Tipps für ein paar coole Bars in der Stadt.

Australien – eine der Karten in Richards Postkartenbuch kam aus Adelaide und eine zweite aus Wollongong. Von dieser Stadt hatte Ellen vorher noch nie gehört, aber sie erinnerte sich viel deutlicher an diese Karte als an die aus Adelaide, weil auf der aus Wollongong ein Wappen war, das von einem Känguru und einem Emu gehalten wurde. Die beiden standen vor blauem Hintergrund auf den Ästen eines Strauches. Lukas und Mia hatten sich immer gestritten, wer von ihnen das Känguru war und wer der Emu sein musste.

Ellen gab sich einen Ruck und fragte die Jungs, woher sie genau stammten. Aus Perth, erzählen sie, und natürlich luden sie Geli und Ellen gleich zu sich nach Hause ein.

Wie sie wohl reagieren würden, wenn die beiden dann wirklich aufkreuzten?

Ellen fragte die Jungs, ob sie schon mal in Wollongong gewesen seien, was lautes Gelächter auslöste, denn offensichtlich hätte sie ebenso gut fragen können, ob jemand schon mal zu Besuch bei BASF in Höchst gewesen sei. Wie sie erfuhr, war Wollongong eine ziemlich öde Industriestadt, in der niemand wirklich gern leben wollte.

»Wie in aller Welt kommst du denn auf Wollongong?« Geli warf ihr einen verwunderten Blick zu.

»Das hat mit Richard zu tun.«

»Über den reden wir heute nicht!« Geli prostete den Jungs zu und nahm einen großen Schluck von ihrem Bier. Sie hatte recht. Ellen versuchte den Gedanken an Richard zu verdrängen, nahm ihre Weißweinschorle und winkte ihrer Freundin zu. Die Australier hatten angefangen, sich gegenseitig zu fotografieren. In ihren kräuseligen rotblonden Bärten hingen Salz- und Breznbrösel, ihre Augen leuchteten, und sie amüsierten sich ganz offensichtlich köstlich. Vor allem der Obatzte und der Steckerlfisch lösten laute Lachsalven aus. Gute Laune waberte durch die Hitze, und Ellen versuchte sich zu erinnern, wann sie das letzte Mal so unbeschwert gelacht hatte.

Wollongong. Ihre Füße hatten noch nie die Erde eines anderen Kontinents betreten, da waren ihre Kinder jetzt schon weiter als sie.

Und wenn sie einfach in den nächsten Flieger stieg und dorthin flog?

»Hey, was ist los?« Geli erwedelte sich mit der Hand Ellens Aufmerksamkeit zurück. »Du schweigst ja meistens, aber heute schweigst du noch viel intensiver als sonst. High-Impact-Schweigen! Also raus damit. Von mir aus reden wir eben doch über Richard. Wahrscheinlich geht es einfach nicht anders. Nach Gerds Tod habe ich auch lange über nichts anderes gesprochen.« Geli zwinkerte ihr zu. »Eine Scheidung ist ja wie ein kleiner Tod. Apropos, sagen nicht die Franzosen zum Orgasmus auch kleiner Tod?« Sie brach in ein so ansteckendes Lachen aus, dass der ganze Tisch unwillkürlich mitlachen musste.

Irgendwann verabschiedeten sich die Australier, weil sie von der ultimativen Grillparty an der Isar gehört hatten. Sie küssten Geli auf die Wange, Ellen schüttelten sie nur die Hand.

Ihre Plätze wurden sofort von einer slawischen Großfamilie eingenommen, die alles von zu Hause mitgebracht hatte – Salate, Wurst, Käse und sogar Brot – und sie einlud, an ihrer Brotzeit teilzuhaben. Ellen fragte sich, woher sie wohl stammten. Tschechien? Kroatien? Und dann fiel ihr der Elch ein.

»Der Elch«, murmelte sie.

»Elch?« Geli sah sie verwundert an. »So viel hast du doch noch gar nicht getrunken? Oder meinst du mit dem Elch etwa deinen Mann?« Geli nahm dankend eine Debrezinerwurst von ihren neuen Tischnachbarn an und wedelte ihrer Freundin reichlich anzüglich zu.

Ellen musste lächeln und erzählte Geli von der Elchpostkarte in dem Buch.

»Oh, dieses olle Ding! Das habe ich doch extra ganz unten in der Kiste versteckt.« Geli verdrehte die Augen. »Weg damit!«, schimpfte sie und biss reichlich obszön in ihr Würstchen.

Ellen schüttelte den Kopf.

Geli sah sie entnervt an. »Aber was willst du denn noch damit?«

»Es war ja nicht alles schlecht in den letzten fünfundzwanzig Jahren.« Ellen wunderte sich über sich selbst. Jetzt redete sie schon wie ihr Sohn!

»Aber diese Reisen habt ihr nie gemacht, das waren doch nur leere Versprechungen, oder?«

»Das lag aber nicht nur an Richard.«

»Egal, all dieses sentimentale Zeug wird dir nicht dabei helfen, über die Sache hinwegzukommen.«

»Die Sache?« Manchmal war Gelis Hang zur Vereinfachung kaum zu ertragen.

»Nicht *die Sache*, okay. Hanna«, verbesserte sie sich.

»Ich will nicht darüber hinwegkommen. Wozu auch?«

»Um nach vorne zu sehen, um dein Leben neu zu ordnen und neu anzufangen.«

»Interessiert mich nicht.«

Geli legte die Wurst weg, wischte sich über den Mund und sah ihr direkt in die Augen.

»Was willst du dann?«

»Verstehen. Ich will es kapieren.«

»Vergiss es. Du weißt, ich brauche immer eine Erklärung, aber für manche Dinge gibt es keine. Wie Gerds Unfall. Es passiert, und dann musst du damit leben. Punkt. Basta.«

»Ein tödlicher Lawinenunfall ist meiner Meinung nach etwas anderes als eine Scheidung.«

»Absolut, denn du sparst dir die Beerdigung.« Geli schlug sich auf den Mund, dann prustete sie los. »Zu viel Bier!«

Ihr ansteckendes Lachen ließ die fremde Familie am anderen Tischende einstimmen. Nur Ellen saß da und wusste nicht, ob sie lachen oder weinen sollte.

»Entschuldige, ich wollte mich nicht über dich lustig machen.« Geli legte ihre klebrige Hand auf Ellens und drückte sie. »Ich möchte dir nur gern helfen. Letztlich hat Richard eure Beziehung zu Grabe getragen. Deshalb solltest du es machen, wie nach einem Todesfall – trauern, aber dann: *back to life!*«

Back to life! Die slawische Familie nickte so kollektiv, als hätte Geli gerade das Evangelium verkündet. Fehlte nur noch das rituelle Austeilen von Oblaten und Wein.

»Ich sollte jetzt gehen.«

»Jetzt lauf doch nicht weg, es ist gerade so schön hier!« Geli zeigte mit weit ausgebreiteten Armen auf die Menschen um sie herum, die vor Ellens Augen zu einer farbigen Masse verschwammen. »Zu Hause wartet leider nur das leere Haus auf dich.«

Ellen nickte. Genau das war es, was sie wollte: Stille.

Geli zuckte mit den Schultern. »Ich begleite dich nach Hause.«

»Nicht nötig.« Auf dem Heimweg würde Geli nur ihre Besorgnis zum Ausdruck bringen, und Ellen hatte keine Lust mehr zu reden. »Ich weiß, du meinst es gut mit mir, aber für heute ist es genug. Außerdem habe ich morgen Frühdienst in der Bibliothek.«

»Wie du willst. Ich ruf dich nachher noch an. Und mach keinen Scheiß, ja?«

»Scheiß?«

»Du weißt genau, was ich meine: Keine depressiven Anwandlungen bitte.« Geli legte ihre Stirn in besorgte Falten. »Keine Anrufe, kein Alkohol oder andere Drogen, allerhöchstens …«, sie lächelte jetzt wieder, »… eine nächtliche Eisorgie!«

Orgie, dachte Ellen. Geli hatte wirklich eine rege Fantasie. Sie winkte ihrer Freundin zu und machte sich auf den Heimweg.

7. KAPITEL

Am nächsten Morgen regnete es in Strömen, der Sommer machte Pause. Rad fahren konnte man vergessen, und wenn Ellen nicht zu spät zur Arbeit kommen wollte, musste sie schnellstens durch den Regen zur U-Bahn. Trotz ihres Schirms und des Regenmantels war ihre weite Leinenhose nach wenigen Minuten bis zum Knie völlig durchnässt. Dabei hatte sie extra den hellgrauen, in sich gestreiften Sommerhosenanzug angezogen, von dem Geli behauptete, dass sie darin aussähe wie eine von Susan Sarandon gespielte Anwältin. Denn heute wollte sie endlich mit Weniger, dem Kulturamtsleiter, über die Leitungsstelle der Bibliothek reden, und sie hatte sich elegant und sicher fühlen wollen.

Doch als sie ihren Mantel in der Personalgarderobe aufhängte, glich sie eher einer ertrunkenen Bisamratte auf der Suche nach Asyl als einer Staranwältin.

Aber sie kam gar nicht dazu, sich zu viele Gedanken darüber zu machen, denn Weniger erwartete sie schon und kam ohne Umschweife zur Sache.

»Schön, dass Sie endlich da sind. Wie Sie wissen, muss die Leitungsstelle neu besetzt werden, und damit gehen Umstrukturierungen einher. Ich hatte Sie schon vor einiger Zeit gefragt, ob Sie interessiert sind. Schließlich hatten Sie ja die Leitung, bis Sie aus persönlichen Gründen reduziert haben.« Er klang ein bisschen ungehalten, so als hätte sie etwas falsch gemacht, aber vielleicht war sie auch gerade nur überempfindlich. Ellen spürte, wie sich an ihrem Hals rote Flecken bildeten. Nach dem ersten Schock wegen Richard, der sie in eine Art Lähmung versetzt hatte, war sie jetzt einhundert Prozent sicher, dass ihre Arbeit der Rettungsanker war, den sie so dringend brauchte. Deshalb hatte sie sich jede Menge Gedanken darüber gemacht, wie man den Etat noch besser verwenden konnte, um sehr viel höhere Ausleihzahlen zu generieren und mehr Leben in die Bibliothek zu bringen.

»Vielen Dank, ich habe mich sehr über Ihr Angebot gefreut, und natürlich würde ich mich gern wieder auf die Leitung der Bibliothek bewerben.«

»Oh!« Weniger straffte die Schultern so energisch, dass sich die Schulterpolster seines braun karierten Sakkos bewegten. »Damit habe ich gar nicht mehr gerechnet. Leider wurde nämlich mittlerweile von höherer Stelle entschieden, die Leitung mit einem auswärtigen Bewerber zu besetzen.«

»Oh.« Ellens Hals glühte.

»Tom Malinowski. Er hat heute seinen ersten Tag bei uns und freut sich schon, Sie kennenzulernen. Das hat nichts mit Ihnen zu tun, aber nachdem Sie sich fast zwei Wochen nicht gerührt haben, dachte ich … Es wurde auch an mir vorbei entschieden …« Weniger reckte den Hals, presste die Lippen aufeinander und nickte entschieden. »Aber wir werden das Beste daraus machen, nicht wahr, Frau Dr. Schneyder?«

Er benutzte sonst nie ihren Doktortitel. Offensichtlich wollte er ihr Ego polieren.

»Dann wollen wir mal.« Herrn Weniger entfuhr ein tiefer Seufzer, als er ihr die Tür aufhielt. »Im Besprechungszimmer.«

Während Ellen ihm auf quietschenden Ledersandaletten folgte, wobei sie von den weiten nassen Hosenbeinen bei jedem Schritt an den Waden abgewatscht wurde, versuchte sie, ihre Fassung wiederzufinden.

Sie fragte sich, warum sie das nicht hatte kommen sehen. Richard hätte es garantiert gemerkt, wenn bei ihm auf der Arbeit so etwas im Busch gewesen wäre. Aber, meldete sich eine sanfte Stimme, wenn Ellen ihn wegen eines fünfundzwanzigjährigen Surfers verlassen hätte, wäre ihm womöglich auch das ein oder andere entgangen.

Als Weniger die Tür des Besprechungszimmers öffnete, kam der Neue sofort dynamisch auf Ellen zu und streckte ihr die Hand entgegen. Ellen nahm die ihr dargebotene Hand, schüttelte sie und betrachtete ihren Gegenüber. Er war deutlich jünger als sie, mit einem lächerlichen rotblonden geflochtenen Ziegenbärtchen, das etwa zehn Zentimeter von seinem fliehenden Kinn hinunterhing. Seine riesige, schwarz geränderte Brille sollte offensichtlich von dem mächtigen Zinken in seinem Gesicht, der eines Cyrano de Bergerac würdig gewesen wäre, ablenken. Aber seine Hand war warm und trocken und er hatte einen festen Händedruck.

»Herr Malinowski«, stellte Lorenz Weniger vor.

»Tom«, korrigierte der ihn sofort und lächelte betont herzlich.

»Freut mich«, murmelte Ellen und fragte sich, ob es neuerdings ihr Schicksal war, alles, was sie im Leben erreicht hatte, an Jüngere abtreten zu müssen. Was wollte denn so ein Typ in so einem uncoolen Job? Hatte der überhaupt schon eine Familie zu ernähren? Er trug jedenfalls keinen Ehering. Erst jetzt erinnerte sich Ellen daran, dass sie ohne das Geld, das die Leitungsposition mit sich brachte, niemals das Haus würde behalten können. Noch ein Grund mehr, diesen Kerl nicht zu mögen.

»Tom« hatte sie aufgefordert, sich zu setzen, und mit dem

üblichen Gesülze angefangen – dass er ihre volle Unterstützung brauchen würde, um hier zu bestehen, bla, bla, bla …

Ellen starrte aus dem Fenster auf die Wiese, die vom Mühlbach durchzogen wurde. Das alles gehörte auch zur Bibliothek, und genau dort hätte sie ein Sommerfest für alle Angestellten und Besucher veranstaltet, wenn sie wieder die Leitung übernommen hätte. Jetzt war das Gras platt gedrückt vom Regen, überall standen schlammige Pfützen, und auf dem Bach tanzten graubraune Bläschen. Vielleicht würde er ja heute noch über die Ufer treten, die Wiese vollständig unter sich begraben, die Bibliothek unterspülen und alle Bestände vernichten. Es würde immer weiter regnen, und die ganze Welt würde in einer Sintflut ertrinken …

Derweil erzählte Tom mit einer leider höchst angenehm warmen Stimme, auf die Ellen ganz sicher nicht reinfallen würde, dass er Quereinsteiger ins Bibliothekswesen sei.

Aha. Das hieß im Klartext, der nette Tom hatte also keine Ahnung von Bibliotheken. Wahrscheinlich hatte er immer *Irgendwas-mit-Medien* machen wollen, hatte ein abartig cooles Start-up-Unternehmen gegründet, war damit auf die Nase gefallen und wollte jetzt gern was Sicheres. Eigentlich war er zu bedauern.

Ellen konzentrierte sich auf seine Nase. Gott, und wie der Mann zu bedauern war. Beim Küssen war dieses Ding sicher ein ziemliches Handicap. Jetzt wurde ihr auch der Sinn des Ziegenbärtchens klar: Das war einfach nur eine Rettungsleine für Frauen, die beim Küssen von seiner Nase touchiert wurden. Sie unterdrückte das unwillkürliche belustigte Zucken ihrer Mundwinkel mit einem Husten.

»Hoffentlich haben Sie sich nicht erkältet«, sagte Tom daraufhin und musterte sie besorgt. Sein Blick glitt von den feuchten Hosenbeinen zu ihren nassen Haaren, und er wandte sich an Weniger.

»Haben wir denn keinen Föhn oder so etwas, damit Ellen sich ein bisschen trocken föhnen kann?« Er klang aufrichtig bekümmert.

O nein, bloß das nicht! Ellen schluckte und fühlte sich genauso hilflos wie neulich nachts in der Umarmung ihres Sohnes – wie aus Glas, in akuter Gefahr zu zerbrechen. Sie schluckte ein paar Mal und blinzelte, um die aufsteigenden Tränen zu vertreiben. Nicht dass einer der Männer noch auf die Idee kam, sie würde um die Chefstelle weinen!

Weniger schüttelte den Kopf und erklärte Tom, dass er es als Kulturamtsleiter zwar nicht so genau wisse, aber mal vermute, dass es keinen Föhn gebe.

Den gab es natürlich doch, zum Basteln und auch, weil hin und wieder Bücher trocken geföhnt werden mussten. Aber das würde Ellen für sich behalten. Sie wollte sich nicht besser fühlen.

»Das geht schon. Hat mich gefreut, viel Erfolg!«, murmelte sie und verkniff sich gerade noch ein »Ich bin ja nicht aus Zucker«. Stattdessen behauptete sie, ein paar dringende Mails schreiben zu müssen, stand so dynamisch wie möglich auf und stürmte zur Tür.

Kaum hatte sie die hinter sich geschlossen, lehnte sie sich gegen die Wand im Flur und spürte, wie alle Kraft aus ihr heraussickerte.

Was für ein Waschlappen sie doch war! Weniger hatte sie gefragt, aber sie hatte zu lange gebraucht, um zu antworten. Sie hatte sich das selbst zuzuschreiben, aber das machte es nur noch schlimmer. Ellen atmete tief durch. In jedem Fall würde sie nicht unter diesem Quereinsteiger arbeiten. Dann musste sie sich eben nach einer anderen Leitungsstelle umsehen. München hatte schließlich eine Menge Bibliotheken zu bieten.

Richard wäre so was nicht passiert, dachte Ellen. Der hätte sein Arbeitsleben auch mit drei schwangeren Geliebten noch im Griff. Und wenn man ihm einen Job wegnehmen würde, den er schon sicher im Sack gewähnt hatte, würde er so einen Wutanfall kriegen, dass alle ein bisschen zusammenzuckten, man würde den Quereinsteiger hochkant rauswerfen, und Richard Schneyder säße gleich wieder fest im Sattel. Jiehaa!!

Plötzlich wurde ihr klar, dass sie nicht länger Richards Namen tragen musste. Man konnte doch nach einer Scheidung wieder den Mädchennamen annehmen, richtig? Aber wollte sie wieder Frau Dr. Ellen Wurst heißen und sich bei jedem Telefonat, in jedem Amt die immer gleichen Witze über Leber- oder Blutwurst anhören? »Schneyder mit ey« war einfacher, und Ellen hatte sich daran gewöhnt, schließlich hieß sie schon deutlich länger so als Wurst.

Sie schleppte sich in ihr Büro, das sie sich mit zwei anderen Teilzeitkräften und Mona, einer der ehrenamtlichen Mitarbeiterinnen, teilte, und hoffte, dass außer ihr noch niemand da war. Aber leider war heute einfach nicht ihr Tag. Mona hatte schon Kaffee gekocht und wartete auf Anweisungen. Sie war absolut zuverlässig und sehr fleißig, aber vollkommen humorfrei und eine entsetzliche Umstandskrämerin, die genau zwei Schwächen hatte: die Modezeitung *Vogue*, die sie immer als Erste las, wenn sie in der Bibliothek eintrudelte, und ihre beiden Dackel, die sie abgöttisch liebte. Es war Ellen ein Rätsel, was Mona an der *Vogue* so interessant fand, wo doch das gewagteste Kleidungsstück ihrer Kollegin eine beigefarbene Strickjacke mit grünen geschnitzten Hirschknöpfen war. Trotzdem war Mona immer in der Lage, die neuesten Modetrends haarklein zu erläutern, und sie erklärte Ellen auch prompt, wie sie ihr Leinenoutfit fleckenfrei trocken kriegen würde: Föhnen! Und dann erzählte Mona in allen Details, dass ihre armen Lieblinge vorhin auch pudelnass geworden und beinahe vom bösen Regen weggeschwemmt worden wären.

Um die langen umständlichen Geschichten über die reichlich korpulenten Dackel besser zu ertragen, hatte Ellen die beiden in Gedanken Dick und Doof getauft. Und gerade sah sie Dick und Doof vor sich, wie sie wild mit den dicken Pfötchen rudernd die Straße entlang zum nächsten Gully trieben und dort mit einem lauten Gurgeln von der Kanalisation verschlungen wurden. Und so mies das auch von ihr war, es hob ihre Laune.

»Wie fürchterlich! Das muss ja ein Schock für Sie gewesen sein«, log sie, dachte an den Schock, den sie selbst gerade erlitten hatte, und ließ sich von Mona einen Kaffee geben, bevor sie sie losschickte, um die Bücher vom Nachtrückgabeschalter wieder in den Bestand einzusortieren.

Was machte sie eigentlich noch hier?, fragte Ellen sich und liebäugelte mit dem Gedanken, sich krankzumelden und nach Hause zu gehen. Aber das hätte Tom als Schwäche oder noch schlimmer als ein Zeichen dafür werten können, dass sie beleidigt war. Es würde ihr also nichts anderes übrig bleiben, als diesen entsetzlichen Tag hier durchzustehen. Vielleicht sollte sie sich wirklich die Hosenbeine trocken föhnen, überlegte sie, suchte in dem Bastelschrank nach dem Föhn und machte sich damit auf den Weg zu den Toiletten.

Aber ihr Tag sollte noch schlimmer werden, denn unterwegs begegnete sie Tom, der darauf bestand, sie zum Mittagessen einzuladen. Ellen war so perplex, dass ihr nicht mal eine Ausrede einfiel – weshalb sie ihm denn dann auch zwei Stunden später bei einem Italiener gegenübersaß und Spaghetti alla carbonara auf ihre Gabel wickelte. Sie hatte die Nudeln farblich passend zu ihrem Sakko bestellt. Tomatenflecken würde sie da nämlich nie mehr rauskriegen, und heute war einfach nicht ihr Tag.

Tom war Vegetarier und hatte sich für Penne all'arrabbiata entschieden. Ellen beobachtete fasziniert, wie sich der Ziegenbartzopf beim Kauen hin und her bewegte, und musste sich beherrschen, nicht ständig dort hinzustarren.

Tom Malinowski lächelte zu viel, nannte sie vertraulich Ellen und ignorierte hartnäckig ihren Versuch, beim Nachnahmen zu bleiben. Fehlte nur noch, dass er seine Hand auf ihre legte.

Es war ziemlich offensichtlich, dass er sich bei ihr einschleimen wollte, und es war noch deutlicher, dass er weder Bibliothekswissenschaften studiert noch irgendeine andere Bibliotheksausbildung vorzuweisen hatte. Wie er wohl zu diesem Job gekommen war?

Während Ellen immer wieder reichlich Parmesan auf ihre Spaghetti streute, wickelte und kaute, ließ sie sich von seiner sanften Stimme einlullen, hörte kaum zu und nickte nur, wenn er eine Pause machte und sie fragend ansah.

Jetzt legte er tatsächlich seine Hand auf ihre.

»Langweile ich Sie?«, fragte er.

»Nicht im Mindesten«, log Ellen.

»Dann stimmen Sie mir also zu?«

Sie hatte keine Ahnung, wovon er sprach, nickte aber und sagte voller Inbrunst: »Unbedingt!«

Er riss die Augen hinter seinen Brillengläsern auf. »Sie glauben also auch, dass der Holocaust nie stattgefunden hat?«

Ellens Körper reagierte, bevor ihr Hirn eine Erklärung hervorbringen konnte. Eine Hitzewelle breitete sich aus, und sie spürte, dass sie knallrot geworden war.

Aber da schüttelte er auch schon den Kopf. Sein Ziegenzopf pendelte hin und her. »Ha, ha, ha!«, meckerte er. »Das war ein bisschen gemein von mir, aber ich wollte wirklich gern Ihre Aufmerksamkeit. Ich habe von meinem Sabbatjahr gesprochen.«

Was für ein mieser kleiner Manipulator! Ihr Herzschlag beruhigte sich etwas, aber sie war noch immer schweißnass. Sie legte ihre Gabel hin. Der Hunger war ihr endgültig vergangen.

»Sie, ein Sabbatjahr?« Wozu brauchte so ein Typ ein Sabbatjahr? Er hatte wirklich keine Familie, das hatte sie am Anfang des Gesprächs gerade noch mitbekommen, und konnte also sowieso immer machen, was er wollte. Sich selbst zu ernähren war doch ein Kinderspiel.

»Ich war völlig ausgebrannt.«

Der sollte sich mal um zwei kranke Kinder kümmern, um Mütter und Schwiegermütter und Hamster und Gartenteiche, dachte sie hämisch, und nebenbei noch promovieren! Tom hatte doch gar keine Ahnung, wovon er redete.

»Und wovon genau waren Sie ausgebrannt?« Sie zwang sich zu einem freundlichen Lächeln, damit sie nicht zu gönnerhaft rüberkam. »Zu viele Partys im Medienbetrieb?«

Doch er ignorierte ihre Bemerkung und erzählte ihr von dem Ökoprojekt am Tschadsee in Niger, an dem er nach seinem Studium teilgenommen hatte. Dabei hatte er mit Entsetzen die Zustände dort gesehen und es geschafft, Sponsoren aufzutreiben, mit deren Geldern er dort zumindest eine Schule hatte bauen können. Als er aber Schulbücher für die Region beschaffen wollte, war er auf logistische Probleme gestoßen, für die er dann ein Computerprogramm entwickelt hatte, das ihm schließlich eine Gastdozentenstelle für Informationswesen an der Uni in Zürich eingebracht hatte.

An dieser Stelle schämte Ellen sich schon in Grund und Boden. Als Tom unvermittelt fragte, ob sie auch einen Espresso wolle, brachte sie keinen Ton heraus und konnte nur nicken, woraufhin er zwei bestellte und dann weitererzählte.

In der Schweiz hatte er seine Arbeit in Afrika sehr vermisst und war deshalb wieder zurück an die mittlerweile stark frequentierte Schule gegangen, an der auch Mädchen unterrichtet wurden. Seine Schule erfreute sich so großer Beliebtheit, dass die im benachbarten Nigeria lebenden Boko Haram davon Wind bekamen und die Schule kurzerhand in die Luft sprengten. »Dabei wurde Rebecca … eine Lehrerin …« – seine Augen glänzten feucht – »und zwei Lehrer ermordet. Zum Glück waren zu diesem Zeitpunkt nicht auch noch Kinder in der Schule.« Er starrte auf seinen Espresso und rührte in der halb leeren Tasse herum.

Ellen hätte gern ihre Hand auf seinen Arm gelegt, aber sie war innerlich wie erstarrt. Sie räusperte sich, um Anlauf für eine Entschuldigung für all ihre zum Glück nur gedanklichen Gemeinheiten und Unterstellungen zu nehmen.

»Wissen Sie, was Boko Haram bedeutet?«, fragte er, bevor sie noch etwas sagen konnte.

»Nein.«

»Das sind zwei Begriffe aus der Sprache der Hausa, die man mit ›Bücher sind Sünde‹ übersetzen kann oder ›Erziehung ist Sünde‹. Gemeint ist aber ganz allgemein westliche Bildung.«

»Es tut mir so leid«, stotterte sie, immer noch schockiert darüber, wie falsch sie Tom eingeschätzt hatte. »Das muss entsetzlich für Sie gewesen sein!«

Tom nickte und sah ihr ins Gesicht. »Ja, das war es. Und deshalb habe ich mir dann ein Jahr freigenommen. Ich war sehr deprimiert, alles erschien mir reichlich sinnlos. Meine große Liebe war tot, unser geliebtes Projekt war tot, nur ich war noch da.« Er biss sich auf die Lippen. »Und natürlich all diese Kinder, die jetzt keine Schule mehr haben.«

Und sie hatte ihn auf seine Nase und den Ziegenbart reduziert.

»Sie fragen sich vielleicht, warum ich Ihnen das alles erzähle?«, fuhr er fort.

»Nein, eigentlich nicht.« Sie erlebte es öfter, dass Menschen ihr Geheimnisse anvertrauten. Mona zum Beispiel war hoffnungslos in den Hundeflüsterer von Dick und Doof verliebt.

Aber Ellens Vorgesetzte hatten sie bisher mit solchen Enthüllungen verschont.

»Ich habe keine Ahnung von normalen Bibliotheken«, fuhr er fort. »Ich bin nur gut im Entwickeln von Programmen. Deshalb brauche ich Ihre Unterstützung.«

»Auf die können Sie zählen!« Es sollte viel mehr Menschen wie ihn geben. Sie würde ihm in jeder Hinsicht unter die Arme greifen.

»Danke.« Er knipste ein wunderbares Lächeln an, von dem sich Ellen warm umarmt fühlte. »Das bedeutet mir sehr viel. Und ich habe noch eine persönliche Frage.«

»Nur zu.«

»Sie wissen, wie schwer es ist, in München eine Wohnung zu finden, und Lorenz Weniger hat mir verraten, dass ihr Mann Architekt ist. Er meinte, vielleicht kämen Sie da eher an Informationen heran …?«

»Oh … ja … äh … nein«, stotterte Ellen und war froh, dass noch niemand von ihrer Trennung wusste. Mitleid würde ihr den Rest geben und Mitleid von Tom würde sie geradezu umbringen.

»Ich meine, Richard arbeitet eher an Großprojekten, aber ich kann mich gern für Sie umhören!«

»Das wäre ganz reizend!«

Reizend? Den Ausdruck hatte sie schon ein gefühltes Vierteljahrhundert nicht mehr gehört. Offensichtlich sortierte er Ellen in die Zeit von Jane Austen ein. Aber denk daran, was er hinter sich hat, ermahnte sie sich und lächelte ihm aufmunternd zu.

Tom winkte dem Kellner, bezahlte die Rechnung, und dann gingen sie durch den Regen zurück zur Bibliothek.

8. KAPITEL

Auf dem Heimweg am Nachmittag wurde Ellen zum dritten Mal an diesem Tag nass. Ihr Schirm gab seinen Geist auf, und der warme Sommerregen durchtränkte sie bis auf die Unterwäsche.

Aber diesmal störte es sie kein bisschen. Es war wie die reinste Katharsis – der Regen wusch all ihre gönnerhafte Herablassung weg, die nur ihrem Neid und der Tatsache geschuldet gewesen war, dass Richard sie wegen einer jüngeren Frau verlassen hatte.

Zu Hause zog sie sich gleich hinter der Haustür aus, ließ ihre nassen Sachen auf einem Haufen liegen, ging heiß duschen und schlüpfte in ihren Lieblingspyjama. Es war ja niemand da, den es stören würde, wenn sie um vier Uhr nachmittags schon im Schlafanzug herumlief.

Sie setzte sich im Wohnzimmer in einen Sessel, von dem aus sie den besten Blick in ihren Garten hatte. Auf der Terrasse standen Pfützen. Der Regen hatte die Blüten der großen Linde aus dem Baum gespült und überall auf dem Rasen verteilt, wo sie wie hingetupfte Lichtreflexe wirkten. All das Wasser tat dem Garten gut. In den letzten Wochen war es sehr trocken gewesen. Sie seufzte.

Wie sollte sie das Haus und den Garten finanzieren ohne die Leitungsstelle? Wenn Richard sich querstellte oder wirklich verlangte, dass sie ihn auszahlte, dann musste sie das alles hier aufgeben.

Das Einzige, was Ellen besaß, war ein Sparvertrag bei der Sparkasse, der seit über zwanzig Jahren lief. Ihre Mutter hatte sie vor ihrer Hochzeit zur Seite genommen, um ihr den einzigen Rat zu geben, den sie für ihre Tochter hatte. Ihre Mutter hatte nie viele Ratschläge für sie gehabt. Sie war sehr stolz, dass Ellen studiert hatte, und hielt ihre Tochter für viel klüger als sich selbst. Deshalb war Ellen ziemlich gerührt gewesen und hatte getan, was ihre Mutter ihr geraten hatte. Ihre Mutter hatte sie geradezu angefleht, jeden Monat etwas für sich zu sparen, ganz egal wie viel. Denn es würde bei aller Liebe irgendwann der Tag kommen, an dem sie Geld brauchen würde, über das sie ganz allein verfügen konnte. Womöglich wollten ihre Kinder etwas tun, das ihr Vater nicht guthieß. An dieser Stelle hatte ihre Mutter kurz geseufzt, und Ellen war zum ersten Mal klar geworden, wer ihr Studium in Wirklichkeit unterstützt hatte – auch wenn ihre Mutter sich beeilt hatte hinzuzufügen, dass Ellen vielleicht ja auch mal eine neue Küche haben wollte oder ein Luxusbad, das ihr Mann für unnötig hielt. Aus den ursprünglich einmal fünfzig Mark waren in über zwanzig Jahren gerade einmal, sie hatte nachgeschaut, 17345 Euro geworden.

Ihre Mutter hatte recht gehabt, Ellen wollte etwas, das Richard nicht länger wollte, aber ihr Geld würde auf keinen Fall reichen, um Richard auszubezahlen. Es würde nicht mal für eine Anzahlung reichen. Ein Haus mit so großem Garten mitten in München war Millionen wert, und ein Architekt wie Richard wusste das natürlich. Und er hatte leider auch in einer anderen Sache recht: Wenn die Kinder hier nicht mehr wohnten, dann gäbe es auch keinen Grund für Ellen, allein in so einem großen Haus zu leben. Lukas war schon ausgezogen, und was Mia tun würde, konnte noch niemand sagen.

Mia! Seit Richard sie verlassen hatte, hatte Ellen es vermieden, mit ihrer Tochter zu telefonieren, weil sie nicht wusste, wie sie ihr die Trennung beibringen sollte, doch sie sehnte sich danach, ihre Stimme zu hören.

Ellen ging zum Telefon und wählte Mias Handynummer. In Japan war es sieben Stunden später, also schon Mitternacht, aber ihre Tochter war genau wie Lukas schon immer eher der nachtaktive Typ gewesen.

»Mama?« Mia nahm sofort ab und klang alarmiert. »Ist etwas passiert?«

»Nein«, log Ellen, erfüllt von mütterlicher Fürsorglichkeit. »Nein, mein Schatz, ich hatte nur gerade Sehnsucht nach deiner Stimme. Wie geht es dir?«

»Gut.« Mias Erleichterung war über all die Kontinente hinweg zu hören. Dann sprudelte es nur so aus ihr heraus: »Mama, es ist so aufregend! Rate, was passiert ist.«

Ellen musste lächeln. Es gab nur zwei Dinge, die Mia so glücklich machen würden. Vielleicht hatte man ihre Hartnäckigkeit belohnt und sie nun doch zur Geisha-Ausbildung zugelassen, aber die Wahrscheinlichkeit ging gegen null. Deshalb war es dann sicher eher die andere Möglichkeit. »Du hast dich verliebt!«

»Woher weißt du das?« Ihre Tochter klang verblüfft.

Weil ich Jahre meines Lebens damit verbracht habe, herauszufinden, was in dir vorgeht, hätte sie gern gesagt, aber das gehörte zu den Dingen, die eine Mutter nie zu ihren Kindern sagen sollte, weil sie es immer als Vorwurf interpretieren würden. »Hab ich geraten. Und, möchtest du mir etwas über ihn erzählen?«

»Er ist einfach perfekt!«

Das hatte Ellen damals auch über Richard gedacht. Sie hatten sich auf Gelis Geburtstagsparty kennengelernt. Lukas und

Mia hatten sie immer nur eine geschönte Version ihrer ersten Begegnung erzählt, denn damals hatte Ellen Richard mehr oder weniger auf die Füße gekotzt. Manuela, Gelis Schwester, hatte sie mit Wodka und Orangensaft abgefüllt, und sie hatte gar nicht gemerkt, wie viel Alkohol in dem Orangensaft gewesen war. Manu hatte es nur gut mit ihr gemeint und wollte, dass Ellen sich ein wenig entspannte, denn die war in tiefster Trauer, weil sie gerade von Milan verlassen worden war. Der hatte sich in eine Kindergärtnerin verliebt, weil die sooo süß war. Ellen war also ganz offensichtlich nicht süß. Und als sie Richard vor die Füße gekotzt hatte, war sie ganz sicher auch nicht sehr süß gewesen, aber er hatte ihr versichert, dass es schon da bei ihm gefunkt hatte. Bei ihr funkte es dann zwei Tage später, als sie sich im Unicafé wieder über den Weg liefen. Ihr war die Röte heiß ins Gesicht geschossen, als ihr klar geworden war, wie verdammt gut der Mann aussah, der sie am Wochenende nach Hause und ins Bett gebracht hatte, ohne die Situation auszunutzen. Ein gut aussehender Heiliger, der auch noch klug zu sein schien. Es war diese Begegnung im Café, von der sie ihren Kindern immer erzählt hatten. Mia hatte sich das tausend Mal schildern lassen, und wehe, wenn Ellen auch nur die Farbe ihres Pullovers (Gelb) abänderte oder sonst ein Detail.

Tja, das alles war lange her. Jetzt war der Heilige weitergezogen.

»Mama, bist du noch da?«

»Entschuldige, da war so ein Rauschen in der Leitung, ich habe nicht alles gehört, könntest du das noch mal wiederholen?«

»Er heißt Wilson.« Dann war sie offensichtlich nicht in einen Japaner verliebt. Ellen war erleichtert und fand sich gleichzeitig unmöglich, denn so intolerant wollte sie nicht sein. Und hatte sie sich heute nicht schon genug danebenbenommen?

»Was für ein ungewöhnlicher Name für einen Japaner.« Heuchlerin, dachte sie. Elende Heuchlerin! »Ist Wilson ein amerikanischer Tourist?«

Mia kicherte. »Mama, du bist doch nicht so eine Hellseherin, wie ich dachte. Wilson ist Chinese, er heißt Wilson Fan.«

Ein Chinese! Die einzigen Chinesen, die Ellen kannte, waren die aus den Jackie-Chan-Filmen, die sie mit ihren Kindern hatte anschauen müssen. Hatte Mia sich etwa so einen Kung-Fu-Fighter angelacht?

»Ein Chinese zu Besuch in Japan?«

»Er ist Hongkong-Chinese, deshalb hat er auch diesen englischen Vornamen. Und Mama, stell dir vor, er sieht nicht nur fantastisch aus, sondern er ist auch Architekt, wie Paps! Ist das nicht total verrückt?«

O ja und wie, dachte Ellen.

»Wilson leitet ein riesiges Hotelbauprojekt in Hongkong und war hier in Tokio, um sich im Park Hyatt über irgendwelche Wellnessanlagen zu informieren. Das Hotel kennst du auch aus dem Film, in dem wir zusammen waren: *Lost in Translation*. Du weißt schon, mit Bill Murray! Paps ist damals eingeschlafen.«

Alles, woran Ellen dachte, war die Tatsache, dass dieser Wilson schon ziemlich alt sein musste. Um ein so großes Bauprojekt zu leiten, musste er mindestens zehn Jahre älter sein als ihre kleine Mia, eigentlich eher noch älter. Richard jedenfalls würde keinem Absolventen, der frisch von der Uni kam, so ein Projekt anvertrauen. Immerhin ein Gutes hatte es: Richard würde töten, um an so ein Projekt ranzukommen. Ein so erfolgreicher Schwiegersohn würde ihn schwer unter Druck setzen. Gar kein so übler Gedanke …

Jetzt hatte sie schon wieder nicht zugehört.

»Mia, das Letzte habe ich nicht mitgekriegt, du warst gerade gar nicht zu verstehen.«

»Wilson hat mich eingeladen, mit nach Hongkong zu kommen, und ich gehe mit ihm mit. Mama, er hat einen Privatjet …« Sie zögerte. »Findest du das bonzig?«

»Nein, mein Schatz, das ist doch ganz wunderbar. Hast du es Paps schon erzählt?«

»Nein, aber das machst du doch, oder? Vielleicht kann er ja dann mal mit Wilson reden, wenn wir in Hongkong sind. Ich kann auch bei ihm wohnen.«

Plötzlich war Ellen alarmiert. Was, wenn der Typ ein chinesischer Mädchenhändler war oder so ein Sadomasomörder? Aber sie durfte Mia auf keinen Fall offen widersprechen. Dann würde ihre Tochter sofort auflegen.

»Findest du das nicht ein bisschen übereilt? So gut kennst du ihn doch noch gar nicht. Willst du ihn nicht erst mal auf neutralem Boden besser kennenlernen?«

»Wozu denn? Mama, über Wilson Fan gibt es sogar einen Wikipedia-Eintrag! Und ich wohne ja nicht direkt bei ihm. Er hat Gästeappartements im Royal Garden, dort werde ich wohnen, und da könnt ihr mich dann erreichen.«

»Und was ist mit deinem Plan, Geisha zu werden?«

»Mama, Wilson ist die Liebe meines Lebens! Außerdem wollten die mich doch eh nicht zur Geisha ausbilden. Wilson findet es toll, dass ich die Teezeremonie kann, und will mich seiner Mutter vorstellen, die muss ganz schön Furcht einflößend sein. Aber er sagt, wenn ich ihr die Teezeremonie vorführe, wird sie nur so dahinschmelzen und mich sofort ins Herz schließen.«

Jeder musste Mia lieben. Ihre Tochter war die schönste, zarteste, zäheste und klügste junge Frau auf diesem Planeten. Ellen sah Mias riesige blaue Augen und ihre zarte Porzellanhaut vor sich und hasste Wilsons Mutter jetzt schon.

»Mia, mein Schatz, ich finde, das klingt alles ein bisschen überstürzt.«

»Mama, mach dir keine Sorgen! Willst du mit Wilson reden? Er liegt hier neben mir. Er spricht zum Glück viel besser Englisch als ich.« Es raschelte und knarzte.

»Good evening, Ms. Schneyder.« Gott, der Typ klang so steif wie tiefgefrorener Spargel. *»My name is Wilson and I am very honoured to talk to Mia's Mother.«* Ellen konnte sein Alter anhand seiner Stimme nicht einschätzen, denn er beendete jeden Satz mit einem kleinen atemlosen Quietschen. Das würde mir so was von auf den Keks gehen, dachte sie, versicherte Wilson aber, dass sie noch sehr viel mehr *honoured* wäre, ihn kennenzulernen. Plötzlich wünschte sie sich Richard dringend an ihre Seite. Der wüsste, was zu tun wäre. Immerhin zahlten sich ihre zwei Jahre an der Uni in London aus, denn sie verstand Wilson sehr gut und konnte mühelos seinem Small Talk folgen. Am Ende ihrer reichlich gespreizten Konversation versprach Wilson, er würde ihr gleich nach dem Telefonat eine E-Mail mit Adresse und Telefonnummern schicken, über die sie Mia erreichen konnten, und natürlich lud er sie und ihren Mann ein, sie in Hongkong zu besuchen. Dann knarzte es wieder.

»Und, ist er nicht einfach toll?« Mia klang atemlos, als wäre sie gerannt. »Ich freue mich schon so auf Hongkong!«

»Spricht dort jemand Japanisch?«

»Neee!« Mia lachte. »Aber Englisch. Mama, ich melde mich. Und gib Paps unbedingt ein Küsschen von mir, ja?«

Ein leises Klicken verriet Ellen, dass ihre Tochter aufgelegt hatte.

Draußen regnete es immer noch in Strömen, was die hereinbrechende Dämmerung noch finsterer machte. Ellen holte ihren Laptop und schaute nach, ob schon eine Mail von Wilson oder Mia gekommen war, fand aber in ihrem Posteingang nur ein Angebot für Penisverlängerungen. Sie gab Wilson Fan bei Google ein, konnte aber keinen Wikipedia-Eintrag entdecken. Vielleicht hatte sie den Namen nicht richtig geschrieben. Sie würde auf Mias Mail warten und dann noch einmal suchen.

Ellen stand auf und ging in die Küche, um sich einen Tee zu kochen. Jetzt, nachdem Mia verliebt war, wäre es vielleicht einfacher, ihr reinen Wein über die gescheiterte Ehe ihrer Eltern einzuschenken, denn nun würde Mia sich vielleicht nicht verpflichtet fühlen, gleich nach Hause zu kommen.

Ellen betrachtete lustlos die Auswahl an gesunden Teebeuteln und stellte fest, dass sie viel lieber ein Glas Wein wollte. Sie entkorkte einen italienischen Rotwein und lief mit dem vollen Glas zurück ins Wohnzimmer. Den nassen Kleiderhaufen im Flur ignorierte sie einfach.

Sie stellte das Glas ab und beschloss, Richard anzurufen und ihm von Wilson zu erzählen. Erst danach würde sie den Wein trinken. Ellen schüttelte den Kopf über sich selbst, schließlich konnte Richard doch gar nicht sehen, was sie gerade tat. Sie könnte ihn auch nackt anrufen und dabei eine Wasserpfeife rauchen. Trotzdem war es ihr wichtig, nüchtern und kompetent zu klingen, geschäftsmäßig. Aber sie erreichte ihn nicht. Er hatte das Handy auf seine Sekretärin umgestellt, war angeblich in einer wichtigen Besprechung und würde zurückrufen.

Die Lust, in Ruhe ein Glas Wein zu trinken, war ihr vergangen. Sie stand auf, ging zurück in den Flur, bückte sich nun doch nach ihrem Leinenanzug und brachte ihn nach unten in den Waschkeller. Als sie die Treppe wieder hinaufkam, fiel ihr Blick auf die Umzugskisten. Japan, Hongkong, Asien. Sie dachte an das Postkartenbuch. Ohne die Karte mit dem Bild der Geisha wäre ihre Tochter jetzt nicht in Tokio und hätte diesen Wilson nicht kennengelernt. Ob Ellen wohl eines Tages chinesisch aussehende Enkelkinder bekommen würde? Sie musste lachen. Solche Gedanken waren ja wohl ein bisschen verfrüht! Aus Hongkong war damals keine Karte dabei gewesen, das wusste sie genau.

Sie suchte nach dem Buch in den Kisten, bis ihr einfiel, dass sie es auf den alten Schreibtisch gelegt hatte.

Ellen holte es, ging damit zurück zu ihrem Lieblingssessel und trank nun doch einen Schluck Wein. Wahrscheinlich würde Richard ohnehin nicht mehr zurückrufen. Sie fing an, in dem Buch herumzublättern. Ob Mia wirklich nur deshalb nach Japan gegangen war? Oder hätte sie ihre Liebe zum Land der aufgehenden Sonne auch anders entdeckt?

Ellen versuchte die Rückseite der Geisha-Karte zu lesen, aber sie war so verblichen, dass es unmöglich war. Was würde passieren, wenn sie an all diese Orte flöge, um die Menschen kennenzulernen, die damals so voller Optimismus diese Zeilen an sie geschickt hatten?

Aber warum sollte sie das tun? Das war ja nachgerade lächerlich! Was hätte sie sich mit all den Absendern denn zu sagen: Seht her, es hat nichts genutzt, die Ehe ist trotz eures guten Zuspruchs am Ende? Andererseits hätte sie dann wenigstens ein Ziel, eine Ansprechperson. Einfach so herumzureisen, wie Lukas das getan hatte, das war nichts für sie. Aber nur mal angenommen, sie würde tun, was Lukas vorgeschlagen hatte, und all diese Orte besuchen? Vielleicht würde sich ja der ein oder andere mit ihr treffen, womöglich fänden manche die Idee sogar interessant. Es würde natürlich viel Zeit brauchen. Aber davon hatte sie ja mehr als genug.

Ellen trank noch einen Schluck Rotwein und überlegte weiter. Tatsächlich, eine Reise war möglich. Es würde sich schon jemand finden, der sich um den Garten kümmerte, und ihre Kinder waren erwachsen. Im Grunde interessierte sich gerade kein Mensch dafür, was sie machte. Ja, natürlich hatte sie Freunde, die an ihrem Leben Anteil nahmen, aber sie konnte tun und lassen, was sie wollte. Ihre Abwesenheit war für alle gut zu verschmerzen.

Der Rotwein schmeckte auf einmal bitter. Was für ein entsetzlicher Gedanke! Aber genau so war es doch. Klar würde sie Geli fehlen. Lukas würde hin und wieder ihre Lasagne vermissen. Und Mia hatte sich verliebt und würde sie zumindest in der nächsten Zeit nicht brauchen. Ihre Eltern waren tot, und Richard brauchte sie definitiv nicht mehr. Die Leitungsstelle in der Bibliothek war ihr gerade von Tom weggeschnappt worden.

Tom? Genau, der brauchte sie. Ellen stand auf und trank in der Küche etwas Leitungswasser direkt aus dem Hahn. Dann sah sie nach draußen in ihren Garten und seufzte. Das mit Tom war Blödsinn. Tom brauchte nicht sie, sondern einfach nur jemanden, der ihm alles zeigte. Er war nicht blöd und würde sich schon durchbeißen. Und nach seinem Sabbatjahr hatte er sicher auch wieder genug Energie dafür.

Ein Sabbatjahr. Ein ganzes Jahr, um zu reisen. Oder nur ein halbes Jahr oder ein paar Monate. Wahrscheinlich wäre das wirklich möglich. Ellen konnte sich jetzt nicht wieder hinsetzen, ein beunruhigender, aber höchst aufregender Gedanke fing an, sich herauszukristallisieren. Sie musste das anders sehen, es war ja nicht so, dass sie allen egal war, vielmehr war sie zum ersten Mal seit ihrer Studentinnenzeit wieder frei. Vollkommen frei, das zu tun, was sie wollte. Sie musste keine Rücksicht auf niemanden nehmen. Reisen. Ein paar Monate … und dank ihrer Mutter war da dieser Sparvertrag, der zwar nicht für ein Haus in München reichte, aber für eine längere Reise schon. Der liebe Herr Kulturamtsleiter wäre zwar nicht begeistert, aber vielleicht konnte sie es ausnutzen, dass er ihr Tom vor die Nase gesetzt hatte.

Sie sah sich in dem großen hellen Raum um. Ihr Blick fiel auf den Esstisch, die von den Kindern ganz schön malträtierten und umso mehr geliebten Korbstühle und die gerahmten Bilder an der Wand, die die Kinder für sie gemalt hatten. Den fliegenden Adlerstier, die Überraschungseikanone, die Geishapiratenprinzessin. Nein, sie musste sich schon um all das kümmern. Das konnte man nicht einfach so zurücklassen, und sie musste dafür sorgen, dass Richard es in ihrer Abwesenheit auf keinen Fall verkaufen konnte. Es musste vermietet werden, und zwar an jemanden, der den Garten genauso liebte wie sie. Und mit der Auflage, dass sie jederzeit zurückkommen konnte, sie oder die Kinder.

Tom!

Ein Lächeln breitete sich über ihrem Gesicht aus. Das war die Lösung! Wenn sie ihm ihr Haus zu diesen Bedingungen anbot, konnte er nicht sauer sein, dass sie ihn nun doch nicht unterstützen würde. Sie musste nur dafür sorgen, dass Tom einen wasserdichten Mietvertrag bekam, damit Richard ihn nicht rauswerfen konnte. Oder noch besser wäre es, Richard gleich dazu zu bringen, über das Haus erst nach ihrer Rückkehr zu entscheiden.

Ellen lief zurück zu ihrem Sessel, nahm das »Ja, heirate ihn!«-Buch und blätterte die Karten noch einmal durch. Ein ganzes Jahr, das konnte sie sich nicht vorstellen. Ein paar Monate – das wäre vielleicht mal was. Ein nagendes Gefühl breitete sich in ihrem Bauch aus. Wirklich ganz allein rumgondeln? Abends alleine essen? Das war doch nur etwas für einsame Menschen ohne Familie und Freunde, oder? Für Suchende. Doch sie war gar nicht auf der Suche. Ihr Paradies war hier, direkt vor ihrer Nase. Ellen stand auf, öffnete die Terrassentür und lief im Pyjama und barfuß nach draußen, ging über die Fliesen zum Rasen, spürte den weichen Grasteppich unter ihren Sohlen und atmete die von Lindenblüten, nasser Erde und blühenden Rosen erfüllte Luft ein.

Dort drüben im Baum hatte Richard die Schaukel für die Kinder angebracht. In dem Teich hatte Lukas schwimmen gelernt. Hinten an der schiefen Tanne hatte sich Mia beim Räuber-und-Gendarm-Spielen den Arm gebrochen. Auf dem Holzdeck hatten sie Richards und ihre Geburtstage gefeiert. Er hatte im März, sie im Juni Geburtstag, und ihr wirklich ungewöhnliches Glück mit dem Wetter hatte Richard dann immer auf die mystische Drei zurückgeführt. Dort hatten sie auch die Kindersommerfeste gefeiert. Mia hatte mit einem Messer ihren Namen in das Deck geschnitzt, und manchmal im Spätsommer hatte Ellen mit Richard und den Kindern auf Matten gelegen und die Plejaden beobachtet. Und bei jeder Sternschnuppe hatte Ellen sich gewünscht, dass sie alle immer so glücklich bleiben mögen. Sie verzog spöttisch den linken Mundwinkel. Für Richard hatte das ja auch prima geklappt.

Erst als sie vom Regen so nass war, dass sie anfing zu frösteln, ging sie zurück ins Haus und nahm eine heiße Dusche. Danach stand ihr Entschluss fest. Sie würde es tun.

9. KAPITEL

In den nächsten Tagen erzählte Ellen noch niemandem, nicht einmal Geli, von ihrem Plan. Der Gedanke, gleich ein paar Monate allein durch die Welt zu reisen, machte ihr noch ein bisschen Angst. In den letzten Jahrzehnten war sie höchstens zwei Wochen weg gewesen und immer zusammen mit Richard oder den Kindern. Zweimal auch mit Geli, aber noch nie ganz allein.

Außerdem: Wo genau wollte sie hin? Wie traf man eine Auswahl, und wie lange würde das Geld überhaupt reichen? Sie brauchte ein System. Nur so herumzureisen, das war einfach nichts für sie. Immer wieder betrachtete sie das Postkartenbuch und wunderte sich selbst, dass es nun doch so wichtig für sie geworden war. Obwohl es ja ein Geschenk von Richard gewesen war, mit Karten von seinen Bekannten und Freunden, kam sie ständig darauf zurück, als läge hier der einzig richtige Ansatz für ihre Reise. Zuerst wollte sie nur an die Orte reisen, die ihr und den Kindern beim Vorlesen den meisten Spaß gemacht hatten, doch dann begann sie, alle neunzehn noch lesbaren Rückseiten zu studieren. Was waren das für Menschen, wie und wo lebten sie jetzt? Alle hatten damals ihre Adresse auf die Karten geschrieben, weil Richard versprochen hatte, jeder würde zum Dank dann auch eine Karte vom glücklichen Paar aus den Flitterwochen bekommen. Ellen begann zu recherchieren, wer von ihnen nach über zwanzig Jahren noch an der angegebenen Adresse wohnte.

Das Internet und die Social-Media-Portale erleichterten die Recherche zwar, aber am Ende fand Ellen nur acht von ihnen und schickte ihnen eine Mail mit ihrem Anliegen – mit gemischten Gefühlen, weil sie fürchtete, dass man das alles reichlich merkwürdig finden könnte. Und sie beruhigte sich damit, dass ihr ja niemand zu antworten brauchte. Sie hatte jeweils nur geschrieben, dass sie gern die Menschen kennenlernen wolle, die ihr damals diese große Freude gemacht hätten – eine Freude, die später auch ihre Kinder geteilt hätten. Die Trennung von Richard zu erwähnen wäre ihr zu negativ vorgekommen. Sie schrieb in einem heiteren Ton und stellte unmissverständlich klar, dass sie nicht erwartete, bei den Leuten billig wohnen zu können, um sie nicht zu verschrecken. Sie wollte nur einen Anlaufpunkt vor Ort und vielleicht ein Treffen auf einen Kaffee.

Nach zwei Wochen, in denen Ellen Tom schon ziemlich gut eingearbeitet hatte, hatte sie zu ihrer freudigen Überraschung von allen, denen sie geschrieben hatte, eine Antwort erhalten. Sie sortierte die Antworten – typisch Bibliothekarin – erst einmal nach Orten und die dann nach dem Alphabet:

- Apia (Samoa)
- Bangkok (Thailand)
- Ho-Chi-Minh-Stadt (Vietnam)
- Kamilari (Kreta)
- Keetmannshoop (Namibia)
- Neureichenau (Bayerischer Wald, Dreiländereck)
- San Francisco (USA)
- Toronto (Kanada)

Erst dann fragte sie sich, ob das wohl so sinnvoll gewesen war. Deshalb sortierte sie die Antworten noch einmal neu, diesmal nach Kontinenten, und schließlich danach, wie freundlich die Antworten gewesen waren, die sie bekommen hatte. Und zuletzt erstellte sie eine Top-Ten-Liste der Orte, an die sie unbedingt reisen wollte.

Mittlerweile hatte Ellen ihren Sparvertrag aufgelöst und auch schon mit Herrn Weniger und Tom gesprochen. Weniger wollte sich erst querstellen, aber Tom hatte sie unterstützt, und zwar noch bevor sie ihm das Haus angeboten hatte. Bei einem gemeinsamen Mittagessen hatte Tom so viel Interesse an ihren Reiseplänen gezeigt, dass sie ihm sogar von dem Postkartenbuch erzählt hatte, was ihr dann gleich wieder leidtat. Denn ganz sicher fand ein Mann wie Tom Postkarten so interessant wie rostige Sargnägel in Timbuktu.

Aber Tom überraschte sie wieder, wie eigentlich jedes Mal, wenn sie mit ihm zu tun hatte.

»Ich würde mich sehr freuen, wenn du mir von jedem Ort, an den du fährst, eine Karte schicken würdest.« Er schluckte. »Ich bekomme im Moment nicht sehr oft Post.«

Als sie nicht sofort antwortete, beeilte er sich rasch hinzuzufügen, dass er natürlich keine »Ja, heirate ihn!«-Postkarte gemeint habe, sondern nur einen kleinen Gruß.

Das hatte Ellen sehr gerührt, und in diesem Moment war sie ganz sicher, dass Tom genau der Richtige war, um ihr Haus zu hüten.

Nachdem sie ihm das Haus gezeigt und für ein halbes Jahr zur Miete angeboten hatte, war er zwar begeistert über ihre Idee gewesen, wollte aber zu seiner eigenen Sicherheit einen Vertrag über ein Jahr, denn es war sehr schwer, in München eine bezahlbare Wohnung zu finden. Ellen war einverstanden. Toms Miete würde ihrem Geldbeutel nicht schaden. Sie erklärte ihm aber, dass sie selbst spätestens nach einem halben Jahr zurück sein würde und er zudem das Risiko eingehen müsse, dass eventuell auch Mia und Lukas wieder nach Hause kämen. Trotzdem blieb er bei seinem Wunsch, einen Mietvertrag über das komplette Jahr abzuschließen, und sagte, wenn es für Ellen in Ordnung sei, würden sie alle eben in einer Art WG zusammenwohnen, das Haus sei schließlich groß genug.

Ellen hatte Richard noch gar nicht darüber informiert, schließlich mussten sie ja sowieso getrennt leben, bevor sie sich einvernehmlich scheiden lassen konnten, und erst danach konnte über das Haus endgültig entschieden werden. Und die zusätzliche Miete würde sie natürlich mit ihm teilen, aber sie beschloss, ihn lieber nicht vorher zu fragen, sondern ihn vor vollendete Tatsachen zu stellen.

Ellen hatte Lukas extra zum Lasagne-Essen eingeladen, um ihm ihre Pläne ausführlich zu erklären. Das war aber gar nicht nötig, denn ihr Sohn fand die Idee super und den neuen Mieter, den er wenig später kennenlernte, »ganz okay«. Vor allem, nachdem Tom auf seine Frage, ob er denn auch mal mit seinen Freunden im Garten grillen könne, mit einem begeisterten Ja geantwortet hatte.

Geli reagierte unerwartet zwiespältig auf Ellens Pläne. Einerseits schenkte sie ihr sofort ganz praktisch einen türkisfarbenen Rollkoffer, andererseits war sie der Meinung, dass Ellen es lieber langsam angehen sollte. Erst mal in Deutschland rumreisen, dann Europa und schließlich vielleicht den Rest der Welt.

»Du musst dich doch erst mal *peu à peu* an das Alleinreisen gewöhnen«, sagte Geli bei einem Glas Wein am Teich. Sie beugte sich auf dem knarrenden Korbstuhl vor, prostete Ellen zu und nahm einen großen Schluck. »Mmh, der ist richtig gut.«

»Wie meinst du denn das?«

»Die letzten Jahre hat sich doch sicher Richard immer um alles gekümmert, oder nicht?«

Erstaunt musterte Ellen ihre Freundin. Sie klang ja fast wie Richard, der ihr so oft signalisiert hatte, dass Ellen komplett unfähig sei, etwas alleine zu stemmen. »Von wegen! Ich habe Tage, Wochen und Monate im Internet verbracht, nur um etwas zu finden, das bezahlbar war und Richard gefiel. Gebucht hab immer ich.«

»Das meine ich doch gar nicht. Sondern so was wie Gepäck automatisch einchecken, den Mietwagen fahren, fremde Navis einstellen, Kellner in fremder Währung bezahlen, aufdringliche Verkäufer abwimmeln und all das, woran man sich als alleinreisende Frau erst mal gewöhnen muss. Also, für mich war das nach Gerds Tod jedenfalls nicht so einfach. Und was ist, wenn du irgendwo in Hinterasien krank wirst oder in Afrika einen Unfall hast?«

Daran hatte Ellen noch gar nicht gedacht. Kaum hatte ihre Freundin das ausgesprochen, wurde ihr ganz mulmig zumute. Sie trank ihren Wein in einem Rutsch aus. Und dabei zog die ganze Geschichte ihrer Reise wie in einem Kurzfilm vor ihrem inneren Auge vorbei: Sie selbst in einem löchrigen, dreckigen T-Shirt, abgemagert und zusammengekrümmt auf dem Boden eines Krankenhauses am Ende der Welt. Ihre blutenden Wunden lockten gierige Ameisen an. Und Ratten – Ratten so groß wie Dachse. Niemand, der kommen und sie mit Essen versorgen würde, keine Medikamente gegen die entsetzlichen Schmerzen, die ihre letzten Stunden durch qualvolle Pein unendlich in die Länge zögen. Die einzige Krankenschwester eine schrecklich selbstgerechte Christin, die der Ansicht wäre, dass man zuerst die einheimische Bevölkerung behandeln solle und erst dann dumme Europäerinnen, die besser daheim geblieben wären.

»O Gott.« Geli stellte ihr Glas ab und tätschelte Ellens Arm.

»Jetzt bist du ganz bleich geworden. Tut mir leid, das war unbedacht von mir. Es wird bestimmt alles gut gehen!«

Natürlich würde es das. Ellen fuhr weder in Kriegsgebiete noch in Länder, in denen Ebola oder die Beulenpest ausgebrochen war. Plötzlich dachte sie an Tom und musste schlucken. Und ganz sicher würde sie keinen Fuß dorthin setzen, wo die Boko Haram das Land beherrschten.

»Es wird alles gut gehen«, ermutigte sich Ellen. »Natürlich werde ich eine gute Krankenversicherung abschließen.«

»Ich will dich wirklich nicht beunruhigen, aber die nützt dir gar nichts, wenn du irgendwo in Timbuktu bist.«

»Genau deshalb bin ich ja auch nicht mutterseelenallein irgendwo in Timbuktu!« In Ellen regte sich langsam Widerstand. »Ich habe doch als Anlaufstelle immer jemanden vor Ort. Das ist ja gerade der Unterschied zu irgendeiner Reise!«

»Das mag sein. Aber du weißt doch gar nicht, ob du die Leute dann magst. Vielleicht sind das totale Kotzbrocken, mit denen du es keine Stunde aushältst. Und dann bist du womöglich in einem Land, dessen Sprache du nicht sprichst. Man kommt ja nicht überall mit Englisch durch! Was da alles schiefgehen kann! In jedem Fall brauchst du eine Notfallhandtasche, mit der du auch ohne Koffer ein paar Tage überstehst.«

»Und was sollte deiner Meinung da drin sein?«

»Also Unterwäsche, Schlafsachen, Ersatzschuhe, Ersatz-T-Shirt, Notapotheke, eine Kopie deiner Ausweise.«

»Man könnte glauben, dass du ständig auf Weltreise bist, aber soweit ich mich erinnere, warst du die letzten Jahre nur auf Mallorca, in Irland und auf Elba.«

»Eben, du hast ja keine Ahnung, was da schon alles schiefgehen kann! Und wir reden von Europa. Na ja, ich werde dir vorher in jedem Fall noch ein Reisehoroskop stellen lassen, nur zur Sicherheit.«

»Und wenn Merkur rückläufig ist, dann fliege ich besser nicht, oder was?«

»Mach dich nur lustig.« Geli goss sich Wein nach. »Ich kann damit umgehen. Aber in jedem Fall will ich eine Liste von dir mit den Namen von den Leuten und Orten, wo du hinfliegst, damit ich weiß, wo wir dann nach dir suchen müssen, wenn du verschwindest.«

»Du könntest mir wirklich etwas mehr Mut zusprechen!«

»Aber das tue ich doch! Ich weise dich nur auf mögliche Probleme hin, damit dann alles gut und reibungslos klappt.«

»Aber ich werde ganz sicher nicht in Deutschland rumkutschieren.« Ellen dachte an Richard und wie er dreinschauen würde, wenn Lukas ihm erzählte, dass seine Exfrau gerade Afrika unsicher machte. Er würde eine Augenbraue hochziehen, nichts sagen, aber insgeheim denken, dass Ellen vielleicht doch die faszinierendste Frau des Universums war.

»Ich will hier weg. Nein, ich muss sogar weg. Je weiter, desto besser.«

Geli rettete eine Mücke aus ihrem Wein. »Du hast recht. Du bist so ein Mensch, um den man sich eigentlich nie Sorgen macht. Du schaffst alles, was du dir vornimmst.«

Tränen schossen in Ellens Augen. Was für ein schrecklicher Gedanke! Genauso befremdend, so einsam und kalt wie das leere Bett, das nachts so hell, glatt und glänzend neben ihr lag wie ein Sargpolster, auf das man in Kürze eine Leiche ablegen würde. Was sollte das heißen, dass niemand sich Sorgen um sie machte? Sie wollte aber, dass jemand sich um sie sorgte!

»O Gott, was ist denn heute nur los mit dir? Das war als Kompliment gemeint!« Geli war aufgestanden und drückte Ellen so fest, dass der Korbstuhl unter ihr anfing zu ächzen. »Du musst wirklich mal raus hier. Na komm, jetzt checken wir, was alles in diesen coolen Koffer reingeht, damit du auf andere Gedanken kommst.«

Geli reichte ihr die Hand und zog sie dann so kräftig aus dem Stuhl, dass Weinflasche und Gläser klirrend umfielen. »Darum kümmern wir uns später. Los, komm schon, sehen wir nach dem Koffer.«

Widerstrebend folgte Ellen ihrer Freundin ins Schlafzimmer, wo Geli sich einen Spaß daraus machte und als Erstes das Bettzeug von Richards Bettseite komplett in den Koffer stopfte.

»Und da würde auch noch seine Leiche reinpassen!«, sagte sie und rollte mit einem gezierten Trippeln so lange den Flur hin und her, bis Ellen ihr den Koffer wegnahm und das Bettzeug wieder herausholte. Allerdings legte sie es nicht mehr aufs Bett, sondern deponierte es in Mias Zimmer.

Mia!

Ellen hatte ihrer Tochter noch gar nichts von ihren Reiseplänen erzählt, obwohl Wilson ihr wie versprochen die Mailadresse in Hongkong geschickt hatte. Sie fürchtete sich davor, weil sie dann mit der ganzen Wahrheit über ihre Ehe herausrücken musste. Und genau deshalb wollte sie sich mit Richard treffen, der morgen Abend endlich Zeit für sie erübrigen konnte.

10. KAPITEL

Ellen musterte die staubigen Chianti-Flaschen und Fischernetze voll Spinnweben und nickte zufrieden. Das Il Cuore war ein schauderhaft eingerichteter Italiener und genau deshalb auch absolut passend für ihr Treffen mit Richard.

Geli hatte ihr dringend geraten, sich mit Richard nur in einem Lokal zu treffen, in dem sie noch nie gemeinsam gewesen waren, damit das Gespräch nicht durch aufkommende Erinnerungen verkompliziert wurde.

Richard sah müde aus, was in Ellen zuallererst Besorgnis auslöste, auch wenn sie das nichts mehr anging. Doch dann kam ihr der Gedanke, dass die Ursache für seine graue Haut und die Ringe unter seinen Augen auch von den nächtlichen Sexorgien mit Hanna herrühren konnten. Um das Bild wieder aus ihrem Kopf zu verdrängen, versuchte sie sich auf das zu konzentrieren, worum es hier heute ging: um den Schutz ihrer gemeinsamen Tochter.

Sie würde Richard gleich nachdem sie bestellt hatten von Wilson Fan erzählen und danach dann erst von ihrem Untermieter und nicht warten, bis er das erste Glas Wein ausgetrunken hatte. Damit riskierte sie allerdings, dass er einen Wutanfall bekam, denn der Wein stimmte ihn immer milder. Doch zu ihrer Überraschung bestellte er nur eine Maracujaschorle. Das war neu. Auch dass er nicht wie ein Halbverhungerter über das bereitgestellte Brot herfiel, verwunderte sie. Offensichtlich war er auf Diät, dachte sie und schielte auf seine Taille, an der sich nicht das geringste Fettpölsterchen über den Gürtel wölbte. Oder war er etwa krank? Ein Hypochonder war er eigentlich nie gewesen.

Um ihre Nervosität zu überspielen, nippte Ellen an ihrem Soave und nahm sich etwas von dem Weißbrot. Sie brach es in Stücke und drehte sie zu kleinen Kügelchen.

»Also, Elli, was ist denn nun so Dringendes zu besprechen?«

»Es geht um Mia …«

»Was ist mit ihr?«

Mia war sein Augenstern. Ellen erzählte ihm von Wilson und stellte überrascht fest, dass Richard völlig gelassen blieb. Eigentlich hatte sie erwartet, dass er sofort einen Flug nach Hongkong buchen würde, um diesen Wilson auf Herz und Nieren zu überprüfen.

»Ein Freund ist jedenfalls in meinen Augen sehr viel besser als eine Karriere als Geisha«, erklärte er und grinste sie an, als wären sie noch ein glücklich verheiratetes Paar. Und wie immer knipste sein Lachen in Ellens Brust ein Gefühl wohliger Wärme an, das sie durchströmte. Beinahe hätte sie nach seiner Hand gegriffen, eine für diesen so großen Mann erstaunlich kleine und zarte Hand, in der ihre trotzdem völlig verschwand. Sie zog ihre Hände vom Weißbrot ab, legte sie in ihren Schoß und verankerte sie dort.

»Angeblich ist er ein berühmter Stararchitekt.« Sie hätte gern hinzugefügt: Sooo jung und jetzt schon so weltberühmt, wie du es in diesem Leben nie mehr werden wirst. Nur um ihn dafür zu bestrafen, dass sie ihre Hände unter dem Tisch von ihm fernhalten musste.

»Umso besser!« Richards graue Haut bekam ein wenig Farbe. »Ein Schwiegersohn, mit dem man über seinen Job reden kann, ist ein wundervolles Geschenk. Worüber also machst du dir Sorgen?«

Mia hatte sich gerade mal verliebt, vom Heiraten war nicht die Rede. Und selbst wenn, dann wären Wilson und Mia sicher ein passenderes Paar als Richard und Hanna. Ellen hasste Richard für seine Sorglosigkeit.

»Wilson könnte ein chinesischer Mädchenhändler sein, ein Psychopath oder auch nur ein Narzisst!«

Richard tätschelte spontan oder aus alter Gewohnheit das Stück Arm, das sie noch nicht unter dem Tisch versteckt hatte, und lachte mitleidig.

»Gott, ihr Mütter macht es euch aber auch immer schwer. Unsere Tochter hat einen gesunden Menschenverstand, sie würde sich niemals einen Psychopathen aussuchen. Hast du denn gar kein Vertrauen in sie?«

Der Kellner brachte ihr Essen und verhinderte somit eine unkontrollierte Antwort von Ellen. Die Minestrone sah aus, als wäre sie schon hundertmal aufgewärmt worden. Richard hatte in fünfundzwanzig Jahren Ehe niemals, nicht mal, wenn er krank war, eine Gemüsesuppe bestellt. Und ihre Piccata Lombarda ertranken in einer gelblichen, an Eiter erinnernden Tunke. Aber sie hatte sowieso keinen Hunger.

»Ich habe Mia noch nichts von unserer Trennung erzählt. Du weißt doch, wie schwierig es für sie ist, wenn sich zu Hause etwas verändert.« Ellen redete immer schneller, damit er sie nicht unterbrechen konnte. »Ich fände es gut, wenn du das übernimmst. Vor allem deshalb, weil ich in den nächsten Monaten unterwegs sein werde und das Haus in der Zeit untervermietet habe. Es ist aber kein Problem, falls Mia zurückkommen sollte. Sie kann trotzdem dort wohnen. Tom ist mit allem einverstanden.«

Richard ließ den Löffel so abrupt in den Teller platschen, dass die Suppe auf sein Jackett spritzte.

Nicht mein Problem, dachte Ellen. Spring jetzt bloß nicht auf und rubble mit der Serviette an ihm herum! Sitzen bleiben, am Soave nippen und entspannt aussehen.

»Du hast was?« Weil er sich zwingen musste, nicht zu brüllen, klang es wie ein wütendes Zischen. »Unser Haus untervermietet?« Er tippte sich an die Stirn, warf die Serviette auf den Tisch und sah sich nach dem Kellner um.

Er würde doch wohl nicht einfach weggehen und sie mitten im Gespräch hier sitzen lassen?

»Wie sollen wir das denn dann verkaufen?«

Als der Kellner innerhalb von Sekunden heranstürzte – Kellner kamen immer prontissimo, wenn Richard auch nur mit dem Kopf nickte –, bestellte er sich nun doch einen Grappa. Ellen atmete innerlich auf, Richard würde sie also nicht einfach hier sitzen lassen.

»Oder hast du vielleicht im Lotto gewonnen und kannst mich auszahlen?«

Keine Silbe, nicht eine Frage zu ihrer Reise. Sie war ihm also wirklich völlig egal. Ob sie hier lebte oder in Sibirien, es interessierte ihn nicht im Geringsten. Er wollte nur an das Haus, sah nur den Bau an sich und nicht das Zuhause, in dem sie eine Familie gewesen waren. Wollte ihr Heim zu Geld machen, wahrscheinlich, um sein neues Domizil besser auszustatten.

Ellen ließ sich Zeit mit der Antwort, säbelte an ihrem Zitronenkalbfleisch herum und wartete, bis er den Grappa hinuntergestürzt hatte.

»Solange wir nicht geschieden sind, habe ich das Recht, in dem Haus zu wohnen. Du hättest ja nicht ausziehen müssen. Ich habe mich erkundigt.«

»Wir wollten die Scheidung doch so schnell wie möglich und ohne großes Anwaltgedöns durchziehen, das waren deine Worte, oder nicht?«, fragte er und griff nach dem Weißbrot.

Klar, sie hatte Verständnis geheuchelt, in der Hoffnung, er würde es sich angesichts ihrer heroischen Haltung noch mal überlegen.

»Das habe ich, und das tun wir ja auch. Die übliche Scheidung kann aber erst eingereicht werden, nachdem man ein Jahr getrennt gelebt hat, und damit haben wir erst vor sechs Wochen begonnen.« Wenn er mich nicht fast ein Jahr lang angelogen hätte, sondern ehrlich gewesen wäre, hätte er das alles schon früher haben können, dachte sie und fand den Zitronengeschmack plötzlich unerträglich bitter.

»Und was hat das jetzt alles mit Mia zu tun?«

»Sie soll nicht das Gefühl haben, dass ihr Elternhaus sich in ihrer Abwesenheit komplett auflöst. Deshalb möchte ich, dass wir das Haus noch ein Jahr lang behalten. Erinnerst du dich an das Drama mit dem Ferienhaus in den Schären oder an das Fahrrad?«

»Da war sie noch ein Kind.« Richards Gesichtszüge wurden endlich wieder etwas weicher, und Ellen hätte ihn trotz allem, was geschehen war, am liebsten geküsst. Was zur Hölle war nur schiefgelaufen? Wo und wann hatte sie den Untergang ihrer Ehe verschlafen?

»Und jetzt ist sie eine junge Frau«, setzte Richard nach. »Sie wird schon damit fertigwerden, glaub mir.«

»Trotzdem gebe ich das Haus noch nicht auf.«

»Aber wenn du ohnehin nicht da bist, wozu daran festhalten?«

Weil ich irgendwas brauche, an dem ich mich noch festhalten kann, dachte Ellen, wusste aber, dass sich das für Richard angesichts ihrer Reisepläne nicht logisch anhören würde. »Ich möchte jederzeit zurückkommen können, und das Gleiche möchte ich für die Kinder. So haben wir zuverlässig jemanden, der auf den Garten und das Haus aufpasst, während ich weg bin, und der dafür sogar noch Miete zahlt, die wir uns von mir aus auch teilen können. Und in einem Jahr werden wir dann Nägel mit Köpfen machen.«

Richard tunkte Weißbrot in die Suppe, steckte es in den Mund und sah sie mit einem gönnerhaften Lächeln an. »Meinetwegen. Vermieten wir es für ein Jahr, wenn dir so viel daran liegt. Ich bin ja kein Unmensch. Aber danach will ich eine Entscheidung. Und ich bezweifle, dass es die geben wird. Wer weiß, was dir dann wieder einfällt. Denn mal ganz ehrlich, du machst doch nie Nägel mit Köpfen.« Er schüttelte den Kopf. »Du lebst in deiner heilen Fantasiewelt und hoffst, dass die nötigen und wichtigen Entscheidungen von einem rosa Einhorn getroffen werden, das an deinem Gartenteich zum trinken vorbeikommt. Oder von sonst einem Zauberwesen. Du wägst so lange Vor- und Nachteile von einer Sache ab, bis jemand anders die Entscheidung für dich trifft. Weil du nie den Schwarzen Peter für eine womöglich nicht perfekte Entscheidung haben willst. Aber zu deiner Information: Es gibt keine perfekten Entscheidungen!«

»Redest du über deine Entscheidung für Hanna?« Verdammt. Ellen hielt die Luft an.

»So was ist unter deinem Niveau.«

Ellen hätte gern etwas zum Niveau dieses zynischen Einhornbilds gesagt, immerhin hatte sie es sich in ihrer Ehe abgewöhnt, Entscheidungen zu treffen, denn wenn Richard eine von ihren Entscheidungen nicht passte, rastete er aus, und das war für alle die Hölle. Er hatte bestimmt, wo es langging. Und das war für Ellen auch nie ein Problem gewesen, und ja, manchmal hatte sie das sogar für sich ausgenutzt und unpopuläre Entscheidungen auf ihn abgeschoben. Aber das war alles Vergangenheit.

»Über Niveau brauchen wir hier doch wirklich nicht zu

debattieren! Du wirst Mia erzählen, dass du mich wegen Hanna verlassen hast und ich auf Reisen bin und nur per WhatsApp für die Kinder erreichbar sein werde. Danke.«

Ellen hatte keine Ahnung, woher sie den Mut nahm, ihr Besteck hinzulegen, aufzustehen und zu gehen, ohne sich noch einmal nach ihm umzudrehen.

Erst als sie im Auto saß, konnte sie zulassen, dass die Verzweiflung sie übermannte. Weinend legte sie den Kopf aufs Lenkrad und fühlte sich einsamer als jemals zuvor in ihrem Leben.

11. KAPITEL

»*Chicken or Pasta?*«, fragte ein freundlicher Flugbegleiter, der in seiner etwas zu großen Uniform aussah wie ein Kind, das sich verkleidet hatte.

»*Chicken, please*«, antwortete sie automatisch, und während er sich zu dem Wagen bückte, wurde ihr klar, dass sie das Hühnchengericht nur aus Gewohnheit und wegen Richard bestellt hatte, denn der hatte immer erklärt, dass Pasta im Flieger auf gar keinen Fall essbar sei.

Ellen überlegte, ob sie ihre Wahl wohl noch ändern konnte. Doch genau in diesem Moment lief der Flugbegleiter von seinem Wagen weg nach hinten in die Bordküche und tauchte erst nach einigen Minuten wieder auf. Er sah sie entschuldigend an und erklärte, leider, leider gebe es kein Hühnchen mehr, offensichtlich hätte es da einen Engpass bei den Bestellungen gegeben. Ob Pasta für sie auch okay sei?

Er wirkte so verstört, dass Ellen unwillkürlich darüber nachdachte, ob das hier wohl sein Jungfernflug war und man ihn irgendwie reingelegt hatte. Erst als der Steward sich demonstrativ räusperte, wurde ihr klar, dass er es eilig hatte und nur zu höflich war, um sie zu drängeln. Herrje, sie hielt den ganzen Betrieb auf. »Pasta passt mir ganz wunderbar«, erklärte sie und versuchte, ihm besonders freundlich und ermutigend zuzulächeln.

Während sie sich mit den Folien und Aludeckeln beschäftigte, dachte sie an die letzten hektischen Tage vor dem Abflug. Nachdem Ellen Geli die Liste mit den Orten und Adressen der Menschen gegeben hatte, die sie besuchen wollte, hatte ihre Freundin sie mit einem Feuereifer unterstützt, dass man beinahe auf die Idee hätte kommen können, sie wolle Ellen loswerden. Und die einzige Gegenleistung, die sie von ihr verlangte, war das Versprechen, die Reise zu genießen, sich regelmäßig zu melden und zu berichten, was sie erlebt hatte.

»Entschuldigen Sie.« Der Mann auf dem Mittelplatz rechts von ihr riss Ellen aus ihren Gedanken. »Mein Löffel ist runtergefallen.« Er sprach mit einem starken englischen oder amerikanischen Akzent, der seinen Worten einen ganz eigenen Charme verlieh.

Sie drehte sich zu ihm um, konnte aber nur dunkelbraune, etwas verwuschelte Haare mit silbernen Strähnen erkennen, weil der Mann gerade versuchte, sich über sein voll beladenes Tischchen nach unten zu beugen.

Ellen spürte den Löffel zwischen ihren Füßen, weil sie sich die dicken Socken angezogen hatte, die Geli ihr für den langen Flug verordnet hatte. Aber nur ein Houdini hätte den Löffel jetzt aufheben können, denn auf dem winzigen Tischchen vor ihr stand nicht nur die Pasta, sondern noch zahlreiche weitere Schälchen: Schokopudding, Brötchen, Salat, Wasser, Saft und Wein. Sie tippte ihrem Nachbarn sanft auf die Schulter, woraufhin er es aufgab und sich wieder aufsetzte.

»Ich würde Ihnen sehr gern helfen, aber um mich bücken zu können, müsste ich mein Essen auf ihr Tischchen räumen, und das werden wir nicht schaffen.« Ellen deutete auf das Essen und die Getränke auf seinem Tischchen. »Ich kann den Steward nach einem neuen Löffel fragen. Oder nein, wissen Sie was? Nehmen Sie meinen, ich glaube, ich brauche ihn nicht.« Doch bevor sie ihm den Löffel reichen konnte, nahm er schon ihre Hand und schüttelte sie. Verblüfft erwiderte Ellen seinen Händedruck. War das etwa üblich bei Langstreckenflügen? Sie war bisher nie allein geflogen, und schon gar nicht so weit.

»Steve Snyder«, erklärte ihr Nachbar routiniert und drückte noch mal fest zu.

Ellen musste lachen. »Ellen Schneyder«, antwortete sie. Während sie immer noch lächelte, schoss der Gedanke durch ihren Kopf, ob sie sich nach der Scheidung nicht vielleicht doch wieder Wurst nennen sollte. Früher hatte sie diesen Namen gehasst, und sie war Richard für seinen unauffälligen Nachnamen damals sehr dankbar gewesen.

Jetzt erst merkte sie, dass Steve die Ähnlichkeit ihrer Namen anscheinend weder lustig noch sonst wie erstaunlich fand, denn er reagierte überhaupt nicht. Auch gut. Vielleicht musste er wie Richard viel unterwegs sein und hatte nur höflich sein wollen. Richard hatte ihr oft Geschichten von nervtötenden Sitznachbarn erzählt, die ihn den ganzen Flug über mit ihrer öden Lebensgeschichte gelangweilt hatten. Allerdings hatte Steve Snyder sich doch ihr vorgestellt und nicht umgekehrt. Sie reichte ihm ihren Löffel.

Er bedankte sich und wandte sich dann seinem Pudding zu. Richard hatte eine Menge Theorien über Männer, die Schokopudding aßen: allesamt testosteronarme Schwächlinge, Hypochonder und Muttersöhnchen.

Wann hatte sie eigentlich angefangen, Richards Ansichten so völlig kritiklos zu übernehmen? Ellen schielte zu Steve hinüber, der von der Seite weder wie ein Schwächling aussah, noch wie ein Muttersöhnchen. Er hatte kräftige, behaarte Unterarme, die sie nur sehen konnte, weil er ein Poloshirt trug. Sein schwarzes Jackett hatte er vorhin ausgezogen und im Gepäckfach verstaut. Es war ein blaues Shirt, nicht zu fancy, nicht zu spießig, und es passte gut zu seiner sonnengebräunten

Haut. Außerdem hatte er weder ein fliehendes noch ein Doppelkinn, keine komischen Bärte, keine Riesennase.

Offensichtlich hatte sie ihn zu lange angestarrt, denn er drehte sich wieder zu ihr um und bedankte sich noch einmal bei ihr, aber er klang jetzt sehr reserviert.

Ellen widmete sich wieder ihrer Pasta, konnte es aber nicht lassen, noch mal zu ihrem Nachbarn hinüberzuschielen. Er schien nämlich gar keinen Hunger zu haben, denn er hatte mit dem Löffel nur im Pudding herumgerührt. Womöglich war er krank. Und wenn, dachte Ellen. Dieser Steve ging sie nichts an. Es war völlig okay, neben ihm zu sitzen und zu schweigen, auch wenn er hundertmal einen ähnlichen Nachnamen hatte wie sie. Außerdem war es nicht wirklich ihr Name, sondern der von Richard. Steve hieß ja schließlich nicht Steve Sausage.

Sie unterdrückte ein Kichern, beschloss, sich jetzt endlich wie eine Erwachsene zu benehmen, und trank einen großen Schluck von ihrem Rotwein. Er schmeckte wunderbar, und sie bat den Steward um eine weitere kleine Flasche davon, wobei sie sich höchst verwegen vorkam. Die Pasta war lecker, der Pudding ein bisschen zu süß, aber das winzige Käsestückchen glich es aus.

Nachdem alles wieder abgeräumt und die Beleuchtung gedimmt worden war, zog sie Kopfhörer auf, um sich einen Film anzuschauen, doch es gab so viele Filme und Möglichkeiten, dass es ihr schwerfiel, sich zu entscheiden. Sie musste an das rosa Einhorn denken, von dem Richard so hämisch gesprochen hatte, und das machte sie so wütend, dass sie einfach den erstbesten Film anklickte. Wenn er ihr nicht gefiel, konnte sie sich gleich wieder umentscheiden, sie saß schließlich nicht mit Richard im Kino. Richard war immer nur ins Kino gegangen, wenn der Film im Feuilleton von mindestens drei erlesenen Kritikern als kulturell wertvoll eingestuft worden war.

Sie hatte einen Actionfilm angeklickt, der nur auf Englisch

lief – jede Menge Mord und Totschlag. Nach der fünften Leiche innerhalb von dreißig Sekunden musste sie sich eingestehen, dass hochambitionierte Filme womöglich doch die bessere Wahl waren. Und weil der Gedanke sie ärgerte, beschloss sie jetzt erst recht einen Film auszusuchen, den Richard niemals angeschaut hätte. Sie warf einen Blick auf Steves Monitor, um zu sehen, ob dort etwas Interessantes lief, aber der war schwarz. Offensichtlich versuchte Steve zu schlafen.

Ellen durchforstete systematisch die Filmliste und entdeckte schließlich *Casablanca*.

Den Film hatte sie vor ihrer Ehe nie gesehen, und dann, als sie ihn mit Richard zusammen hatte anschauen wollen, hatte er sich vehement gewehrt, weil er Ingrid Bergman, diese »überschätzte kalte Blondine«, nicht ausstehen konnte und überhaupt den ganzen Film für romantischen Schwachsinn hielt, trotz der Nazithematik nicht viel besser als *Pretty Woman*. Deshalb hatte sie den Film bis heute nicht gesehen. Sie versuchte sich bequemer hinzusetzen und überließ sich dann ganz der Magie von *Casablanca*.

Erst als Turbulenzen aufkamen und eine Durchsage in ihrem Kopfhörer die Passagiere eindringlich darum bat, sich hinzusetzen und anzuschnallen, wurde sie in die Gegenwart zurückgeholt. Dabei fiel ihr Blick auf den Nachbarmonitor, und zu ihrer großen Verblüffung lief da auch gerade *Casablanca*. Offensichtlich dachten nicht alle Männer so über den Film wie Richard. Ellen drehte sich zu Steve, um ein verschwörerisches Lächeln mit ihm auszutauschen, aber er nahm sie gar nicht wahr, sondern starrte nur regungslos auf den Monitor.

Gerade als Ellen sich wieder ihrem eigenen Bildschirm zuwandte, sah sie in dessen Lichtschein etwas in Steves Gesicht aufschimmern. Sie kniff die Augen etwas zusammen und sah noch einmal hin, weil sie es nicht glauben konnte. Aber es waren wirklich Tränen, die über Steves versteinertes Gesicht liefen. Sie reagierte instinktiv, war selbst überrascht über diesen Impuls, und als sie realisierte, was sie getan hatte und wie unmöglich das von ihr war, war es auch schon zu spät, da lag ihre Hand schon auf seiner und drückte sie sanft. In der Sekunde, als sie seine Haut an ihrer Handinnenfläche spürte, sackte alles Blut in ihren Magen.

Sie war sicher, Steve würde sich zu ihr umdrehen, den Kopf schütteln, seine Hand wegreißen und sich über eine solche Belästigung empören. »Kann man nicht mal im Flieger ungestört weinen, wenn einem danach ist? Steward, schaffen Sie diese Frau weg, sie hat mich sexuell belästigt!« Dem jungen Steward wäre das sicher sehr peinlich. Er würde sich auf dem Weg zur Ladeluke immer wieder entschuldigen – auch wegen des Hühnchens –, Ellen aber trotzdem den Fallschirm anlegen und sie höflich, aber bestimmt bitten, das Flugzeug zu verlassen. Ellen wiederum würde es vor lauter Panik versäumen, rechtzeitig die Reißleine zu ziehen, und wie ein Sack Kartoffeln im Atlantik versinken. *End of story.* Ellen hielt die Luft an.

Steve bewegte sich immer noch nicht. Er saß nach wie vor so reglos da, als stünde er unter Schock, ja sie war nicht mal sicher, ob er noch atmete. Wahrscheinlich war es ihm schrecklich peinlich, und er gab ihr die Gelegenheit, sich elegant aus der Nummer zu verabschieden. Sie wollte gerade ihre Hand zurückziehen, als er sie fest umschloss und sogar noch ein wenig zudrückte. Dabei starrte er immer noch unbewegt auf den Monitor.

Ellen traute sich langsam, wieder zu atmen. Dann war es also doch okay gewesen, ihre Hand auf seine zu legen. Ihr Impuls war nur menschlich gewesen und nicht aufdringlich. Sie ließ ihre Hand, wo sie war, und so sahen sie sich zusammen *Casablanca* an, jeder für sich in einer eigenen Filmzeitkapsel, nur durch die Berührung ihrer Hände verbunden.

12. KAPITEL

Ellen erwachte, als ihr jemand ein feuchtes heißes Tuch reichte, das sie reflexhaft annahm, obwohl sie im ersten Moment keine Ahnung hatte, wo sie sich befand und was sie damit sollte. Dann fiel es ihr nach und nach wieder ein, und sie versenkte ihr Gesicht noch tiefer in das heiße Tuch. Während sie damit über ihre Augen wischte und Geli für den Tipp dankte, ungeschminkt in den Flieger zu steigen, fragte sie sich, was sie jetzt tun sollte.

Sollte sie mit Steve reden? Hatte das Händchenhalten etwas zu bedeuten? Immerhin hatten sie sich damit ja nicht gerade für den Mile-High-Club qualifiziert. Sex über den Wolken, davon hatte Richard immer geträumt, sogar auf den kurzen Flügen nach Stockholm. Und er fand es bedauerlich, dass Ellen zu verklemmt für so ein Abenteuer gewesen war. Ihrer Meinung nach war Sex im Flugzeug mit zwei Kindern im Schlepptau so aufregend wie Durchfall und so feurig wie Grillen während einer Sintflut. Sex im Himmel sah für sie anders aus.

Jede Wette, Richard hatte das mit Hanna auf dem Flug nach Mauritius endlich durchgezogen. Ellen wurde ein bisschen übel bei dem Gedanken. Sie schnallte sich ab, stand auf, vermied dabei jeden Blickkontakt mit Steve und versuchte vergeblich, sich dann in der Bordtoilette ein wenig herzurichten. Sie sah müde aus und hatte derart dunkle Ringe unter den grünen

Augen, dass sie jetzt fast grau wirkten. Ihre dünnen blonden Haare klebten ihr am Kopf. Sie seufzte. Man sah jedes einzelne ihrer neunundvierzig Jahre, und heute Morgen waren es gefühlt noch zehn mehr.

Kaum hatte sie sich wieder hingesetzt, kam auch schon das Frühstück.

Steve bat um Tee, registrierte sie und sagte endlich etwas. »Guten Morgen.«

Ellen schaute ihn an, fand, dass er bis auf die leicht geschwollenen Augen im Unterschied zu ihr ganz frisch wirkte, und erwiderte seine Begrüßung.

Während sie noch überlegte, ob sie einen Witz über das Händchenhalten machen sollte, fing er auch schon an, betont munter über die Sonne, die zu den Fenstern hereinschien, zu plaudern, und darüber, dass sie in Kürze in Toronto landen würden. Ob sie schon einmal in Kanada gewesen sei?

Okay, dann war das also tabu. Ihr sollte es nur recht sein, sie war schließlich nicht zu dieser Reise aufgebrochen, weil sie auf der Suche nach einem neuen Mann, einem Ersatz für Richard war, sondern weil … weil … weil …

Sie nickte Steve zu und murmelte ein paar ebenso unverbindliche Phrasen, während sie im Geiste weiter über den eigentlichen Grund ihrer Reise nachgrübelte. Komischerweise hatte bisher niemand sie danach gefragt. Es schien für alle klar zu sein, dass man nach »so einer Sache« einfach nur weg wollte. Aber weg – da hätte ja auch die Bretagne gereicht. Also warum hatte sie eigentlich wirklich all diese Leute recherchiert? In der Hoffnung, dass sie ihr eine Antwort auf die Frage geben konnten, warum das »Ja, heirate ihn!« nicht funktioniert hatte? Weil sie schwachsinnigerweise wünschte, dass diese Menschen eine mysteriöse Verbindung zu ihrem Leben hätten? Und natürlich, weil sie Mia und Lukas ihre eigenen Postkarten von den Orten schicken wollte, die für sie mit langen Gutenachtgeschichten in ihrer Kindheit verbunden waren. Damit konnten die beiden dann ein neues Buch anlegen, das »Nein, heirate bloß nicht!«-Buch, und ihren Enkeln dann alle beide vorlegen. Plötzlich hatte sie Tränen in den Augen.

»Ich langweile Sie, das tut mir leid«, sagte Steve.

Das brachte sie wieder in die Gegenwart zurück. Sie versicherte ihm, dass er sie ganz und gar nicht langweile, und fragte ihn nach einem Tipp für ein gutes Café in Toronto.

Er kannte keines, denn wie sich herausstellte, flog er ebenfalls zum ersten Mal dorthin. Ein tiefer Atemzug entrang sich ihrer Brust.

»Ich weiß immerhin von einem«, sagte sie. »Es ist in der Danforth Avenue und gehört Cassie Schillinger. Angeblich macht sie die besten Macarons in ganz Toronto.«

»Sounds good«, sagte Steve, wünschte ihr viel Spaß in Toronto und setzte sich die Kopfhörer auf.

Steve wollte damit sicher nur deutlich machen, dass er in dieser Nacht nicht er selbst gewesen war. Trotzdem war Ellen von seinem Verhalten ein wenig enttäuscht. Sie versuchte, es nicht persönlich zu nehmen, denn er kannte sie ja gar nicht, aber das war nicht leicht.

Um sich abzulenken, dachte Ellen an Cassie Schillinger. Wie sie wohl aussehen würde? Sie musste ziemlich nett sein, immerhin hatte sie darauf bestanden, sie vom Flughafen abzuholen. Wenn alle Menschen in Kanada so freundlich waren, dann würde Ellens Reise in jedem Fall schon mal gut anfangen!

13. KAPITEL

Nachdem Ellen alle Einreiseformalitäten hinter sich gebracht hatte, rollte sie mit ihrem eleganten türkisfarbenen Koffer und angehaltenem Atem nach draußen in die von der Mittagssonne hell erleuchtete gläserne Ankunftshalle.

Sie suchte nach jemandem, der wie eine Cassie aussah, und vertraute darauf, dass ihre Intuition sie sofort erkennen würde. Doch angesichts all der Frauen, die dort auf jemanden warteten, beschloss sie, dass sie besser auf die Schilder schauen sollte. Leider stand auf keinem Schild »Ellen« oder »Mrs. Schneyder« oder »Welcome, Ellen«.

Ein zweites Mal suchte sie alle Schilder ab. Nichts. Kein Grund, panisch zu werden. Bestimmt war Cassie in einen Stau gekommen. Toronto war eine große Stadt, da gab es sicher viele Baustellen und Unfälle. Ellen fragte sich, was ihre Kinder jetzt tun würden. Eine WhatsApp an Cassie schicken. Aber unfassbarerweise hatte sie es versäumt, sich Cassies Handynummer geben zu lassen.

Sie suchte sich einen Platz, von dem aus sie den Eingangsbereich im Blick behalten konnte, und während sie sich hinsetzte, hoffte sie selbstsicher und glücklich zu wirken, wie eine Frau, die alles im Griff hatte und nicht so, wie sie sich gerade wirklich fühlte: einsam, eingeschüchtert und enttäuscht. Wie hatte sie nur so dumm sein können zu glauben, eine solche

Verabredung könnte gut gehen? Sie war schließlich nur eine Fremde für diese Cassie. Höchstwahrscheinlich hatte die all das nur so dahingesagt, weil sie nie im Leben geglaubt hätte, dass Ellen ihren merkwürdigen Plan in die Tat umsetzen würde. Sie entdeckte Steve, der müde einen riesigen Schrankkoffer durch die Halle rollte und den Taxistand ansteuerte. Einen Moment lang verspürte sie den Impuls, zu ihm zu laufen, aber er hatte sehr deutlich gemacht, dass ihre nächtliche Nähe rein gar nichts zu bedeuten gehabt hatte, und selbst wenn, was erhoffte sie sich denn von ihm?

Er stieg in ein rot-gelbes Taxi. Ellen registrierte, dass die Taxis hier offenbar keine einheitlichen Farben hatten … Ein Taxi! Sie konnte doch auch einfach ein Taxi zu Cassies Café nehmen. Aber was, wenn die doch auf dem Weg hierher war? Sie hatten nur per Mail kommuniziert, vielleicht hatte Cassie ihr längst eine Nachricht geschickt! Ellen fummelte ihr Handy aus der Handtasche. Kein Empfang.

Sie beschloss, noch zu warten. Eine Stunde lang sah sie zu, wie Menschen abgeholt wurden oder in Taxis stiegen. Bei jedem Paar, das die Eingangshalle verließ, fragte sie sich, wie glücklich die beiden wohl waren und wie lange sie zusammenbleiben würden, und sie überlegte, ob es Anzeichen gab, an denen man erkennen konnte, wer von beiden schließlich das Weite suchen würde.

Würde er zuerst den Abflug machen, wenn er genervt auf die unübersichtliche Menge ihres Gepäcks blickte oder wenn er vorausrannte, ohne auf sie zu warten? Hatte es etwas zu bedeuten, wenn die beiden sich bei der Begrüßung nur flüchtig küssten, wenn einer mehr lachte als der andere, wenn einer ganz in Schwarz gekleidet war und der andere in bunte Fantasiemuster? Wenn er nicht mal seine Ray-Ban abnahm, um seine Liebste vor dem Küssen genauer zu betrachten? Aber all diese Überlegungen endeten unwillkürlich bei der Frage, ob Ellen selbst wohl irgendwann in ihrem Leben noch einmal von einem Geliebten abgeholt werden würde.

Bei jeder Frau, die hektisch voranstürmend in der Halle auftauchte, schöpfte Ellen Hoffnung, aber nie war es Cassie. Schließlich wurde ihr klar, dass niemand mehr kommen würde. Keine rosa Einhörner für Mrs. Schneyder. Aber es gab ja Taxis. Erst als sie aufstand und loslief, bemerkte sie, wie müde sie von der langen Reise und der Zeitumstellung war. Sie schleppte sich nach draußen, wo ein völlig unerwarteter Hitzeschock ihr den Rest gab. Sie musste stehen bleiben und nach Luft schnappen. Tropische Hitze durchfeuchtete ihre Kleider und nahm ihr die Luft zum Atmen. Das hier war doch Toronto und nicht Bangkok! Sie hatte Asien extra nach hinten geschoben, weil ihr Kreislauf feuchte Hitze nicht so gut verkraften konnte. Und jetzt rann ihr hier in Toronto der Schweiß schon allein vom Herumstehen aus allen Poren.

Sie verbat sich weiteres Selbstmitleid, winkte ein Taxi heran und ließ sich in die Danforth Avenue fahren, auch wenn der kahlköpfige koreanische Fahrer in steifstem Oxford-Englisch behauptete, noch nie in seinem Leben von einem Café namens Schillinger's gehört zu haben. Ellen unterdrückte ihre aufsteigende Panik mit dem Argument, dass in so einer großen Stadt auch Taxifahrer definitiv nicht alle Cafés kennen konnten. Trotzdem meldeten sich auch andere Stimmen in ihrem Kopf: Was, wenn diese Cassie sich einfach nur einen Spaß daraus gemacht hatte, sie reinzulegen? Im Netz war das Schillinger's nicht zu finden gewesen, Ellen hatte die Nummer ganz altmodisch von der Auslandsauskunft der Telekom bekommen. Als sie Cassie in ihrem etwas eingerosteten Englisch danach fragte, hatte die ganz freundlich erklärt, ihre Website sei noch im Aufbau – was Ellen ihr geglaubt hatte, auch dass sie das Apartment von Cassies Freundin günstig mieten könne. Ellen schloss die Augen und lehnte ihre Stirn an die Fensterscheibe des Taxis, die von der Klimaanlage angenehm kühl war. Das alles war doch eine ganz schön blöde Idee gewesen. Sie hätte lieber mit einem Stapel Krimis unter dem Arm in die Bretagne fahren sollen. Das war es nämlich, was ihre Tochter in dem kurzen, etwas atemlosen Telefonat allen Ernstes vorgeschlagen hatte: »Mama, wenn du mich brauchst, komme ich sofort nach Hause. Ich werde Wilson aber nicht verraten, dass Paps dich verlassen hat, in Wilsons Familie macht man so etwas nicht. Da geht nichts über die Familie. Und seine Mutter ist wirklich Furcht einflößend.« An der Stelle hatte Mia gekichert. »Niemand würde sich jemals trauen, sie zu verlassen! Ich muss immer an ein Krokodil denken, wenn ich sie sehe. Wie gut, dass du nicht so Furcht einflößend bist! Und deshalb wird Paps sicher wieder zu dir zurückkommen, das ist nur eine verspätete Midlife-Crisis, nimm ihn bloß nicht so ernst. Hanna, also echt? Das kann doch nicht gut gehen. Hanna ist viel zu cool für Paps. Gönn dir was Schönes, Mama, fahr einfach mit ein paar guten Krimis in die Bretagne und geh am Strand spazieren. Aber wenn du willst, dann kündige ich den Job, den ich gerade in Wilsons Büro angenommen habe, sage ihm, dass du schwer krank bist, und komme sofort zu dir.«

Bei der Erinnerung an das Gespräch mit Mia musste Ellen immer noch jedes Mal schwer schlucken. Was hatte sie sich für Sorgen gemacht um ihre zarte, sensible, anhängliche Mia. Offensichtlich hatte ihre kleine Tochter sich nicht nur völlig von ihr abgenabelt, nein, sie war auch in einer Lichtjahre entfernten Galaxie als kühle Kriegerin wiedergeboren worden.

»Sie hatten recht. Da ist es«, sagte der Taxifahrer in seinem überkorrekten Englisch und entschuldigte sich dann so unterwürfig bei ihr, als hätte er die Queen beleidigt. Er hielt an und deutete auf einen roten Ziegelsteinbau, auf dem ein ovales Schild prangte: »Schillinger's« stand dort auf grünem Grund.

Erleichtert bezahlte Ellen und stieg aus. So ein wunderschönes Café! Es befand sich in einem roten Ziegelsteinbau mit einer großen Schaufensterfront, vor der Bistrotische und Stühle in allen Regenbogenfarben standen. Die tropische Luft duftete nach frisch gebackenem Apfelkuchen und Kaffee. Ellen lief das Wasser im Mund zusammen. Mit neuem Mut schob sie sich mitsamt ihrem Gepäck in das Café.

Sie parkte ihren Koffer in einer Ecke, gab sich einen Ruck und ging vor an den Tresen, wo eine sehr anmutige und gut gelaunt vor sich hin singende Frau in ihrem Alter gerade zwei Stücke einer Schokoladentorte in hübsch bedrucktes türkisgrünes Papier einpackte.

»Entschuldigen Sie, ich suche Cassie Schillinger«, sagte Ellen.

»Die haben Sie gerade gefunden! Ich bin Cassie, was kann ich für Sie tun?«

»Ich komme aus Deutschland …«, begann Ellen unsicher.

Cassie sah auf, schob sich die blonden Locken hinter die Ohren, wischte die Hände an ihrer gestreiften Schürze ab und strahlte sie an. »Wow«, sagte sie. »Wie schön, dass mein Ruf bis nach Übersee gedrungen ist. Ich fühle mich geehrt! Darf ich fragen, was man Ihnen besonders empfohlen hat?«

»Ich bin Ellen Schneyder«, antwortete Ellen reichlich verwirrt.

Cassie nickte und sah sie fragend an. »Okay?«

Ellen wäre am liebsten im Boden versunken. Cassie hatte keine Ahnung, wer sie war. Oder sie litt an schlimmer Demenz.

»Ich … ich …«, stotterte sie und hatte das Gefühl, als würde der Boden unter ihren Füßen schwanken.

»Sie sehen aus, als bräuchten Sie einen Kaffee.« Cassie musterte sie genauer. »Setzen Sie sich, ich bringe Ihnen einen …?«

»Cappuccino«, murmelte Ellen. »Danke.« Sie schlurfte zu ihrem Gepäck und setzte sich daneben auf einen Stuhl. Das fing ja alles richtig gut an.

Cassie brachte ihr nicht nur einen Cappuccino, sondern auch noch einen riesigen Brownie.

»Schokolade hilft immer«, erklärte sie und blieb neben Ellen stehen. »Ich komme gleich wieder. Ich muss nur schnell die Glasur auf meine Zitronentarte aufbringen, das muss man machen, solange der Kuchen heiß ist. Und dann erzählen Sie mir, was los ist, ja?«

Ellen konnte nur nicken und widmete sich dankbar ihrem Cappuccino, der in ihrem Magen zwar ein ziemliches Grummeln auslöste, aber wenigstens die bleierne Müdigkeit vertrieb. Der Brownie schmeckte wie Asche. Dabei roch er so gut, als enthielte er ein Kilo allerfeinster Schweizer Schokolade und jede Menge gerösteter Nüsse.

Sie sah sich in dem Café um. Die Wände waren halbhoch mit grün bemalten Holzpaneelen bedeckt, der Fußboden bestand aus schwarz-weißen altmodischen Fliesen. Die riesige Theke war wie ein flaches U geformt und bestand aus Glasvitrinen, in denen Kuchen und Sandwiches auf weißen Spitzendeckchen präsentiert wurden. Der ganze Laden wirkte altmodisch und hip zugleich. Langsam beruhigte Ellen sich ein wenig. Was auch immer schiefgelaufen war, hier zu sein war nicht das Schlechteste.

»Also, Ellen … Sie sagten doch Ellen, nicht wahr? Schmeckt es Ihnen?« Cassie wartete, bis Ellen nickte. »Warum sind Sie hier?«

»Das ist eine lange Geschichte. Wollen Sie die wirklich hören?«

Als Cassie nickte, begann Ellen zu erzählen, und während sie am Anfang manchmal noch nach den richtigen Vokabeln suchen musste, kam erstaunlich schnell alles wieder zurück. Endlich machten sich ihre vier Auslandssemester in London wieder einmal bezahlt.

Cassie hörte schweigend zu, ohne sie zu unterbrechen. Während sie ihre Geschichte schilderte, kam Ellen sich zunehmend dämlicher vor. Sie hätte misstrauischer sein und alles überprüfen müssen. Diesen Fehler würde sie kein zweites Mal machen. Vielleicht war das aber auch nur ein Beweis dafür, wie lächerlich ihr ganzer Plan war.

Nachdem Ellen geendet hatte, seufzte Cassie. »Das sind so die Momente, wo ich es sehr bedauere, keine Lizenz für den Ausschank von Alkohol zu haben. Mir wäre jetzt jedenfalls nach einem Drink.« Sie stand auf und zwinkerte Ellen zu. »Aber für medizinische Notfälle habe ich natürlich immer was in petto.« Sie stand auf, reichte Ellen die Hand und zog sie hinter den Tresen und in die Küche, wo es nach Zitrone und frisch gebackenem buttrigem Mürbteig duftete. Cassie lief um zwei stählerne Arbeitsflächen herum zu einem monströsen Kühlschrank und holte eine Flasche Ouzo aus dem Gefrierfach. Auf dem Rückweg brachte sie zwei Gläser mit.

»Ouzo?« Ellen hatte alles Mögliche erwartet, aber ganz sicher keinen Ouzo.

»Cassie kommt von Cassandra. Mein Vater war Grieche. Ich habe nicht viel von ihm mitbekommen, aber diese Vorliebe hier habe ich von ihm.« Sie goss etwas Wasser in die Gläser und gab den Ouzo dazu, woraufhin sich die Flüssigkeit sofort milchig weiß verfärbte. »Yamas!«, sagte sie und stieß mit Ellen an.

Der eiskalte Schnaps brannte in Ellens Kehle, doch in ihrem Magen fühlte sich das sehr gut an.

»Also, Ellen, du bist hier schon richtig. Ich habe wirklich vor fünfundzwanzig Jahren so eine Karte geschickt. Ich war mal mit Richard zusammen, vor gefühlten hundert Jahren, als ich meine Konditorinnenausbildung in München gemacht habe. Meine Mutter ist Deutsche und wollte, dass ich eine anständige Ausbildung absolviere. Aber Richard war mir zu anstrengend. Deshalb habe ich ihn nach einem Jahr wieder verlassen – was ihn ziemlich überrascht hat.« Cassie grinste Ellen so breit an, dass diese auch lächeln musste, während sie versuchte, sich Richard mit Cassie vorzustellen, was ihr jedoch ebenso wenig gelang wie die Vorstellung von Richard mit Hanna. Hanna. Ellen griff nach ihrem Ouzo und prostete Cassie zu.

»Ich schätze mal, er fand es eine geniale Idee, wenn ich dir schreibe, warum du ihn heiraten sollst. Vielleicht wollte er mir damit zeigen, dass er nicht mehr um mich trauert und dass es eine Frau gab, der er einen Antrag machen wollte.«

»Oder er kannte einfach sonst niemanden in Kanada. Richard ist ein Pragmatiker.« Ellen hatte Cassies Text immer ziemlich originell gefunden:

Heirate Richard, denn dieser Mann hat immer warme Füße und wird deshalb ganz sicher niemals kalte kriegen …

»Aber wenn du es warst, die die Karte geschickt hat, dann haben wir doch auch vor ein paar Wochen telefoniert, und dann hast du doch gewusst, wer ich bin?«

Cassie schüttelte den Kopf. »Nein, leider nicht. Ich habe nie mit dir gesprochen.«

»Aber ich habe doch hier angerufen!«

»Ich fürchte, da wollte uns jemand einen Streich spielen. Vielleicht weiß ich sogar, mit wem du gesprochen hast. Ich musste Lindsey, eine meiner Verkäuferinnen, erst kürzlich entlassen, weil sie ständig von den teuersten Pralinenkästen welche mitgenommen hat, ohne sie zu bezahlen. Sie war noch ein paar Mal hier, um Formalitäten zu regeln. Vielleicht ist sie da ans Telefon gegangen. Ich vermute, sie hat gedacht, so könnte sie mich in eine schwierige Situation bringen. Aber da hat sie sich geirrt.« Cassie reichte Ellen die Hand und schüttelte sie. »Willkommen in Toronto, du musst natürlich bei mir wohnen.«

Ellen wehrte ab, aber gegen Cassie hatte sie keine Chance.

»In einer Stunde schließe ich, dann fahren wir zu mir, und dort machst du es dir gemütlich. Ich rufe nur schnell Steve an, damit er das Gästezimmer vorbereitet.«

Ellen musste an den Steve aus dem Flieger denken, aber das wäre dann doch ein zu großer Zufall gewesen. Trotzdem wollte sie wissen, ob Steve auch in Europa unterwegs gewesen war.

Cassie lachte glucksend. »Steve ist nie unterwegs, er ist am liebsten zu Hause. Ken ist da ganz anders. Er würde ersticken, wenn er immer zu Hause sein müsste.«

Ellen vermutete einfach mal, dass Ken Cassies Sohn war, und nickte.

Als sie dann zwei Stunden später in dem kleinen Häuschen ankamen, das Ellen wegen seiner viktorianischen Türmchen sehr britisch vorkam, war sie mehr als ein bisschen aufgeregt, weil ein kleiner Teil in ihrem Inneren immer noch hoffte, Cassies Steve wäre doch der aus ihrem Flieger.

Der Steve, der ihnen die Tür öffnete, war ein ganz anderer Typ als Ellens Sitznachbar aus dem Flugzeug. Dieser Steve war viel rundlicher und hatte einen kahl rasierten Schädel. Er begrüßte sie und teilte ihnen mit, dass Ken noch unterwegs sei. Steve hatte auf der Terrasse hinter dem Haus schon diverse Häppchen zum Aperitif vorbereitet und ihnen seinen Spezialdrink gemixt, *Steve's Caesars*. Steve war etwas kleiner als Cassie und unterstrich mit seinen eleganten Händen temperamentvoll jedes seiner Worte. Dabei wirkte er wie ein Dirigent. Aber auf ihre Frage hin erklärte er mit einem sympathischen Lächeln und einer tiefen, sanften Stimme, dass er völlig unmusikalisch sei, was Cassie mit einem Kopfnicken bestätigte. »Ken ist unser Musikgenie. Der kann auf seiner Mundharmonika alles spielen, was er einmal gehört hat.«

Cassie schien sehr stolz auf ihren Sohn zu sein. Ellen hätte auch gern ihre Kinder erwähnt, aber da reichte Steve ihnen schon die Drinks, die in Highball-Gläsern auf Eis serviert wurden und mit einer Selleriestange garniert waren. Auf den ersten Blick sah der Cocktail aus wie eine Bloody Mary, schmeckte aber viel würziger. Steve beeilte sich, ihr zu erklären, dass das keine Bloody Mary sei, denn dieser Drink werde mit Clamato gemacht, einer Mischung aus Tomaten- und Muschelsaft, dazu kam noch ein Spritzer Worcestershire-Soße.

Die drei setzten sich in die bequemen Loomchairs auf der Terrasse, wo die schwüle Hitze durch den Garten etwas erträglicher war. Ellen kam es vor, als würde sie von dem Deck eines alten Liniendampfers aus einen wunderschönen Garten betrachten. Noch nie hatte sie einen Pool gesehen, der so unaufdringlich in die Gartenlandschaft eingebettet war. Er war lang, schmal und sehr dunkel gefliest, hatte aber als Abschluss an der Wasserkante vergoldete und versilberte Fliesen, die sich im Wasser spiegelten. Trotzdem wirkte es so natürlich wie ein verbreitertes Flussbecken. Überall gab es lauschige Sitzplätze, die mal mit weiß blühenden Blumen eingefasst waren, mal mit blauen oder rosafarbenen. Als Ellen nicht länger sitzen bleiben konnte und mit ihrem Drink durch den Garten schlenderte, entdeckte sie einen kreisrunden Nutzgarten mit Tomaten, Bohnen, Zucchini, Auberginen und einer Kräutertreppe in der Mitte. Ellen hätte Jahre hier zubringen können.

»Der Garten ist Steves Hobby.«

»Hobby? Dieser Garten ist eine Vollzeitbeschäftigung.«

Steve grinste. »Du kennst dich offensichtlich aus. Cassie glaubt, das wächst alles von allein!«

»So wie du glaubst, Kuchen entsteht durch das Zusammenrühren von irgendwelchen Sachen«, frotzelte Cassie mit einem liebevollen Lächeln zurück. Dann erzählten sie Ellen, dass Steve Informatiker war und Programme für Apps entwickelte. Der Garten war sein großer Ausgleich.

Ellen beobachtete die beiden, die sich ständig gegenseitig auf den Arm nahmen und dabei jede Menge Spaß hatten. Wie lange sie wohl schon zusammen waren? Nach dem zweiten *Caesars* ging Cassie mit ihr in eines der Türmchenzimmer im ersten Stock, wo Steve schon ihren Koffer hingebracht hatte. Und wieder wurde Ellen, die eine Rosentapete oder ein anderes typisch englisches Interieur erwartet hatte, überrascht. Die runden Wände zwischen den Fenstern waren mehlweiß gekalkt und die Bodendielen satt cremefarben gestrichen. Die einzigen Farbflecke im Zimmer bildeten ein taubenblau verwischter schmaler Holzschrank und eine blaue Decke auf dem Eisenbett. Das Zimmer hatte etwas von einer Klosterzelle, wirkte aber auf Ellen trotzdem sehr einladend. Cassie zeigte ihr noch das angrenzende winzige Bad und erklärte ihr, dass es eine Weile dauern konnte, bis das Wasser heiß wurde, und der Umschalthebel in der Dusche manchmal klemmte. Dann ließ sie Ellen allein. »Um acht Uhr gibt es Dinner!«

Ellen ließ sich auf das Bett fallen und konnte kaum glauben, dass sie wirklich hier in Toronto war und alles doch noch geklappt hatte. Sie schlief sofort ein.

14. KAPITEL

Mitten in der Nacht wachte Ellen wieder auf. Sie war völlig verschwitzt und das nicht nur, weil sie komplett angezogen eingeschlafen war, sondern auch, weil das Haus keine Klimaanlage hatte. Sie ging ins Bad, trank etwas Wasser, überlegte dann verunsichert, ob man in Toronto Wasser überhaupt aus dem Hahn trinken konnte, und merkte plötzlich, wie sehr ihr der Magen knurrte.

Obwohl es nicht sehr höflich war, einfach so in Cassies Küche zu gehen und deren Kühlschrank zu plündern, war ihr so schlecht vor Hunger, dass ihr keine andere Wahl blieb. Sie würde nur eine winzige Kleinigkeit essen, dann duschen und wieder ins Bett gehen.

Die Treppen knarzten unnatürlich laut, als sie durch die Dunkelheit nach unten schlich und dabei versuchte, sich daran zu erinnern, wo sich die Küche befand. Als Ellen sie gefunden hatte, tappte sie über den gefliesten Boden zu dem großen Kühlschrank hinüber und öffnete ihn. Sie genoss die kühle Luft und betrachtete dabei den hell erleuchteten Inhalt. Boxen über Boxen mit Essen, Käse und Wurst, Tomaten, Gurken, Melonen.

»Soll ich dir etwas kochen?«

Die fremde Männerstimme ließ Ellen zusammenfahren. Die Kühlschranktür entglitt ihrer Hand, klappte zu, und es wurde dunkel. Sekunden später schaltete jemand das Licht ein.

Ein Mann kam auf Ellen zu und reichte ihr die Hand, die sie mit immer noch heftig klopfendem Herzen schüttelte.

»Tut mir leid, wenn ich dich erschreckt habe, Ellen. Ich bin Ken«, sagte der Mann.

Ellen betrachtete ihn neugierig. Das war also Ken. Er war eindeutig zu alt, um Cassies oder Steves Sohn zu sein. Sie schätzte ihn ein bisschen jünger als Cassie und Steve, was aber auch an seiner schwarzen Haarpracht liegen konnte, die ihm bis über die Schultern reichte. Ob das gefärbt war?, fragte sich Ellen und erinnerte sich an Gerhard Schröder, der jeden verklagt hatte, der so etwas behauptet hatte.

»Ich könnte uns ein Omelett mit Käse und Kräutern machen«, schlug Ken vor, wobei er auf seinen schlanken Beinen hin und her tänzelte wie ein Rennpferd. Allerdings wirkte er dabei weniger nervös als vielmehr wie jemand, der allzeit bereit war.

»Hast du denn auch Hunger?«

»Ich kann immer essen. Und ich werde dabei trotzdem nicht dick – sehr zum Leidwesen von Steve und Cassie.« Er grinste und verströmte dabei einen jungenhaften Charme. Ellen entspannte sich ein wenig.

»Ein Omelett wäre großartig!« Sie fragte sich, ob er vielleicht der Bruder von Cassie oder Steve war. »Kann ich irgendwie dabei helfen?«

»Auf keinen Fall!« Ken ging hinüber zu dem großen Küchentisch, zog einen Stuhl heraus und deutete auf die Sitzfläche. »Einen Orangensaft?«

Als Ellen nickte, holte er einen Container aus dem Kühlschrank und goss ihr daraus grellgelben Saft ein. Das Glas beschlug sofort, und als Ellen davon trank, spürte sie, wie ihre Lebensgeister zurückkamen.

Sie sah zu, wie Ken die Eier mit einer Gabel verquirlte, die brutzelnde Pfanne mit Pilzen und Zwiebeln auf dem Gasherd hin und her schwenkte und dann alles so kunstvoll anrichtete wie ein Drei-Sterne-Koch.

»Guten Appetit«, sagte er und reichte ihr noch ein Körbchen mit Brötchen, die er in einem monströsen Toasterofen aufgebacken hatte.

»Warum bist du eigentlich hier?«, fragte er mit einem befriedigten Seufzer, nachdem sie beide stumm und gierig alles aufgegessen hatten.

»Ich wollte mir mal ein bisschen die Welt ansehen«, antwortete Ellen.

»Und warum Kanada?«

Sie zuckte mit den Schultern. »Hat sich so ergeben.«

»Das glaube ich nicht.« Er stand auf und ging zum Kühlschrank. »Nachtisch? Kuchen? Eis? Obst?«

»Eis!« Ellen war selbst überrascht über ihre spontane Antwort. Ken schob ihr einen Riegel Snickers-Eis hin und nahm sich selbst auch einen.

»Ich glaube nicht an Zufälle. Alles hat einen Sinn. Du bist hier, weil du etwas suchst.«

»Ich suche nichts.«

»Jeder, der zu einer Reise aufbricht, sucht etwas.«

»Erholung? Abwechslung?« Seine Gewissheit ärgerte Ellen, und sie musste seine Worte irgendwie banalisieren, nur um zu sehen, wie er reagieren würde.

Er grinste und nahm sich noch ein Eis. »Ich biete dir keins mehr an, weil ich noch nie erlebt habe, dass eine Frau zwei davon gegessen hätte.«

»Ah, da haben wir den Grund, warum ich hier bin. Du hast recht, nichts ist Zufall.« Sie zerknüllte die leere Verpackung und streckte ihre Handfläche aus. »Ich bin hier, damit du eine Frau bei ihrem zweiten Eis erleben kannst.«

Er lächelte und holte noch ein Eis heraus.

»Okay, das muss ich als Antwort akzeptieren. Aber ich bin auch ein bisschen enttäuscht.« Er musterte sie genauer.

Ellen musste ihm innerlich recht geben. Ihre Antwort ging nicht mal als lahmer Witz durch.

»Trotzdem ist es interessant. Du siehst jetzt beim zweiten Eis ganz anders aus als beim ersten. Man merkt, dass du eigentlich schon satt bist.«

»Woran?«

Er zuckte mit den Schultern. »Der gierige Glanz in deinen Augen ist erloschen. Es macht dir gar keinen Spaß mehr.«

Er hatte recht, aber das würde sie unter keinen Umständen zugeben.

»Ich habe mir die deutschen Frauen ganz anders vorgestellt.«

»Ah ja?«

»Langweiliger.«

Ellen hätte sich beinahe an ihrem letzten Bissen Eis verschluckt.

»Und dicker.«

»So wie Heidi Klum oder Marlene Dietrich?«

Ken sprang auf, nahm einen der Stühle, stellte ihn auf den leeren Platz vor dem Monsterkühlschrank, setzte sich mit dem Rücken zum Kühlschrank darauf, lehnte den Oberkörper zurück und warf sich dann mit verschränkten Beinen in Pose wie Marlene Dietrich als Lola im *Blauen Engel*. Die Melodie, die er dabei summte, klang entfernt wie: »Ich bin von Kopf bis Fuß auf Liebe eingestellt.«

Ellen war peinlich berührt und unschlüssig, was sie tun sollte. Applaudieren? Den Kopf schütteln? Mitsummen? Während sie sich das Hirn nach einer passenden Reaktion zermarterte, hatte Ken offensichtlich einfach nur Spaß. Das erinnerte sie wieder an das rosa Einhorn. Was war es nur, das sie immer so bremste? Warum wusste sie nicht mal in so einer banalen Situation, was sie wollte?

Schließlich entschied sie sich für die höflichste Option. Immerhin war sie hier Gast. Sie applaudierte.

»Das war die beste Lola, die ich jemals live mitten in der Nacht in einer Küche in Kanada gesehen habe!«

»Und das war sicher die ehrlichste Kritik, die ich jemals gehört habe.« Er nickte ihr zu, stand auf, rückte den Stuhl wieder an den Tisch und sah durch das Fenster hinaus in die Dämmerung.

»Bereit für einen Kaffee?«, fragte er.

»Gerne.« Na, wenigstens das konnte sie noch entscheiden. Was Ken wohl beruflich machte? Er stellte eine Kaffeemahlmaschine an, die so laut war, dass Ellen zusammenzuckte. Dann füllte er das Pulver in eine Drückkanne und stellte Wasser auf.

»Ich glaube, ich weiß, warum du hier bist.«

»Aha?«

»Du fühlst dich nicht mehr wie eine Frau«, erklärte er, während er das kochende Wasser über den gemahlenen Kaffee goss.

Wie kam dieser merkwürdige Blödmann denn auf so etwas?

Er reichte ihr einen Becher Kaffee, und Ellen konzentrierte sich auf den aromatischen Duft, während sie auf eine Eingebung für eine schlagfertige Antwort hoffte.

Stattdessen fing sie an zu weinen.

Gott, wie peinlich war das denn? Jedenfalls peinlicher als die singende Lola. Das musste vom Jetlag kommen. Sie versuchte sich zu beherrschen, aber das machte es nur noch schlimmer.

Ken riss mehrere Blätter von einer Küchenpapierrolle ab und reichte sie ihr kommentarlos, was Ellen sehr recht war. Am liebsten wäre sie nach oben in ihr Zimmer gestürzt, aber das war dann ja wohl doch zu pubertär. Sie schnäuzte sich, wollte etwas sagen, erklären, musste dann aber doch wieder so sehr schluchzen, dass sie kein Wort herausbekam. Ken blieb diskret auf der anderen Seite der Küche stehen, was sie angenehmer fand, als wenn er sie umarmt hätte oder hinausgegangen wäre.

»Heimweh, Angst oder Weltschmerz?«, fragte Ken schließlich, und Ellen brauchte eine Minute, um zu verstehen, was er meinte, weil sie nicht darauf gefasst gewesen war, ihn Deutsch sprechen zu hören. Es klang wie Hejmwäh, Ängsd und Weltssmörz. Nachdem ihr klar geworden war, was er gesagt hatte, wollte sie lachen, vor allem wegen des Weltssmörz, musste aber stattdessen dann doch wieder weinen und tat schließlich beides gleichzeitig.

Nachdem sie sich wieder beruhigt hatte, sagte Ken: »Es tut mir leid, ich wollte dich wirklich nicht verletzen. Das ist mir so rausgerutscht. In Wahrheit geht es mich nicht das Geringste an, warum du hier bist.«

»Es ist schon okay. Ich bin ein bisschen neben der Spur. Das kommt von dem langen Flug, ich bin das nicht gewöhnt.«

Ken setzte sich neben sie und nahm ihre Hand.

»Jetzt muss ich doch noch etwas sagen: Es ist niemals gut, seine Gefühle zu leugnen. Dieser Ausbruch kommt nicht vom Flug. Du bist traurig. Das kann ich fühlen. Was ist denn passiert?«

Und Ellen erzählte ihm alles. Es floss nur so aus ihr heraus. Sie tranken Kaffee, mehr und noch mehr Kaffee. Erst nachdem sie alles erzählt hatte, lehnte sie sich zurück, hörte draußen die Vögel zwitschern und merkte, dass es mittlerweile hell geworden war.

»Das alles ist schon passiert. Das kannst du nicht mehr ändern. Wenn du es könntest, was würdest du dann anders machen?«

»Ich würde Hanna ganz sicher keinen Job bei Richard besorgen.« Sie versuchte zu lachen. Aber Ken stieg nicht darauf ein.

»Aber was glaubst du denn, warum Richard sich in sie verliebt hat?«

Ken war wirklich ein Vollidiot, das lag doch auf der Hand. »Weil Hanna jung ist und hübsch, und wenn er ihr morgens ins Gesicht sieht, sieht er etwas anderes als in meinem Gesicht. Ihr faltenfreier Spiegel zeigt ihm die Zukunft und wirft keine Fragen über sein eigenes Altern auf. Natürlich altert auch er, aber so sieht er die Zukunft. Und er kann sich als potenter Kerl fühlen.«

»Und du glaubst, er hat dich deshalb verlassen?«

»Warum denn sonst?«

Ken zuckte mit den Schultern. »Er war so viele Jahre dein Ehemann. Wenn du das sagst, stimmt es sicher. Aber ich würde Cassie nie aus solchen Gründen verlassen, und ich glaube, Steve auch nicht.«

Dann lebte Cassie also mit zwei Männern zusammen.

»Und warum würdest du sie dann verlassen?«

Er lachte. »Das habe ich mich in all den Jahren noch nie gefragt, aber vielleicht, wenn sie mich langweilen würde?«

»Oh, dann ist sie also so etwas wie ein Unterhaltungsprogramm für dich?«

Ken lachte. »Nein, natürlich nicht. Ich hätte mich besser ausdrücken müssen. Ich liebe sie, weil mit ihr zusammen einfach alles so viel schöner ist, mehr Freude macht.« Er suchte ihren Blick. »Sogar das Weinen ist lustiger mit ihr.«

Als Ellen daraufhin grinsen musste, kam es ihr vor, als müssten ihre Gesichtsmuskeln diesen Ausdruck neu lernen.

»Verstehst du, was ich damit sagen will? Ich liebe sie nicht, weil sie mir das Gefühl gibt, dass ich ein potenter junger Stier bin, obwohl …« Ken lächelte verschmitzt. »Das war kein gutes

Beispiel. Worauf ich hinauswollte: Ich brauche sie nicht, um ich zu sein. Ich könnte auch ohne sie leben. Ich glaube nicht, dass es gut ist, wenn Liebe an Erwartungen geknüpft ist.«

Das hielt Ellen für die allerblödeste und abgenutzteste Lüge überhaupt.

»Man hat immer Erwartungen an den anderen, immer!«

Ken sah sie fragend an.

»Man will, dass der andere einen versteht, dass er weiß, was man braucht, dass er mitfühlt, ohne erst dazu aufgefordert zu werden, dass er sich um die Bedürfnisse kümmert.«

Ken machte winzige Abwehrbewegungen mit dem Kopf. »Was du da aufgezählt hast, sind alles Dinge, die eine gute Mutter oder gute Eltern tun sollten, aber wir sind erwachsen. Um seine Bedürfnisse muss man sich selbst kümmern.«

»Hältst du schon wieder Vorträge?«, fragte Cassie, die im Rahmen der Küchentür aufgetaucht war. Ellen bewunderte die Unbekümmertheit, mit der Cassie nur in seidenen Boxershorts und einem Spaghettiträgerhemdchen herumlief.

Ken stand auf und ging auf sie zu. Er umarmte sie fest und küsste sie.

»Wieso hockt ihr hier drin? Draußen ist es gerade noch so schön kühl!« Cassie nahm den Container mit Orangensaft und ein Glas und ging durch das Esszimmer hinaus auf die Terrasse.

Ken und Ellen sahen sich an und folgten ihr.

Die Luft war zwar immer noch heiß und feucht, aber nicht mehr ganz so tropisch wie am Abend zuvor. Cassie setzte sich auf Kens Schoß und schmiegte sich an seine Brust. Sie fragte Ellen, ob sie gut geschlafen hätte, und dann Ken, wie es mit der Gruppe gelaufen war.

»Ken ist Schauspieler«, erklärte Cassie. »Er probt gerade mit einer Gruppe von Jugendlichen die *Antigone.*«

»Dann ist er auch Regisseur?«, fragte Ellen etwas verwirrt nach.

»Nein«, sagte Ken.

»Ja«, sagte Cassie im selben Moment. Die beiden sahen sich an und küssten sich ausgiebig. Ellen hatte das Gefühl, vollkommen überflüssig zu sein. Wie konnten sich mittelalte Menschen so benehmen?, dachte sie und fand es schrecklich, dass ihr Neid sie in so eine Spießerin verwandelte.

»Ich glaube, ich muss dringend unter die Dusche«, murmelte sie, stand auf und machte sich auf den Weg nach oben.

15. KAPITEL

Als Ellen nach dem Duschen wieder nach unten kam, spülte Steve in der Küche gerade die Pfanne ab. Cassie, erklärte er, sei schon auf dem Weg ins Café, und Ken müsse Schlaf nachholen.

»Hast du schon Pläne für heute?«, fragte Steve.

Ellen wollte sehr gern Toronto anschauen, fühlte sich jedoch, als würde sie durch dichten Nebel laufen und atmen. Aber sie war doch hier, um etwas zu erleben! Sie sollte sich einen ganz altmodischen Stadtplan besorgen und einfach losziehen. Sie brauchte immer einen Stadtplan, um sich einen Überblick zu verschaffen und sich zu orientieren. Doch allein der Gedanke, sich einen Stadtplan organisieren zu müssen, erschöpfte sie so sehr, dass sie gähnen musste.

»Nein, keine Pläne. Ich fühle mich ziemlich schlapp. Ich glaube, heute möchte ich es noch ein bisschen langsam angehen lassen.«

»Auf keinen Fall solltest du jetzt wieder schlafen. Dann dauert es noch länger, bis du den Jetlag überstanden hast.« Steve nahm eine Hand aus dem Spülwasser und deutete durch das Fenster über der Spüle nach draußen. Verblüfft betrachtete Ellen den rosa Gummihandschuh, auf dem zwei kleine Schaumwölkchen klebten und mit dem der kahlköpfige Steve aussah, als wollte er in einer Travestieshow mitspielen.

»Hast du vielleicht Lust, mir im Garten zu helfen? Ich müsste die verblühten Rosen abschneiden. Danach könnten wir eine Runde im Pool schwimmen. Was hältst du davon?«

Hatte Ken Steve und Cassie von ihrem Gefühlsausbruch erzählt und hatten die drei sich jetzt eine Beschäftigungstherapie für sie ausgedacht?

Steve bemerkte, dass Ellen immer noch den rosa Handschuh anstarrte, und zwinkerte ihr zu. »Allergie gegen Spül- und Waschmittel, ziemlich lästig. Also, was meinst du? Ich würde mich über deine Hilfe freuen.«

Zwei Stunden später lief Ellen der Schweiß über die Stirn, und sie war dankbar für das Baseballcap, das Steve ihr geliehen hatte. Er wirkte in seinem weiten weißen Leinenanzug und mit dem Strohhut auf seinem kahlen Kopf ein bisschen wie ein impressionistischer Maler, nur die schmuddeligen Gartenhandschuhe verdarben den Gesamteindruck ein wenig.

Sie arbeiteten an einem eisernen Pavillon, den Ellen am Vorabend gar nicht bemerkt hatte. Rosen rankten sich üppig um die seitlichen Gitter, allerdings war erst eine prächtige rosafarbene Blüte zu sehen. Sonst konnte Ellen nur Knospen entdecken.

»Aber was sollen wir denn hier abschneiden? Ich sehe nicht eine verblühte Rosenblüte?«, fragte Ellen und kam sich mit ihren Gartenhandschuhen und der Rosenschere ziemlich lächerlich vor. Ganz offensichtlich war das hier wirklich eine Beschäftigungstherapie.

»Das stimmt, aber es gibt trotzdem viel zu tun. Wir werden etwa jede vierte Knospe mitsamt ein paar Blättern abschneiden«, erklärte Steve.

»Aber warum denn das? Ist die Rose krank?«

»Ganz im Gegenteil, so kann man verhindern, dass es zu langen Blühpausen kommt. Denn wenn wir diese Knospen jetzt abschneiden, werden neue ausgetrieben, die genau dann aufblühen, wenn die anderen verblüht sind.«

Steve zeigte ihr, wie er sich das vorstellte, und ließ sie erst allein weiterarbeiten, nachdem er sich davon überzeugt hatte, dass sie alles richtig machte und die Rosenschere etwas schräg über einem nach außen zeigenden Auge ansetzte, damit das Wasser gut ablaufen konnte und die angeschnittene Stelle nicht faulte.

Auf dem Boden lagen nun schon eine Menge abgeschnittener Rosenknospen. »Das ist barbarisch!« Ellen zeigte auf die Knospen. »Stellst du sie wenigstens in die Vase?« Sie zog ihr Käppi ab und wischte sich über die Stirn.

»Eigentlich glaube ich nicht, dass sie aufblühen werden, aber ich könnte es ausprobieren.« Steve bückte sich und sammelte die vielversprechendsten Knospen auf. Ellen ging neben ihm in die Hocke.

»Nie im Leben hätte ich gedacht, dass es im Sommer in Toronto so dermaßen heiß und feucht werden kann.« Sie stöhnte. »Bei Kanada habe ich mir immer kalte Winter mit jeder Menge Schnee vorgestellt und kurze, kühle Sommer.«

»Und als ich das erste Mal in Kalifornien war, hat es ununterbrochen geregnet.« Die Erinnerung schien Steve sehr zu amüsieren. Er schob den Strohhut in den Nacken, erhob sich und reichte ihr eine Hand.

»Dann ist diese Hitze also genauso ungewöhnlich wie Dauerregen in Kalifornien?«

Steve schüttelte den Kopf. »Nein, das wollte ich damit nicht sagen. Unser Klima hier wird unter anderem vom Ontariosee bestimmt. Dadurch liegt immer sehr viel Feuchtigkeit in der Luft. Im Winter, der übrigens wirklich sehr kalt sein kann, gibt es dann in Verbindung mit kalten Winden, die über dem See entstehen, den sogenannten Lake Snow Effect. Und dann haben wir jede Menge von dem Schnee, an den du gedacht hast.«

»Und wie überstehen das deine Rosen?«

»Der Schnee tut ihnen gut, er wirkt wie ein Polster gegen die Temperaturschwankungen.«

Ellen hätte immer noch gern gewusst, was ihn vorhin so amüsiert hatte.

»Warum hast du dann vorhin so gegrinst, als du Kalifornien erwähnt hast?«

»Weil genau diese Überraschungen das Reisen ausmachen. Es ist nie so, wie man es erwartet.« Er hielt inne und fächelte sich mit dem Strohhut Luft zu. »Außer New York und San Francisco, da braucht man eigentlich nicht mehr hinzufahren. Denn wenn man dort ist, kommt es einem so vor, als würde man schon alles kennen. Das liegt an den vielen Serien und Filmen. Also, mir ging es jedenfalls so. Mich hat dort gar nichts mehr überrascht.«

»Und was war dann in Kalifornien anders? San Francisco gehört doch auch zu Kalifornien.« Ellen war neugierig geworden.

»Oh, Kalifornien hat unser ganzes Leben umgekrempelt. Mir ist nach einem Drink. Was hältst du von einem *Caesars?*«

»Jetzt schon?« Kaum hatte sie das ausgesprochen, tat es ihr auch schon leid. Was, wenn Steve dachte, sie wollte damit zum Ausdruck bringen, dass er ein Säufer war?

»Wir müssen beide heute nicht arbeiten oder Auto fahren, also was soll's?« Er wischte über seinen kahlen Kopf und setzte den Hut wieder auf. »Spring du ruhig kurz in den Pool, während ich uns die Drinks mixe.«

Auch wenn der Gedanke an ein erfrischendes Bad etwas sehr Verlockendes hatte, war die Aussicht, einem Fremden in der Mittagssonne ihren bleichen, untrainierten Körper im

Bikini zu präsentieren, eher unangenehm. Vielleicht hätte sie doch auf Richard hören und den Bikini gegen einen Badeanzug tauschen sollen.

»Handtücher findest du oben in deinem Bad.« Steve sah sie fragend an, und als sie immer noch keine Begeisterung zeigte, fügte er hinzu: »Du brauchst keine Angst zu haben, der Pool wird alle zwei Tage kontrolliert, er ist ganz sicher sauber!«

Jetzt stieg Ellen die Röte ins Gesicht. »Daran habe ich wirklich nicht gezweifelt.«

»Na dann, bis gleich.«

Ellen lief nach oben, suchte den Bikini und zog ihn an, ohne sich im Spiegel zu betrachten. Dann griff sie sich ein Handtuch und stürzte sich in den Pool, der jetzt in der Mittagssonne noch schöner war als am Abend zuvor. Die vergoldeten und versilberten Fliesen verstärkten die Sonnenreflexe auf dem Wasser, das wegen des dunklen Untergrunds sehr tief und geheimnisvoll wirkte. Als sie das erste Mal mit dem Kopf untertauchte und ihr ganzer Körper von der Kühle des Wassers umarmt wurde, fühlte sie sich plötzlich völlig klar im Kopf, und es war ihr total egal, wie sie aussah. Es fühlte sich einfach nur herrlich an.

Sie schwamm ein paar Bahnen, bis Steve mit den Drinks am Beckenrand auftauchte. Erst dann stieg sie aus dem Wasser, erfrischt und glücklich. Sie wickelte sich in das Handtuch und folgte Steve, der nicht zur Terrasse ging, sondern tiefer in den Garten hinein, an der Kräuterspirale vorbei, zu einem Bambuswäldchen. Dahinter verbarg sich ein runder, mit bunten Fliesen markierter sonniger Platz, der von Bambus in Holzbottichen umgeben war. Hier standen zwei weiße Deckchairs mit einem Tischchen dazwischen.

Steve betrachtete Ellen von oben bis unten, und sie wurde sich schlagartig wieder ihres alternden Körpers bewusst. Der Glücksmoment war vorüber.

»Mach dir keine Sorgen wegen der Mücken«, sagte Steve genau in diesem Moment, und Ellen wurde klar, dass er ihre nackten Beine offensichtlich nur aus Sorge so lange betrachtet hatte.

»Ich habe zwischen den Bambus Katzenminze und Lavendel gepflanzt. Das hält die meisten Biester ab.« Er deutete auf die Liegestühle. »Hierher flüchten Ken und ich, wenn wir mal alleine sein wollen.«

Sie setzten sich in die Liegestühle, prosteten sich zu, und Ellen musste zugeben, dass es einfach großartig war, am helllichten Tag herumzuliegen und Drinks zu schlürfen, und die *Caesars* passten perfekt zur Hitze des Tages.

»Damit du nicht einschläfst, erzähl ich dir jetzt, wie das damals war in Kalifornien.«

»Nur zu.« Ellen würde sich anstrengen müssen, nicht wegzudämmern, denn ihr Körper war angenehm müde, und der Duft des Gartens, der sich mit dem leichten Chlorgeruch ihrer Haut vermischte, wirkte ebenfalls ein wenig betäubend.

»Es war vor sieben Jahren«, begann Steve. »Ken und ich waren zum Junggesellenabschied eines alten Studienfreunds nach Los Angeles eingeladen. Mike, so hieß dieser Freund, hatte das Boardwalk Café in Venice dafür gemietet, mit allem Drum und Dran.« Steve unterbrach sich. »Du hast schon von Venice gehört, oder?«

»Ich war noch nie dort, aber ja, ich habe Bilder gesehen, von den Stränden und von den Graffiti und den Kanälen.«

»Ken und ich kennen uns schon lange. Wir haben eine Weile zusammen mit Mike alle das Gleiche studiert.«

Das konnte sich Ellen kaum vorstellen, Ken und Steve wirkten so grundverschieden.

»Und du kommst nie drauf, was wir studiert haben.« Steve klang amüsiert. »Rate mal!«

»Tiermedizin? Astrophysik? Bioinformatik?«

»Fast! Es war Theologie, aber nur zwei Semester. Dann war uns klar, dass wir damit völlig falsch lagen. Wir waren alle auf der Suche, aber in diesem Studium gab es nicht die ersehnten Antworten.«

Ellen fragte sich, was die beiden gesucht hatten und ob sie jemals auf die richtigen Antworten gestoßen waren.

»Deshalb habe ich mich dann auf das Programmieren konzentriert, und Ken hat Schauspielunterricht genommen. Mike hat auf Medizin umgesattelt. Seine Party war so, wie solche Partys sein sollten: laut, lustig, viel Alkohol, schöne Mädchen, du weißt schon. Aber Ken und ich haben uns gelangweilt.« Steve rührte mit der Selleriestange in seinem Drink. »Und wir waren reichlich betrunken, als wir die Party verließen. Nur so ist es zu erklären, dass wir mit dem Auto auf den Strand gefahren sind, was in Venice streng verboten ist. Wahrscheinlich wäre normalerweise auch gleich die Polizei gekommen, aber es schüttete dermaßen, dass niemand, der nicht musste, draußen unterwegs war. Niemand außer uns. Und weil uns keiner aufhielt, rasten wir wie die Verrückten im Regen am Strand entlang. Der Pazifik war trotz des Regens anders als sonst relativ ruhig, schlug nur kleine Wellen, wirkte aber im grauen Regenlicht fast schon braun, sogar die Gischt hatte die Farbe von hellem Zwieback.« Er holte tief Luft. »Und dann war sie einfach da.«

»Wer? Die Sonne? Die Antwort?«

»Cassie. Sie kam aus dem Wasser, völlig nackt, was in Kalifornien auch streng verboten ist. Das Wasser prasselte auf ihren Kopf, und ihr musste furchtbar kalt sein, aber sie lachte. Ihr ganzer Körper war eine Verkörperung von Freude.« Er hielt inne und grinste. »Das hört sich vermutlich jetzt reichlich kitschig an. Ken kann das viel eloquenter erzählen. Jedenfalls schien sie inmitten all dieses kalten Wassers so dermaßen gute

Laune zu haben, dass wir beide mit einem Schlag verzaubert waren. Und verliebt.«

»Und was ist dann passiert?«

Steve gab eine Art leises Kichern von sich. »Wahrscheinlich wären wir beide gern aus dem Auto zu ihr hingestürzt, um sie zu wärmen, aber wir saßen nur stumm da, unfähig, etwas anderes zu tun, als sie anzuschauen. Du musst das richtig verstehen, es ging hier nicht um Sex – oder vielleicht auch –, aber sie war so sehr sie selbst, schien so sehr in sich zu ruhen. Ken und ich sahen uns an, und uns war klar, dass wir beide mit ihr zusammen sein wollten.«

»Aber ihr hattet doch noch kein Wort mit ihr gesprochen. Was, wenn sie eine schreckliche Lispelstimme gehabt hätte oder dumm wie Bohnenstroh gewesen wäre?«

»Du hast sie nicht gesehen. Alles an ihr war eins, Körper, Geist und Seele.«

»Dann war sie die Antwort auf eure Fragen?«

»Du bist eine kluge Frau …«

»Aber?«

Steve stellte das leere Glas auf dem Tischchen neben sich ab. »Wir dachten, sie wäre die Antwort, aber das war falsch. Kein Mensch kann die Antwort sein.«

»Kommt auf die Fragen an, oder?«

»Wir wollten einen Sinn, wir wollten eine Antwort auf die Frage nach dem Leid in der Welt, wollten wissen, ob es einen Plan gibt, ob es so etwas wie Schicksal gibt … Letztlich, wenn du so willst, wollten wir wissen, ob es einen Gott gibt. Und diese Fragen konnte natürlich auch Cassie nicht beantworten.«

»Niemand kann das«, stellte Ellen fest.

»Nein. Aber uns war klar, wenn wir mit ihr zusammenleben würden, wären uns diese Fragen allesamt egal, weil der Sinn darin läge, sie glücklich zu machen.«

»Und wie fand Cassie das alles?«

»Sie erzählt unsere Geschichte ganz anders. Sie besuchte gerade ihren Freund in Los Angeles und war wie jeden Tag, wenn er zur Arbeit ging, eine Runde schwimmen. Und dann war da auf einmal ein Auto, und sie konnte trotz ihrer Kontaktlinsen in dem Regen nicht so gut sehen und fürchtete, es wäre die Polizei, weshalb sie hektisch nach ihren Sachen suchte, die sie in einer Plastiktüte unter einem Stein versteckt hatte. Während sie sich schon im Knast wähnte, zog sie sich an. Doch als nichts weiter passierte, wurde ihr klar, dass es nicht die Polizei war. Als sie sich angezogen hatte und zu dem Wagen hinüberging, bemerkte sie zwei Volltrottel, die sie anglotzten wie das achte Weltwunder. Und dann beschimpfte sie uns als ganz besonders perverse Spanner – Regenspanner.« Steve lachte.

»Darf ich dich etwas fragen?«

Er nickte.

»War das immer so bei Ken und dir, hattet ihr immer die gleichen Freundinnen? Seid ihr bisexuell?« Kaum hatte Ellen die Frage gestellt, hätte sie sich am liebsten die Zunge abgebissen. So etwas hätte sie ja nicht einmal Geli gefragt. Das musste an dem Drink in der Sonne liegen oder am Jetlag.

»Nein.«

Während Ellen noch darüber nachdachte, ob es okay wäre, weiter nachzuhaken, redete Steve schon weiter.

»Erstaunlicherweise ist es möglich, und die Welt geht nicht unter, wenn zwei Männer die gleiche Frau lieben und mit ihr zusammen sind. Es hat Kens und meine Freundschaft noch vertieft. Doch alle anderen hatten ein Problem damit. Was ist mit Kindern?, wollten unsere Eltern wissen, und unsere Freunde hätten damit leben können, dass wir Homos sind, aber sich eine Frau zu teilen, das war die schlimmste Form von Kommunismus.«

»Aber ihr habt es trotzdem getan. Erstaunlich.« Ellen betrachtete Steve und glaubte ihm. Sie versuchte sich Richard oder Weniger oder Tom in so einer Beziehung vorzustellen, aber es gelang ihr nicht. Steve war ganz anders als Ken. Sie hätte gewettet, dass er der Geduldige, der Kompromissbereite war. Aber wer sagte denn, dass so eine Beziehung nur so funktionieren konnte? Sie sollte dringend mal ihr Weltbild überprüfen. Wie kam sie überhaupt darauf, dass immer einer stärker nachgeben musste als der andere? Und was sagte das über sie und ihre Ehe aus?

Sie dachte an Richard und das rosa Einhorn und musste auf einmal laut lachen. Vielleicht war es ja rosa, weil es ein anderes Einhornmädchen liebte.

»Jetzt hast du zum ersten Mal, seit du hier bist, entspannt ausgesehen«, murmelte Steve. »Woran hast du gedacht?«

»An rosa Einhörner.«

Steve klatschte sich auf die Oberschenkel. »Ich habe schon viele Kommentare zu unserer Beziehung gehört, aber der ist wirklich originell. Keine Ahnung, wie du darauf kommst, aber das wird Ken gefallen.« Mit einer geschmeidigen Bewegung schälte er sich aus dem Liegestuhl.

»Ich muss noch das Grillen heute Abend vorbereiten. Hast du Lust, mir zu helfen?«

»Gern.« Ellen leerte ihr Glas. Beim Aufstehen streifte ihr Blick über die zartgrünen Bambushecken, die sie plötzlich an Asien und an ihre Tochter erinnerten. An die Bücher von Pearl S. Buck, die sie als Teenager verschlungen hatte und in denen aus bitterarmen Bauernmädchen Konkubinen des Kaisers wurden. Was, wenn Mia mit Wilson Fan und einer Chinesin zusammenleben würde? Sie schüttelte den Kopf. Blödsinn, warum sich das Gehirn mit solchen Gedanken verkleistern? Trotzdem brummelte die Stimme weiter – so was kann doch nicht gut gehen ... das ist nicht vorgesehen ... unser Ego ist einfach zu groß für so was. Unser Ego? Ellen hätte jedenfalls nicht zusammen mit Hanna und Richard leben wollen, aber das war auch etwas anderes – Hanna und sie waren keine Freunde, und vor allem: Richard wollte Ellen gar nicht mehr. Hatte sie weggeworfen.

Sie folgte Steve durch den duftenden Garten zurück in die Küche, wo er sie niedere Sklavenarbeiten erledigen ließ – Zwiebelringe schneiden, Gurken hobeln. Die Arbeit war so monoton und er so still, dass ihr ständig die Augen zufielen. Doch erst als sie sich beinahe den Finger abgehackt hätte, verbannte Steve sie aus seiner Küche, erlaubte ihr eine Stunde zu schlafen und versprach, sie rechtzeitig zum Abendessen wieder zu wecken.

16. KAPITEL

Sie saßen im Garten beim Dessert – Zitronentartes mit Karamelleis, *handemade by Cassie.* Ellen ertappte sich dabei, dass sie ihre drei Gastgeber geradezu unanständig genau beobachtete. Was suchte sie eigentlich? Offensichtlich Beweise dafür, dass eine solche Dreierkonstellation einfach nicht funktionieren konnte. Es schien ihr geradezu unmöglich – wenn sie und Richard ja schon nicht funktioniert hatten. Aber Ellen konnte beim besten Willen keine Anzeichen für Spannungen zwischen den dreien entdecken. Sie flachsten, stritten und diskutierten, ja, sie interessierten sich wirklich füreinander, und es war nicht so, dass Cassie die meiste Aufmerksamkeit abbekam.

»Es war klar, dass Lindsey sich so benehmen würde.« Ken verdrehte die Augen und sah Steve an.

Lindsey, erinnerte sich Ellen, das war doch Cassies ehemalige Angestellte, mit der sie offenbar telefoniert hatte und nur wegen der sie im Grunde überhaupt hier war.

»Ich habe dich vor ihr gewarnt!« Ken wedelte mit dem Zeigefinger in der Luft herum, als wäre Cassie ein Kleinkind, das gerade ihrem Spielkameraden die Schaufel auf den Kopf gedonnert hatte. Wenn Richard das bei mir machen würde, wäre ich beleidigt, dachte Ellen.

»Gewarnt? Du warst frustriert, weil sie nie auf deine Flirtversuche eingestiegen ist«, konterte Cassie.

»In dieser Hinsicht hatte Lindsey durchaus Geschmack.« Steves Mundwinkel zuckten.

»Hey, fall du mir nicht auch noch in den Rücken!« Ken warf mit Brotstückchen nach Steve.

»Ich sag's nur ungern, aber Ken hat recht, Cassie. Deine Menschenkenntnis ist von dem ganzen Mehl manchmal ein bisschen benebelt.«

»Nur weil ich nicht in jedem Menschen das Böse sehe, bin ich noch lange nicht benebelt.« Cassie hob beide Hände in einer verzweifelten Geste zum Himmel. »Anstatt mir mit diesem sinnlosen ›Ich hab's dir ja gleich gesagt‹-Kram zu kommen, solltet ihr mir lieber verraten, was ich jetzt tun soll.«

»Was ist denn passiert?«, fragte Ellen.

»Lindsey hat ...«, setzten Ken und Steve gleichzeitig an, verstummten jedoch sofort, als sie es bemerkten. Sie sahen sich an, und jeder machte zum anderen hin eine auffordernde Geste mit der Hand, damit er weitersprach. Diesen Moment nutzte Cassie und legte los: »Sie hat mich drei Monate lang beklaut, und ich hab's nicht gemerkt. Das tut weh, menschlich, aber auch finanziell. Nachdem ich sie rausgeworfen habe, hat sie mir das Gesundheitsamt auf den Hals gehetzt – jedenfalls denke ich, dass sie das war. Natürlich haben sie nichts gefunden, und als ob das nicht alles schon schlimm genug wäre, muss ich mir jetzt jemand Neues suchen, das heißt wieder eine Anzeige aufgeben, mich durch Bewerbungen quälen, Gespräche führen, nur um vielleicht am Ende wieder nicht den oder die Richtige zu wählen.«

»Hättest du mal auf uns gehört.« Ken sah zu Steve, der ihm zunickte. »Wir mochten Monica, ruf sie an!«

»Aber die hat jetzt einen Job. Wieso helft ihr zwei mir nicht? Nur vorübergehend?«

»Auf keinen Fall!« Ken presste die Lippen aufeinander und Steve schüttelte den Kopf. Verblüfft registrierte Ellen, dass die beiden so ablehnend reagierten, als hätte Cassie sie dazu aufgefordert, mit ihr einen Mord zu begehen.

»Darüber haben wir doch schon hundertmal diskutiert. Mit dir zu arbeiten ist wie Kastration.« Ken klang beinhart.

Cassie zuckte unter dem Wort zusammen. »Kastration, ja?«

Unangenehme Stille breitete sich aus.

»Ich könnte doch helfen«, schlug Ellen vor. »Bei mir hätte eine Kastration keine so drastischen Konsequenzen wie bei den Jungs.«

Niemand lachte.

»Kommt nicht infrage.« Steve legte seine Hand auf Ellens Arm und drückte ihn. »Du bist hier, um Land und Leute kennenzulernen, um deinen Mann zu vergessen und dich selbst zu finden.«

Ellens Magen verkrampfte sich. »Ich bin keineswegs auf einem Selbstfindungstrip. Ich weiß, wer ich bin und was ich kann.« Das kam so heftig, dass alle sie verblüfft anstarrten.

»Tut mir leid, ich wollte dich nicht beleidigen.« Steve ruderte zurück.

»Aber warum bist du dann hier?«, eilte ihm Ken zu Hilfe. »Ich glaube, Steve hat recht: Du bist ganz offensichtlich auf der Suche und daran ist gar nichts Schlechtes. Im Gegenteil. Das sind wir doch alle.«

»Ja, und ganz besonders ich.« Cassie tippte sich auf die Brust. »Denn ich suche Hilfe!«

»Wie schon gesagt. Kuchen einpacken kann ich«, sagte Ellen, dankbar für den Themenwechsel. »Außerdem habe ich Erfahrung im Service und ich bin absolut ehrlich.«

Cassie musterte sie so abschätzend, dass Ellen beinahe versucht war, zu wiehern, den Mund zu öffnen und ihre Zähne zu zeigen, während Ken und Steve immer noch schwiegen. Es war eindeutig, dass sie nichts von dieser Idee hielten.

»Schaut mich an«, forderte Ellen sie auf und versuchte es noch einmal auf die scherzhafte Tour. »Gefällt euch die Idee etwa nicht, weil ihr es bei mir auch auf den ersten Blick sehen könnt, das Böse?«

»Na ja …« Ken verzog die Mundwinkel zu einem schiefen Lächeln. »Sagen wir mal so: Du bist Deutsche! Und man weiß ja …«

Steve stieß Ken in die Seite. »Lass das. Ellen ist unser Gast!«

»Deutsche sind weder blöder noch besser als Kanadier!«, kam Cassie ihr sofort zu Hilfe. »Die Menschen, mit denen ich meine Ausbildung in München gemacht habe, waren jedenfalls ziemlich coole Handwerker.«

»Das geht auf keinen Fall.« Steve sah die beiden Frauen alarmiert an. »Cassie, das verstößt sicher gegen irgendwelche Arbeitsgesetze!«

»Und wir müssen dich warnen: Die liebe Cassie ist bei der Arbeit eine absolute Perfektionistin.« Ken stöhnte demonstrativ. »Für sie zu arbeiten ist die Hölle. Ganz ehrlich, das solltest du nicht tun.«

Cassie wedelte alle Argumente weg. »Blödsinn. Die beiden sind es einfach nicht gewohnt, mal richtig zu arbeiten, und sie hassen es, einen Chef zu haben, der ihnen sagt, wo es langgeht.« Ihre Augen blitzten angriffslustig, und ihre blonden Haare schienen weißlich zu glühen. »Das war der einzige Grund, warum sie Theologie studiert haben, da konnten sie sicher sein, dass ihr Chef garantiert nie in Erscheinung treten wird!«

»Jedenfalls lassen wir uns von dir nicht ans Kreuz nageln!« Ken stand auf und küsste Cassie versöhnlich auf den Mund – ziemlich lange, fand Ellen, die unwillkürlich zu Steve schielte, um zu sehen, wie er damit umging. Steve betrachtete die beiden amüsiert, als wären sie junge Hunde, die wild herumtollten.

Nachdem der lange Kuss zu Ende war, wandte Ken sich an Ellen und wiederholte noch einmal seine Warnung: »Du solltest das auf keinen Fall tun.« Und damit fing er an, den Tisch abzuräumen.

»Aber ich würde mich freuen«, sagte Cassie, deren Lippen nach dem Kuss wie aufgepolstert aussahen. Sie reichte Ellen die Hand und schüttelte sie. »Abgemacht?«

»Abgemacht.« Das war doch sehr viel spannender, als die Touristenattraktionen abzuklappern und sich dabei irgendwie selbst zu suchen.

17. KAPITEL

Am nächsten Morgen herrschte immer noch eine solche Hitze in Toronto, dass Ellen mit Schaudern an die heiße Backstube dachte. Doch zu ihrem Glück stellte sich heraus, dass es im Schillinger's, anders als im Wohnhaus, eine Klimaanlage gab.

Cassie führte Ellen herum, zeigte ihr den Laden, die Küche, die Toilette und die Vorratsräume. Dann kramte sie in einem Schrank, in dem Servietten, Tischsets und Handtücher lagen. »Das müsste deine Größe sein, glaube ich.« Sie entfaltete eine Art gestärkten Rüschenkittel, der aussah wie eine Zuckerstange aus einem Sechzigerjahrefilm.

»Ernsthaft?«

Cassie nickte. »Jepp, das tragen alle meine Angestellten.«

Jetzt verstehe ich Ken und Steve, dachte Ellen und schlüpfte ergeben in die rot-weiß gestreifte Uniform, in der sie sich vorkam, als wäre sie wieder elf und hätte sich als gute Fee verkleidet.

Dann lauschte sie über eine Stunde lang Cassies Erklärungen zu den verschiedenen Kuchen, die im Schillinger's angeboten wurden. Wegen Cassies Ausbildung in Deutschland hatte sie erwartet, dass sie die alle kennen würde, doch weit gefehlt. Cassie hatte unzählige Kuchen im Angebot, von denen Ellen noch nie gehört hatte, den Nanaimo Bar zum Beispiel, eher ein Dessert, das nicht gebacken werden musste. Er bestand unten aus einem Krümelboden, für den Cassie natürlich selbst gebackene Brownies und Amarettini verwendete, dann folgte eine Schicht Vanillecreme, die Cassie mit Kokosstreuseln würzte, und obendrauf kam eine dicke Schicht Schokolade. Cassie verwendete Minzschokolade. Oder den Beaver Tail, den Biberschwanz. Das war ein flaches Teigstück in Form eines Biberschwanzes, belegt mit Äpfeln, Zimt und Zucker. Und natürlich gab es jede Menge Blaubeer-, Ahornsirup- und Walnusspies und Muffins. Ellen war verblüfft, dass es in Kanada eine große Sache zu sein schien und Cassie sehr stolz darauf war, echte Schokoladenmasse aus der Schweiz zu verwenden, echte Butter und echte Eier. Wohlgemerkt keine Bioeier, sondern einfach nur echte Eier. Mit leichtem Schaudern fragte sich Ellen, aus welchen Zutaten die Kuchen hier wohl sonst gemacht wurden.

Cassie erklärte, wie man ihren Kuchen richtig schnitt und passend verpackte, denn je nach Größe und Art des Produkts musste alles auf eine ganz bestimmte Weise und in ganz bestimmte Kartons im Zuckerstangendesign mit Schleifen und goldenen Aufklebern verstaut werden.

Richtig kompliziert wurde dann der Crashkurs an der Kaffeemaschine, bei deren Anblick sich in Ellen das panische Gefühl ausbreitete, sie müsste eine Boing 747 notlanden.

Ihr wurde immer mulmiger zumute. Offenbar hatte sie bisher eher eine romantische – Richard würde sagen schwachmatische – Vorstellung von der Führung eines Cafés gehabt. Irgendwie hatte sie gedacht, es würde im Schillinger's darum gehen, beim gemütlichen Verkauf von Kuchen und Kaffee philosophische Lebensweisheiten abzusondern. Sie hatte geglaubt, sie würde dabei mit Torontesen oder Torontoern, oder wie auch immer die Bewohner von Toronto sich nannten, ins Gespräch kommen, Land und Leute kennenlernen. Doch an Cassies Café waren nur Verpackung und Dekoration romantisch, alles andere war ein knallhartes Geschäft.

Kaum hatte Cassie die altmodischen Eisengitter vor den Schaufenstern hochgezogen, da strömten auch schon die ersten Gäste in den Laden, die Coffee to go in ihre mitgebrachten Becher gefüllt haben wollten und Sandwiches oder Muffins zum Mitnehmen kauften. Von Minute zu Minute wurde es voller und voller. Zudem murmelten die meisten ihre Bestellung in einem für Ellen völlig unverständlichen Englisch und hatten es sehr eilig. Die Kunden gaben sich Mühe, nicht genervt zu sein, wenn Ellen auch noch ein fünftes Mal nachfragen musste. Manche versuchten es dann auf Französisch, was noch schlimmer war, denn das verstand Ellen gar nicht. Selbst wenn sich alle klaglos in die Schlange einreihten, wurde diese lang und länger. Schließlich kommandierte Cassie Ellen an die Sandwiches und übernahm selbst den Kaffee und die Kasse.

Ellen fühlte sich wie eine Versagerin und schwitzte jetzt bei der Zubereitung der Sandwiches sogar noch mehr, denn Cassie hatte ihr zwar erklärt, worauf man achten musste, aber sie verwechselte immer wieder die Mayonnaise mit der Remoulade oder vertauschte irgendwelche Gewürze. Cassie zischte ihr dann jedes Mal von der Seite zu, was sie tun sollte. Ellen fühlte sich, als wäre sie sechs Jahre alt und würde gerade unter größten Mühen lesen und schreiben lernen. Vielleicht lag es aber auch immer noch am Jetlag?

Als gegen zehn Uhr der erste Ansturm vorbei war, fühlte sich Ellen so zittrig, enttäuscht und erschöpft, als hätte sie geplant, den Mount Everest zu besteigen, es aber nicht mal bis ins Basiscamp geschafft.

Cassie hingegen wirkte frisch und so voller Energie, als wäre sie gerade eben erst aufgestanden. Sie kochte Ellen einen Kaffee und zwang ihr auch ein Spezialsandwich auf – gegrilltes Gemüse mit Scamozza. Anders als Ellen war sie der Ansicht, fürs erste Mal sei es doch ganz passabel gelaufen. Sie klopfte Ellen aufmunternd auf die Schulter und erklärte, sie müsse jetzt nach hinten in die Küche und die bestellten Kuchen fertig machen: Zwei Macadamia-Erdnusskaramell-Geburtstagskuchen, eine Himbeersahne-Tauf-Torte und zwei Chocolate-Cream-Dream-Jubiläumstorten. Außerdem musste sie neues Brot für die Sandwiches backen und sechs verschiedene Macaronfüllungen zubereiten. Ellen sollte einfach rufen, wenn sie Cassie brauche, aber bis um zwölf würde es im Café jetzt recht ruhig bleiben. Wenn sie nichts zu tun habe, könne sie sich ja die Zeit damit vertreiben, die Regale mit den selbst gemachten Pralinen abzustauben und die Glasflächen der Vitrinen mit Glasreiniger zu polieren.

Ellen verbiss sich ein Grinsen. Allmählich verstand sie, warum Steve und Ken hier nicht arbeiten wollten. Cassie hatte bei all ihrer freundschaftlich lockeren Art etwas von einem Feldmarschall.

Aber wahrscheinlich würde der Laden sonst auch keinen Gewinn abwerfen. Ellen hoffte trotzdem, dass wenigstens eine Weile lang immer nur ein Gast nach dem anderen in das Café käme und sie genug Zeit hätte, in ihrem Rhythmus zu arbeiten. Sie wünschte sich eine Studentin oder eine ältere Dame, die vielleicht sogar einen kleinen Schwatz halten wollten.

Sie hatte sich gerade ein bisschen erholt und polierte hingebungsvoll die Glasvitrinen, als die Tür mit der altmodischen Glocke wieder geöffnet wurde. Es war ein Mann im teuren dunklen Anzug, der einen teuren, leicht bitteren Duft verströmte. Nachdem er seine Bestellung aufgegeben hatte – ein dreifacher Espresso zum Mitnehmen und ein Schinkensandwich –, wischte er sich eine seiner schwarzsilbernen Locken mit genau der gleichen ungeduldigen Bewegung aus dem Gesicht, wie Richard es gerne tat. Und da fiel Ellen plötzlich auf, dass sie in den letzten Stunden nicht ein einziges Mal an ihren Exmann gedacht hatte. Allein schon deshalb war dieser Job gut für sie!

Der Mann hatte es eilig, und es fiel ihm schwer, seine Ungeduld zu verbergen, als Ellen ein Problem mit der Kasse nicht gleich lösen konnte. Nachdem er das Schillinger's verlassen hatte, atmete Ellen tief durch, und gegen ihren Willen drängte sich ihr die Frage auf, was Richard wohl zu dem Job hier sagen würde. Wahrscheinlich würde er sie für verrückt erklären – eine promovierte Bibliothekswissenschaftlerin, die Kuchen verkaufte! Der Gedanke gefiel ihr. Verrückt war bestimmt das letzte Attribut, das jemandem einfiel, der sie beschreiben wollte. Sie wollte sich definitiv nicht selbst finden, dachte sie. Ken irrte sich, eigentlich wollte sie ihr altes Selbst viel lieber loswerden.

Eine Gruppe englischer Touristen platzte gut gelaunt in den Laden, verhinderte weiteres Grübeln und wollte wissen, ob es bei ihnen auch griechisches Gebäck gebe.

Ellen fragte in der Küche bei Cassie nach, die nun ein gestreiftes Zuckerstangenkopftuch über ihren Locken trug und leicht erhitzt von einer gewaltigen Teigmischmaschine aufsah. Sie schüttelte den Kopf und tippte sich gut gelaunt mit dem Zeigefinger an die Stirn. »Griechisches Gebäck gibt's an jeder Ecke, wir sind hier im griechischen Viertel. Aber dieses fettige, klebrige Blätterteigzeug kommt mir nicht in den Laden. Verkaufe denen doch was anderes. Sag einfach, unsere Macarons wären ganz typisch für Toronto, die müssen heute nämlich unbedingt weg. Lass sie Himbeer und Schoko probieren, das wird sie überzeugen!«

Ellen nickte und wurde vom Ehrgeiz gepackt. Die Kunden sollten nicht ohne etwas zu erstehen aus dem Laden gehen. Sie verkaufte ihnen ein ganzes Kilo Macarons, verpackte sie in den gestreiften Kästchen, klebte goldene Aufkleber darauf und bekam dafür sogar noch ein Trinkgeld. Als Cassie verschwitzt aus der Küche kam, lobte sie Ellen für ihren Einsatz, aber es ging gleich weiter. Sie bereiteten den Mittagsansturm vor, für den Cassie schon gekocht hatte: eine kritzegrüne vegane Brokkolisuppe und eine vegetarische leuchtend orangefarbene Möhren-Curry-Suppe, alles auch zum Mitnehmen. Dazu gab es knusprige daumendicke Kräuterbrotstangen, die sehr beliebt waren und für die es extra lange Tüten gab. »Eigentlich kommen die Leute nur wegen meiner Brotstangen«, sagte Cassie. »Suppe gibt es hier im Viertel nämlich überall.«

Nach dem Mittagsansturm, bei dem Ellen sich vorgekommen war, als würde sie in dem Meer von Suppenbestellungen ertrinken, fiel sie völlig erledigt auf einen Stuhl in der Küche, wo Cassie für sie beide etwas von den Suppenresten – es war nur noch Brokkoli übrig – aufwärmte. »Jetzt wird es wieder ruhiger, bis so gegen vier, dann kommen noch mal eine Menge Leute für Kaffee und Kuchen.«

Na prima, dachte Ellen. Es war schon fast halb vier.

»Verstehst du jetzt, warum Ken und Steve nicht hier arbeiten wollen?« Cassie bröckelte etwas Käse über die Suppen. »Das ist Oka, schmeckt großartig. Den Käse haben Mönche aus der Bretagne nach Kanada mitgebracht, damit schmeckt jede Suppe wie ein Gedicht. Aber es wäre viel zu teuer, den für die Mittagssuppen zu verwenden. Kein Mensch würde mehr als fünf Dollar für eine Suppe bezahlen.«

Ellen musste ihr recht geben, der Käse verlieh der Suppe ein nussartiges Aroma. Vor lauter Aufregung hatte sie gar nicht gemerkt, wie hungrig sie war.

»Ich beneide dich«, sagte Cassie auf einmal. Ellen verschluckte sich beinahe. Das musste ein Scherz sein.

»Weil mein Mann mich wegen einer Jüngeren verlassen hat?«

Cassie blieb unerwartet ernst. »Weil du die Würfel neu werfen kannst.«

Verblüfft rührte Ellen in ihrer Suppe. Von dieser Seite hatte sie das noch gar nicht betrachtet. Das Beste aus ihrer Lage machen, ja, aber die Würfel neu werfen?

»Bestimmt war es hart, so belogen zu werden, die Enttäuschung zu verkraften. Aber sieh doch, was dann passiert ist: Du reist um die Welt. Du lernst neue Menschen kennen. Ich wünschte, ich könnte das auch tun.«

»Und das alles hier aufgeben?« Ellen wies mit der Hand auf den Laden, auf die hübschen weiß lackierten Regale voll handgemachter, selbst hergestellter Pralinen. Aber eigentlich dachte sie dabei vor allem an Steve und Ken, die zu Hause auf Cassie warteten. Was würde Ellen dafür geben, wenn irgendwo jemand auf sie warten würde.

»Der Laden ist harte Arbeit, jeden Tag.« Cassie zerbrach vehement eine ihrer Brotstangen. »Und erzähl mir jetzt nicht, dass es doch so wahnsinnig kreativ ist, Kuchen und Brote zu backen. Das wiederholt sich immer und immer wieder. Ja klar, ich probiere ständig was Neues aus und habe mich auch gerade erst vergrößert, aber manchmal wünsche ich mir nur noch, einfach zuzusperren und abzuhauen.«

Ellen kam aus dem Staunen gar nicht mehr raus. »Aber was ist mit Steve und Ken?«, fragte sie jetzt doch.

»Die sind der Grund, warum ich's nicht tue.« Cassie verzog ihre Mundwinkel zu einem schiefen Grinsen. »Sie brauchen mich.«

»Und du? Brauchst du sie nicht?«

Cassie stand auf, zuckte mit den Schultern und räumte das Geschirr in die riesige Industriespülmaschine.

»Ich weiß gar nicht, warum ich überhaupt mit dir darüber spreche. Wir kennen uns doch eigentlich gar nicht. Aber vielleicht ist gerade das der Grund.«

Cassie hatte recht, sie kannten sich kaum, aber Ellen hatte sich gerade mehr wie eine Vertraute gefühlt als wie eine Fremde – ein Irrtum also.

»Meine Freundinnen glauben, es wäre das Nonplusultra,

von zwei Männern geliebt zu werden. Aber das ist es nicht. Man muss immer darauf achten, sie gleich zu behandeln, dafür sorgen, dass niemand beleidigt ist. Und wenn es drauf ankommt, sind sie zu zweit und haben immer recht.«

»Das klingt für mich so, als wären sie deine Kinder.«

Cassies Augen blitzten anerkennend auf. »Das stimmt. Vielleicht haben wir genau deshalb keine. Mir reicht es so schon. Außerdem, wie sollte das gehen? Mal angenommen, ich bekäme ein Kind von Ken, dann müsste ich auch eins von Steve kriegen, oder? Aber der Zug ist sowieso längst abgefahren. Vielleicht beneide ich dich deshalb. Du hast zwei Kinder und kannst neu anfangen. Du wirst die Welt sehen. Ich an deiner Stelle würde diese dämlichen Postkarten wegwerfen und einfach dorthin reisen, wohin es dich verschlägt.«

»Aber genau das wollte ich nicht. Außerdem habe ich mir vorher ewig das Hirn zermartert, wen ich besuche und wie ich von einem Ort zum anderen komme. Deshalb bleibe ich bei meinem Plan. Ich bin ja auch mit all diesen Leuten schon vage verabredet.« Ellen grinste. »Na ja, jedenfalls hoffe ich, dass ich nicht nur auf den Arm genommen worden bin und mit den Lindseys dieser Welt geredet habe.«

Bei der Erwähnung von Lindsey verdrehte Cassie die Augen und machte mit ihren Zeigefingern ein Kreuz, wie um einen Vampir abzuwehren.

»Zeitlich bin ich total flexibel, weil ich über ein Reisebüro gebucht habe, wo ich jederzeit meine Tickets abrufen kann. Deshalb kann ich so lange in Toronto bleiben, wie ich will.«

»Was für ein Glück für mich! Aber trotzdem, einfach alles hinzuwerfen und mal total frei zu sein, wie wunderbar!« Sie seufzte.

Cassie hatte keine Ahnung, wie einsam es sich anfühlte, wenn kein Schwein sich dafür interessierte, wo man gerade war und was man machte. Sie litt einfach nur an dem Andere-Wiesen-sind-viel-grüner-Syndrom.

»Und wohin würdest du fahren?«, fragte Ellen dann trotzdem.

»Südsee, Antarktis, Patagonien, China, Vietnam ...«, kam es wie aus der Pistole geschossen zurück.

»Das könntest du doch auch machen, ohne dein ganzes Leben infrage zu stellen. Du bist doch hier nicht angekettet, oder?«

Cassie starrte Ellen an wie ein Alien aus einer Lichtjahre entfernten, unbekannten Galaxie, das in einer mysteriösen Sprache zu ihr sprach.

»Wenn ich«, begann Cassie nach kurzem Schweigen. Ihr Zeigefinger deutete auf ihre Brust. »... nicht hier bin, geht der Laden bankrott.« Sie stand auf, ging zur Tür und zeigte mit beiden Händen rundum auf die Regale und die Ladeneinrichtung. »Aber darauf beruht meine Existenz und die von Steve und Ken auch.« Sie ließ demonstrativ die Kasse klingeln und übertrieb es so, dass Ellen sich ein Lächeln verkneifen musste.

»Wenn du mal einen Monat weg bist, macht das Café doch nicht gleich Pleite. Das glaube ich nicht.«

»Einen Monat ...« Cassie kam zurück, setzte sich wieder, stellte die Ellenbogen auf und stützte das Kinn in ihre Hände. »Einen Monat würde es vielleicht schon überstehen – vorausgesetzt, ich finde jemanden, der den Laden in dieser Zeit führt.« Sie schwieg eine Weile. Dann nahm sie den Kopf wieder hoch und schüttelte ihn. »Aber Steve und Ken würden das nicht überstehen.«

»Warum nicht?«

»Sie deprimieren sich gegenseitig.«

Ellen hatte eher den Eindruck, dass die zwei sich sehr gern mochten und viel Spaß miteinander hatten, aber was wusste sie schon über die drei? Plötzlich musste sie an Tom denken, und wie immer, wenn sie an ihn dachte, sah sie nicht sein Gesicht vor sich, sondern nur sein rotblondes Ziegenbärtchen.

Es war falsch, einen Menschen auf seinen Bart zu reduzieren, so wie es generell falsch war, sich ein Urteil über andere Menschen zu erlauben, ohne sie zu kennen. Doch dann fiel ihr das Plätzchen im Garten hinter dem Bambus ein, an dem ihr Steve erzählt hatte, wie gern er und Ken manchmal auch für sich waren, und deshalb rutschte ihr dann doch eine Frage heraus. »Vielleicht geht es den beiden manchmal so wie dir, vielleicht wären sie auch gern mal frei?«

Statt einer Antwort stand Cassie wortlos auf und begann, die Kuchenteller für den Nachmittagsansturm mit Servietten zu belegen. Sie runzelte die Stirn. Anscheinend grübelte sie über das nach, was Ellen gerade gesagt hatte. Das Schweigen dauerte diesmal so lange, dass Ellen sich schrecklich mies zu fühlen begann. »Das glaube ich nicht«, sagte Cassie schließlich und wischte hektisch über die Theke, dabei blitzte die schon vor Sauberkeit. »Die beiden lieben mich, weil sie so unfrei sind. Das klingt seltsam, ich weiß, ist aber so. Es würde ihnen Angst machen, wenn ich einfach aus ihrem Leben verschwände. Sie brauchen sich, und sie brauchen mich. Man kann mein Leben nicht mit deinem vergleichen. Aber das kann man natürlich nie. Es war dumm von mir, damit anzufangen.« Sie lächelte ein bisschen traurig und sah dabei noch schöner aus als sonst. »Tut mir leid.« Cassie atmete tief durch. »Dann weißt du ja sicher schon, wohin du als Nächstes fahren möchtest?«

War das ein Hinweis darauf, dass Cassies Gastfreundschaft beschränkt war?

»Von Toronto aus möchte ich nach San Francisco, und von dort werde ich dann über Auckland nach Samoa fliegen.«

»Oh, die Südsee!« Cassie betrachtete seufzend ihren Laden und ließ die Schultern hängen, als trügen sie die Last der Welt.

»Aber würdest du deine Kunden nicht vermissen? Liebst du es denn nicht, mit ihnen zu reden?«, fragte Ellen.

»Doch, natürlich.« Cassie ging zu der 747-Kaffeemaschine und sah Ellen fragend an. Als die nickte, machte sie zwei Espresso und häufte sich Zucker aus einer mit Rosen bemalten Blechstreudose hinein. Das andere Tässchen schob sie Ellen hin. »Absolut. Ich habe sehr nette Stammkunden. Mal sehen, heute ist Dienstag, da kommt Artem, er stammt aus der Ukraine und arbeitet als Türsteher im Black Eagle in der Church Street. Das ist ein total angesagter Bondage-Nachtklub. Du wirst ihn sofort erkennen: ein riesiger Muskelprotz mit Glatze. Er sagt, er würde mich sofort heiraten.« Cassie zwinkerte Ellen zu. »In Wahrheit interessiert er sich aber nur für meine Pralinen. Dann gibt es noch George und Lucas, ein schwules Pärchen, die samstags immer zum Brunch kommen. Ich nenne sie heimlich die Star Wars. Die beiden sind das komplette Gegenteil von Steve und Ken.« Cassie lächelte in sich hinein, ballte ihre Fäuste und boxte sie leicht gegeneinander. »Ständig streiten sie sich über alles und nichts – wer was wie zum Brunch essen darf, wo sie sich hinsetzen wollen … Wahrscheinlich macht sie das an.« Cassie suchte Ellens Blick. »Und zu Hause im Bett geht es dann zur Sache.«

Ellen nickte, obwohl ihr die beiden gerade herzlich egal waren. Brunch, Gott steh mir bei, dachte sie, Brunch gibt es auch noch!

»Und dann ist da Melusine, das Au-pair-Mädchen aus Frankreich. Mit ihr versuche ich, mein Französisch zu verbessern. Du wirst sie gleich erkennen, wenn sie reinkommt. Sie sieht aus wie eine unglückliche Meerjungfrau. Mein eingerostetes Deutsch könnte ich mit Mrs. Blaukraut aufpolieren, aber sie will partout nur Englisch mit mir sprechen, obwohl sie Österreicherin ist. Von Mrs. Blaukraut habe ich ein unglaubliches Rezept für Millirahmstrudel, aber leider mögen den die meisten meiner anderen Kunden nicht.«

»Mrs. Blaukraut, was für ein lustiger Name.«

»Klar ist der lustig, den habe ich mir ausgedacht, genauso wie Star Wars und Melusine.«

»Weißt du denn, was Blaukraut bedeutet?«

»So viel Deutsch kann ich gerade noch.« Cassie warf sich in die Brust. »Diese Idee habe ich übrigens von Richard. Er hat das früher auch immer gemacht. Weißt du, welchen Namen er mir gegeben hat?«

Ellen schluckte. Richard hatte sie gerade total vergessen und sich damit sehr gut gefühlt. »Sag schon.«

Cassie funkelte Ellen an. »Das errätst du nie.«

Ellen überlegte, was Richard sich wohl ausgedacht hatte. Sonderlich originell war er in solchen Sachen eher nicht. »Süße? Muffin? Hummel? Locke?«

»Granitbambi.«

Ellen musste lachen. Das klang überraschend wenig nach einer Idee von Richard, aber irgendwie passte es immer noch. Cassie wirkte so zart und hatte doch diesen harten Kern.

»Und was für einen Spitznamen hatte er für dich?«

Ellen zuckte mit den Schultern. »Elli. Vielleicht hat er mich ja heimlich anders genannt.« Ihre gute Laune war dahin. Nicht mal so viel Mühe hatte er sich bei ihr gemacht. Wie er wohl Hanna nannte? Welpi? Sexgöttin?

»Wahrscheinlich warst du für ihn so perfekt, dass er gar nicht auf die Idee gekommen wäre, dich anders zu nennen als Elli. Man gibt doch nur komischen Leuten Spitznamen.«

Ellen war noch nie sehr komisch gewesen. Ob Hanna komisch war?

Cassie schien zu merken, dass Ellen litt. Sie räusperte sich und kam wieder auf Mrs. Blaukraut zurück. »Ich verpasse meinen Kunden nur deshalb Spitznamen, weil ich sie mir dann besser merken kann. Mrs. Blaukraut würde ich aber auch ohne Spitznamen erkennen, wegen ihrer merkwürdig dauergewellten

Haare. Sie sind stahlblau wie dieses Listerine Cool Blue Mundwasser und sehen immer aus …«, sie verfiel ins Deutsche, »… wie Kraut und Erbsen.«

»Wie Kraut und Rüben, meinst du, oder?«

»Nennt man so ein Durcheinander? Mein Ausbilder in München hat das immer gesagt, wenn ich die Küche nicht ordentlich aufgeräumt habe. Cassie, dieser Schrank ist wie Rüben und Kraut!« Sie seufzte. »Das hat Richard auch so an mir gehasst. Ist mir schleierhaft, wie du es mit diesem Ordnungsfreak so lange ausgehalten hast.«

»Ein Ordnungsfreak? Reden wir von demselben Richard?« Okay, dann war also heute der »Richard ist zurück in meinem Leben«-Tag.

Cassie nickte. »Irgendwie glaube ich, dass du keine Ahnung hast, wie Richard früher war. Offenbar hast du sein Leben ziemlich positiv beeinflusst.«

»Warum, wie war er denn so?«, fragte Ellen, war aber nach der Sache mit dem Spitznamen nicht sicher, ob sie es wirklich wissen wollte.

»Er war ein bisschen schmächtig und unsicher, wusste nicht so richtig, was er wollte.«

Ellen musste lachen. Das war ja total absurd!

»Ich glaube, du verwechselst ihn. Richard ist eine athletische Sportskanone. Und er weiß immer genau, was er will.«

Cassie tippte sich an die Stirn. »Nein, bei mir stimmt hier oben noch alles. Er war total unsportlich und konnte sich nicht mal für einen Pizzabelag entscheiden.«

»Wo habt ihr euch kennengelernt?«

Cassie zwinkerte ihr zu. »Das hat er dir sicher nie erzählt. Es war am Eisbach. Ich lag nackt in der Sonne, er war einer von diesen verklemmten Gaffern in Badehose. Ich hab ihn gefragt, ob er mir den Rücken eincremt, weil er wenigstens die Eier hatte, auf eine Sonnenbrille zu verzichten, sodass man sehen konnte, wo er hinglotzt. Er hat sich schreckliche Mühe gegeben, witzig zu sein, weil ich nicht merken sollte, wie schüchtern er war.«

»Und deshalb hast du dich in ihn verliebt?«

»Nein, nie! Wir haben eine Weile viel zusammen gemacht, aber wir waren nie ein Paar. Er wollte schon, aber ich nicht. Obwohl er so schüchtern war, konnte er einfach nicht zuhören. Er musste immer reden und Witze machen, das war mir zu anstrengend. Deshalb hat er mich ja auch Granitbambi genannt, weil er bei mir immer nur auf Granit gebissen hat.«

»Und warum hast du dann diese ›Ja, heirate ihn!‹-Karte mit den warmen Füßen geschrieben?«

»Weil ich ihn mochte. Ich fand seine Idee sehr romantisch, und ich war sicher, dass er zuverlässig sein würde. Nie im Leben hätte ich gedacht, dass er eine so interessante Frau wie dich an Land zieht.«

»Er hat die ach so interessante Frau gerade verlassen«, erinnerte Ellen sie.

»Aber er durfte zwanzig Jahre lang von dir lernen.«

Diese Betrachtungsweise brachte Ellen unwillkürlich zum Lachen. Er würde das sicher eher andersherum sehen. »Und warum ist er dann weg?«

»Vielleicht gab es keine Geheimnisse mehr zu entdecken.«

In diesem Moment läutete die Türglocke. Eine Gruppe asiatischer Studentinnen betrat den Laden und bildete, wie sich bald herausstellte, die Vorhut für den nächsten großen Ansturm.

»Nochmals danke, ich bin so froh, dass du mir hilfst«, raunte Cassie ihr zu, bevor sie die erste Kundin nach ihren Wünschen fragte.

18. KAPITEL

Die nächsten zwei Stunden kam Ellen nicht mal dazu, aufs Klo zu gehen, geschweige denn darüber nachzudenken, ob es in ihrer Ehe an Geheimnissen gefehlt hatte. Als sie um acht Uhr endlich das Café zusperren und nach Hause fahren konnten, war sie müde, aber beschwingt.

Steve wartete mit dem Essen auf sie und wollte von Ellen wissen, wie es ihr gefallen hatte.

»Es war anstrengend, und es hat Spaß gemacht«, sagte sie und meinte es auch so. »Ich würde es wieder tun.«

Cassie nahm sie beim Wort, und so kam es, dass Ellen von nun an mit ihr im Café arbeitete.

Nach drei Tagen hatte Ellen sich an die Abläufe im Laden gewöhnt, und es lief schon viel besser. Cassie bestand darauf, dass Ellen in ihrer Mittagspause spazieren ging, damit sie wenigstens das griechische Viertel für sich entdecken konnte. Manchmal verbrachte Ellen die ganze Zeit in dem kleinen, aber klimatisierten Buchladen an der Ecke. Der Laden hieß BOOOxS, und dort ließ sie sich von dem engagierten Besitzer kanadische AutorInnen empfehlen, die sie auch alle kaufte und vor ihrer Weiterreise in einem Paket nach Deutschland schicken wollte.

Völliger Blödsinn, fanden Steve und Ken, sie könnte doch alle Empfehlungen auch in Deutschland bei Amazon bestellen.

Aber Ellen wollte hier und jetzt schon in die Bücher reinschnuppern, und sie freute sich darauf, sie dann später zu Hause in aller Ruhe ganz zu lesen. Auch wenn ihr Bücherpaket ständig größer wurde, genoss sie es, sich abends mit einem Buch für zwei Stunden an den Platz hinter der Bambushecke zurückzuziehen und zu lesen.

Ellens Zusammenarbeit mit Cassie funktionierte so gut, dass die nach zehn Tagen am liebsten aufgehört hätte, sich nach einer neuen Angestellten umzusehen. Aber Steve und Ken drängten sie weiterzusuchen, und Ellen war überrascht, wie schwierig es war, jemand Geeigneten zu finden. Denn obwohl der Laden gut lief, warf er nicht genug ab, um einer zweiten Person ein anständiges Gehalt zu zahlen. Es kamen also nur Studentinnen infrage oder jemand, der sehr jung oder bereit war, für wenig Geld hart zu arbeiten. Denn Cassie war sehr anspruchsvoll.

Mittlerweile hatte Ellen auch einige der Stammgäste kennengelernt. Am liebsten mochte sie Artem, weil er sie immer zum Lachen brachte. Unter seinen Muskelbergen verbarg sich ein charmanter Romantiker, der bei jedem Pralinenkauf neue Vorzüge an Ellens Aussehen entdeckte. Er deklamierte dramatische Sätze, die für Ellen russisch klangen, jedoch, wie Artem ihr erklärte, natürlich ukrainisch waren. Darauf legte er viel Wert, denn in seinen Augen waren Russen kulturlose, saufende Taugenichtse. Seine Ausbrüche übersetzte er dann mit einem Augenzwinkern in ein kehliges, hochpoetisches Englisch: »Ellen, ich möchte ein Hirsch sein und mich in deinen Augen brunften, denn sie schimmern wie die Seele eines liebenden Rehs in den Buchenwäldern der Karpaten. Ich möchte in deine Haare eintauchen, die strahlen wie die Haut eines frisch gefangenen Störs im Asowschen Meer …«

Cassie bemerkte trocken, Ellen wäre gut fürs Geschäft, weil nicht nur Artem viel mehr einkaufte als sonst.

Einzig und allein mit Mrs. Schneyder, wie Mrs. Blaukraut zu ihrem großen Bedauern in Wirklichkeit hieß, wurde Ellen einfach nicht warm. Sie fand, Cassies Spitzname passte überhaupt nicht zu dieser kleinen, hageren Person, die sie sich gerade wegen des Namens viel älter und dicker vorgestellt hatte. Dabei war Mrs. Blaukraut gerade mal so alt wie Ellen. Sie hatte gar keine Dauerwelle, sondern eine viel zu kurz geschnittene Naturkrause, die tatsächlich blau schimmerte und sie älter aussehen ließ. Sie bewegte sich so anmutig wie eine ehemalige Ballerina, was zusammen mit ihrer Frisur besonders merkwürdig wirkte, weil sie von einem tiefen Ballerina-Nackenknoten so weit entfernt war wie ein rosa Tutu von einem Jogginganzug.

Mrs. Blaukraut rümpfte jedes Mal enttäuscht ihre Stupsnase, wenn Ellen sie bediente und nicht Cassie. Und egal wie sehr Ellen sich auch bemühte, Mrs. Blaukraut konnte sie einfach nichts recht machen. Ihre Kundin ließ sich jedes Mal alle Torten zeigen, und wenn sie sich dann für einen Kuchen entschieden hatte und Ellen ihn ihr an den Tisch brachte, tat sie jedes Mal so, als wäre Ellen ein schwerer Fehler unterlaufen. Nein, sie wollte nicht die Blaubeermuffins, sondern den Blaubeer*pie*. Nein, doch nicht die Geschenkverpackung mit den rosa, sondern die mit den gelben Rosen, und nein, sie hatte nie behauptet, dass sie mit Kreditkarte zahlen würde.

Gerade als Mrs. Blaukraut sie mal wieder besonders gemein piesackte, betrat ein Kunde den Laden, bei dessen Anblick Ellens Herz sofort etwas schneller schlug. Sie lächelte ihn freundlich an, in der Hoffnung, dass er sie auch sofort wiedererkennen würde, aber er reagierte gar nicht. Das musste an ihrem dämlichen Zuckerstangen-Rüschenkittel liegen, in dem sie aussah wie ihre eigene Großmutter. Aber so leicht würde sie nicht aufgeben.

»Steve Snyder, wie schön, Sie wiederzusehen«, begrüßte sie

ihn. Erst als sie die Verblüffung im Gesicht von Mrs. Blaukraut bemerkte, fiel ihr wieder ein, dass die ja auch eine Mrs. Schneyder war. Steves Blick verweilte irritiert auf Ellen, als wüsste er nicht, wo er sie einordnen sollte.

»Im Flugzeug«, half Ellen nach, obwohl sie sich dabei ein wenig blöd vorkam, denn ihr entging nicht, dass Mrs. Blaukraut zwischen Steve und ihr hin und her blickte und anfing, herablassend zu lächeln.

»Ja, natürlich.« Sein Gesicht verfärbte sich schlagartig so rosig, dass Mrs. Blaukraut annehmen musste, sie hätten Sex in der Flugzeugtoilette gehabt – und zwar auf Ellens Wunsch hin.

Steve nickte Ellen zu und fragte Mrs. Blaukraut, ob es ihr etwas ausmachen würde, ihn vorzulassen, weil er es bedauerlicherweise sehr eilig habe.

»Nur zu«, sagte die und neigte huldvoll den Kopf.

Klar, dachte Ellen, die Blaukraut war neugierig, was noch passieren würde. Und so gern sie Steve gefragt hätte, ob er mal einen Kaffee mit ihr trinken gehen wolle, so wenig brachte sie es jetzt über die Lippen.

Steve bedankte sich bei Mrs. Blaukraut, starrte dann aber mit immer noch hochrotem Kopf auf die vielen Kuchen und konnte sich nicht entscheiden.

»Kann ich Ihnen irgendwie behilflich sein? Wofür brauchen Sie denn den Kuchen?«, fragte Ellen.

»Eine kleine ...« Er zögerte, rang mit sich und wich ihrem Blick aus. »Verlobungsfeier.«

Ellen dachte an *Casablanca* und daran, wie sich seine Hand angefühlt hatte. Wenn es seine eigene kleine Verlobungsfeier war, warum hatte er dann geweint? Nein, entschied sie, seine große Liebe verlobte sich mit jemand anderem. Vielleicht mit seinem besten Freund, was das Ganze vollkommen ausweglos und dramatisch machte. Welchen Kuchen konnte man denn da empfehlen? Einen, von dem der Rivale Durchfall bekommen würde. Aber so einen hatten sie natürlich nicht. Ellen musterte die Kuchen und überlegte, ob sie eine Karte mit ihrer Nummer in die Tortenschachtel legen sollte. Aber was, wenn sie sich irrte und Steve aus einem ganz anderen Grund geweint hatte? Ihr Sohn Lukas hatte immer sehr geweint, wenn seine Lieblingsfußballmannschaft, der BVB, gegen Bayern verloren hatte. Richard nur einmal nach dem Tod seiner Mutter.

»Warten Sie darauf, dass die Torten anfangen, Tango zu tanzen oder mit Ihnen sprechen?«, fragte Mrs. Blaukraut und schaffte es, dabei säuerlich und amüsiert zugleich zu klingen.

Hastig schlug Ellen deshalb vor, doch einen Beaver Tail zu nehmen, der käme bei allen, auch bei Kindern, immer gut an. Erleichtert stimmte Steve zu und bat sie, ihn nicht als Geschenk zu verpacken, weil er schon spät dran sei. Er bezahlte in bar und verließ den Laden so schnell, als wäre der Teufel hinter ihm her.

Wie schade, dachte Ellen. So, so schade. Sie hätte sich doch trauen sollen, selbst wenn er seine eigene Verlobung feierte. Dieser Mann war nicht glücklich, und ihr gefiel sein melancholisches Lächeln, seine Freundlichkeit. Außerdem war er der erste Mann seit fünfundzwanzig Jahren – außer Richard –, mit dem sie Händchen gehalten hatte. Das musste doch etwas zu bedeuten haben, oder?

Mrs. Blaukraut gab ein missbilligendes Schnalzen von sich. Zu Recht, Ellen war wirklich mit den Gedanken nicht ganz im Hier und Jetzt. Sie beeilte sich, ihrer Kundin den vorhin ausgesuchten Blaubeerpie einzupacken, doch da protestierte ihre Peinigerin auch schon empört den Kopf schüttelnd und murmelte etwas von Verkäuferinnen, die lieber flirteten, als zu arbeiten. Sie hätte eben gerade sehr deutlich gesagt, dass sie ein Blaubeermarzipantörtchen wolle.

Ellen, die immer noch ganz durcheinander war, konnte dieses Mal ein genervtes Stöhnen nicht unterdrücken.

Zu ihrer Verblüffung bemerkte sie ein befriedigtes Aufblitzen in den etwas nebligen graublauen Augen von Mrs. Blaukraut.

»Warum triezen Sie mich eigentlich immer so?«, fragte Ellen sie deshalb auf Deutsch. Cassie hatte ja gesagt, die Blaukraut käme aus Österreich.

»Reden Sie keinen Blödsinn«, giftete diese auf Deutsch zurück.

Ellen gab es auf, zählte im Kopf zweimal nach und reichte ihr dann das Restgeld.

Während Mrs. Blaukraut das Geld umständlich einsteckte, betrachtete Ellen sie zum ersten Mal genauer, und ihr fiel etwas auf, das ihr vorher entgangen war, weil sie meist nur diese blauen Haare angestarrt hatte. Mrs. Blaukraut trug saubere, aber sehr verwaschene Kleider. Ihr Lederportemonnaie war so abgegriffen, dass es dünn wie Papier wirkte, und ihre Lacklederschuhe waren zwar poliert, hätten aber dringend ein neues Paar Absätze gebraucht.

Diese Frau war entweder krankhaft geizig oder arm. Vielleicht machte sie deshalb so eine große Sache aus ihrem Einkauf, weil es der einzige Luxus war, den sie sich hin und wieder gönnte. Und womöglich war sie einsam.

Einige von Ellens alleinstehenden älteren Stammleserinnen in der Stadtbibliothek verhielten sich ganz ähnlich und nörgelten eigentlich nur deshalb ständig an allem herum, um ins Gespräch zu kommen. Armut ging oft mit Einsamkeit einher. Ellen fragte sich, wie Tom wohl mit diesen Frauen umgehen würde, und dann fiel ihr ein, dass sie ihm immer noch keine Karte geschickt hatte. Dabei hatte sie sich so über seine Bitte gefreut. Morgen, nahm sie sich vor, morgen würde sie sich darum kümmern.

»Arbeiten Sie, oder schlafen Sie schon im Stehen?«, fragte Mrs. Blaukraut und erzwang sich so Ellens Aufmerksamkeit zurück.

»Ich bin ganz für Sie da«, log Ellen und war sich plötzlich sicher, dass dieses kleine Streitgespräch hier das Highlight der Woche für Mrs. Blaukraut war. Und womöglich sah Ellens Zukunft genauso aus. Vielleicht war auch dieser Mr. Schneyder mit einer blutjungen Balletteuse in einen neuen siebten Ballett-himmel hineingetanzt und hatte Mrs. Blaukraut verzweifelt, einsam und ausgeblutet zurückgelassen.

»Sie sehen aus wie eine Ballerina«, sagte Ellen, weil diese Vermutung in ihr das Bedürfnis auslöste, trotz allem freundlich zu sein.

»Was man von Ihnen leider nicht behaupten kann. Ich bedauere außerordentlich, das sagen zu müssen, aber Sie erinnern mich allenfalls an ein schwangeres Braunbärweibchen, das sich für den Winterschlaf vollgefressen hat.« Jetzt funkelten die graublauen Augen Ellen geradezu erwartungsvoll an.

Das geschah ihr ganz recht. Ellen beschloss zurückzuschießen. Nur gut, dass außer ihnen beiden im Moment niemand sonst im Café war. »Wenn Sie mir verraten, wo Sie Ihr bezauberndes Haarfärbemittel kaufen, könnte ich mich wenigstens in einen schwangeren *Blau*bären verwandeln. Der würde wirklich besser hier reinpassen.« Ellen zeigte demonstrativ auf die Blaubeertörtchen, die zwischen ihnen standen.

Sie starrten sich über die Theke hinweg durchdringend an. Ellen befürchtete schon, dass Cassie gleich eine Stammkundin weniger hätte, aber da fing Mrs. Blaukraut an zu lächeln. Es wirkte ein wenig ungeübt, so als wüsste sie gar nicht mehr, wie das ging, als wäre sie von sich selbst überrascht.

Sie schnappte sich den Kuchen und marschierte zur Tür. Dort blieb sie jedoch noch einmal stehen und drehte sich mit einer gekonnten Pirouette zu Ellen um. »Blau kann leider nicht jeder tragen.« Und mit diesen Worten verließ sie den Laden.

Ellen lächelte immer noch, als Cassie aus der Küche kam. Sie hatte gerade mal wieder ein Bewerbungsgespräch geführt und verkündete, sie würde es aufgeben und bräuchte dringend einen Kaffee.

»Was amüsiert dich so?«, fragte Cassie.

»Mrs. Blaukraut hat Humor.«

»Was man von der Bewerberin gerade leider nicht behaupten kann. Für Humor braucht man Grips, aber sie konnte mir nicht mal den Unterschied zwischen Margarine und Butter erklären. Wahrscheinlich glaubt sie immer noch, ich hätte ihr eine gemeine Fangfrage gestellt.«

»Ich habe eine Idee.«

»Okay?«

»Ich weiß, wen wir hier einstellen. Jemand, der weiß, was Disziplin bedeutet, der weiß, wie man Kuchen backt, und der vielleicht Geld braucht.«

»Und wer soll das sein?«

Ellen straffte die Schultern und sah Cassie voller Überzeugung an. »Mrs. Blaukraut!«

19. KAPITEL

Zuerst hatte Cassie Ellen ausgelacht, aber als Mrs. Blaukraut das nächste Mal kam, hatte sie ihr einen Kaffee angeboten und sich mit ihr unterhalten. Ihre Kundin war geschmeichelt, protestierte aber vehement. Sie brauche keine Arbeit, sie käme wunderbar zurecht. Was für eine merkwürdige Idee, aber danke für das Angebot.

Immerhin erfuhren sie, dass Mrs. Schneyder seit vielen Jahren schon Witwe war und früher eine Tanzschule in der Elmstreet geführt hatte. Das Haus war durch einen Kurzschluss abgebrannt, und weil sie nicht versichert gewesen war, hatte es all ihre Ersparnisse aufgefressen. Mit stolzer Herablassung erklärte sie, dass sie zurzeit in einer teuren Ballettschule an der Harbourfront unterrichtete. Am nächsten Tag kam sie geradezu ins Café getänzelt, nicht um etwas zu kaufen, sondern nur um Cassie und Ellen zu versichern, dass das Jobangebot für sie wirklich nicht infrage käme.

Cassie fühlte sich bestätigt, denn sie hatte von Anfang an gesagt, dass es niemals funktionieren würde. Ellen war allerdings zu diesem Zeitpunkt schon ziemlich sicher, dass Mrs. Blaukraut nicht mehr lange brauchen würde, um ihren Stolz zu überwinden.

Tatsächlich stellte sich nach und nach heraus, dass sie in der Ballettschule nur stundenweise beschäftigt war, und es wurmte sie, dass man sie trotz ihrer Karriere beim National Ballet of

Canada nur dazu abgestellt hatte, verzogenen Gören die Grundschritte beizubringen. Ihre Art der Disziplin, die einzige, mit der man ihrer Ansicht nach eine Karriere zu erwarten hatte, war dort nicht gefragt. Man erwartete von ihr allen Ernstes, dass sie übergewichtige Prinzessinnen lobte, auch wenn sie permanent die erste Position mit der dritten verwechselten und nicht mal rechts und links, vorwärts und rückwärts auseinanderhalten konnten. Deren tollpatschiges Trippeln demonstrierte sie dann für Cassie und Ellen so eindrucksvoll quer durch den Laden, dass die beiden aus dem Lachen gar nicht mehr herauskamen.

Und schließlich nahm Mrs. Blaukraut Cassies Angebot tatsächlich an – natürlich mit einigen Einschränkungen: Wenn ein Angebot zum Unterrichten käme, für eine Abendklasse mit Fortgeschrittenen, müsse sie an dem Tag früher gehen, und vor neun könne sie nie da sein, weil sie immer noch jeden Tag trainieren müsse. Und ihr Name sei übrigens Sissi, nein, nicht wie die österreichische Kaiserin, denn die hätte man eigentlich Sisi geschrieben.

Steve und Ken waren begeistert von Sissi, und Artem nannte sie seinen Schwan, woraufhin sie ihn nur noch mit Tschaikowsky anredete, was er sich sogar gefallen ließ, obwohl der nachweislich Russe und nicht Ukrainer gewesen war.

Sobald Sissi eingearbeitet war, hatte Ellen frei und unternahm mit Steve und Ken ein paar Ausflüge durch die Stadt. Gleich bei ihrem ersten machte Ellen sich daran, eine Karte für Tom zu finden. Aber das war gar nicht so einfach. Die Skyline von Toronto erschien ihr zu banal, genau wie Fotos einzelner Gebäude oder die Ansichten vom Ontariosee. Schließlich schickte sie ihm eine Karte vom Toronto Filmfestival, auf der eine Kussszene aus *Casablanca* zu sehen war. Aber kaum hatte sie die in den Briefkasten gesteckt, fragte sie sich, ob sie noch alle Tassen im Schrank hatte. Tom wusste ja nichts von ihrem *Casablanca*-

Erlebnis im Flieger. Wie also sollte er das verstehen? Und mit ihrem Text war sie plötzlich überhaupt nicht mehr zufrieden. Sie hatte sich überlegt, ihm passend zu dem Ort, an dem sie gerade war, auch einen Buchtipp zu der jeweiligen Stadt zu schicken. Das klang zwar gut, aber sie wusste, dass sie sich nur aus Feigheit dazu entschlossen hatte, denn sie war so unsicher, was sie ihm schreiben sollte. »Es geht mir gut, der Ontariosee ist toll« erschien ihr zu banal. Außerdem war er ihr Chef, und wenn sie zurückkam, musste sie mit ihm zusammenarbeiten, also sollte sie auch nicht zu witzig werden oder zu intim. Andererseits hatte er dramatische Erlebnisse hinter sich, wohnte in ihrem Haus und schien sehr einfühlsam zu sein. Alles gute Gründe, sich Mühe mit der Karte und ihrem Lektüretipp zu geben. Nach langem Hin und Her hatte sie sich für das Buch *Fort* von Jane Urquhart entschieden. Die Autorin war in Toronto geboren, und das geradezu poetische Buch schilderte über vier Generationen hinweg die Geschichte einiger Frauen, die von Irland nach Kanada ausgewandert waren. Auf die Postkarte hatte sie das Zitat geschrieben, das dem Roman vorangestellt war:

Die drei kurzlebigsten Spuren:

die Spur des Vogels auf dem Ast,
die Spur des Fisches auf dem Teich
und die Spur eines Mannes auf einer Frau.

– EINE IRISCHE TRIADE

Welcher Teufel hatte sie nur geritten, ausgerechnet das auszusuchen? Warum nicht ein unverfängliches Zitat aus dem Text? Was, wenn er es falsch verstand und glaubte, sie wolle ihm sagen, seine Trauer sei irgendwie sinnlos? Obwohl es zu spät war, es noch zu ändern, las Ellen schließlich Steve und Ken das Zitat vor und wollte von ihnen wissen, was sie davon hielten.

Ken lachte und meinte, das sei eine ziemlich gnadenlose Entwertung von Sperma, während Steve die Zeilen einfach nur sehr traurig fand. Wenn das, was zwischen einem Mann und einer Frau geschah, auch nur so flüchtig sei wie ein Teichkräuseln, dann würde nichts auf der Welt mehr etwas bedeuten. Danach hoffte Ellen, die Karte würde auf dem Weg nach Deutschland verloren gehen.

Um sie abzulenken, zeigten Ken und Steve ihr ihre Lieblingsviertel in der Stadt. Ken war gerne an den Stränden unten am See, und ganz besonders liebte er die riesigen abgetrennten Hundespielplätze. Er amüsierte sich königlich dabei, den Hunden und ihren Besitzern zuzusehen und ihr Verhältnis zueinander zu analysieren. Steve fand das entsetzlich langweilig. Er war der Meinung, Ellen sollte sich lieber mit der kanadischen Kultur vertraut machen, und führte sie in die Museen. Doch von denen war Ellen insgeheim ein bisschen enttäuscht.

Das Royal Ontario Museum war zwar in einem atemberaubenden diamantartigen Kubus von Daniel Libeskind untergebracht, aber die Ausstellungen an sich waren eher übersichtlich. Das kam davon, wenn man in einer Stadt mit Monstermuseen wie dem Deutschen Museum lebte und als Mutter mit seinen Kindern nicht nur dieses, sondern jedes Museum der Stadt abgeklappert hatte.

Am meisten liebte Ellen es, nachts durch Toronto zu fahren und sich die Skyline anzuschauen, die vielleicht nicht so dramatisch sein mochte wie die von New York, ihr aber dennoch gefiel.

An Ellens viertem Wochenende in Toronto blieb das Café geschlossen, und sie unternahmen alle vier zusammen einen Ausflug in den Thousand Islands Nationalpark, der drei Autostunden von Toronto entfernt lag und wo ein Cousin von Ken eine Hütte am See hatte.

Bisher hatte Ellen geglaubt, Thousand Island sei nur der fantasievolle Name für ein Salatdressing, aber tatsächlich hatte die Soße ihren Ursprung in dieser traumhaft schönen Landschaft, die am Abfluss des Ontariosees, im Grenzgebiet zwischen Kanada und den USA lag. Und es waren sogar noch viel mehr als nur tausend Inseln. Steve schwor, es seien genau 1864. Aber Ken wollte das nicht so stehen lassen. Während sie ihre Einkäufe mit dem Boot zur Insel brachten, erklärte er Ellen, dass nach Steves Definition eine Insel mindestens einen Quadratfuß groß sein und zwei Bäume vorweisen müsse, was in seinen Augen falsch war, denn Insel war nun mal Insel, egal wie groß sie sei, und deshalb seien es in Wahrheit viel mehr. Im Übrigen gehörten den Kanadiern mehr Inseln als den Amerikanern, fügte er mit einem überraschenden Anflug von Nationalstolz hinzu. »Die USA haben sich zwar die größten Inseln unter den Nagel gerissen, aber sie wissen nichts damit anzufangen. Man muss sich nur mal dieses kotzhässliche Boldt Castle anschauen.«

»Eine schlimme Mischung aus Ritterburg und Neuschwanstein«, mischte sich Steve ein und übertönte mit seiner Stimme den lauten Außenbordmotor. »Aber ich liebe die Geschichte von diesem Schloss. Mr. Boldt war ein sehr reicher, übrigens in Deutschland geborener Hotelmagnat, der damals in New York das Waldorf Astoria Hotel betrieb. Das Castle hat er 1900 für seine Frau Luise gebaut. Es sollte wie ein romantisches Schloss am Rhein aussehen, und er hat weder Kosten noch Mühen gescheut. Doch kurz bevor alles fertig war – Türme, Ballsäle und italienische Gärten, Kinderspielhäuser und unterirdische Gänge, Jachthäuser und Anlegestege –, da starb sie 1904 plötzlich. Boldt hat nie wieder einen Fuß auf die Insel gesetzt und alle Bauarbeiten abgebrochen. Also, das nenne ich Liebe!«

»Steve, du bist ein unverbesserlicher Romantiker«, sagte Cassie und warf ihm eine Kusshand zu.

»Und dann?«, fragte Ellen.

»Dann verfiel das ganze Ding, bis 1977 jemand erkannt hat, dass man damit richtig viel Geld verdienen kann«, fiel Ken wieder ein.

»Vom Liebes- zum Touristentempel. Und was würdet ihr mir bauen, um mir eine Freude zu machen?« Cassie zwinkerte Ellen zu.

»Eine Hundehütte?« Ken duckte sich weg.

»Den Tadsch Mahal.« Steve grinste breit. »Mindestens.«

»Aber hat dieser Großmogul das nicht erst gebaut, nachdem seine Lieblingsfrau gestorben war?«, sinnierte Cassie.

»Du kannst also wählen: eine Hundehütte zu Lebzeiten oder den Tadsch Mahal nach deinem Tod. Wie würdest du dich entscheiden, Ellen?« Steve fuhr das Boot an den Steg der Insel und legte an.

»Ich wäre mit einer Hundehütte zufrieden …«, sagte Ellen und fuhr fort, bevor Ken triumphieren konnte, »… wenn sie im Garten von meinem Haus stünde, aus dem ich wahrscheinlich ausziehen muss.«

»Es ist immer schlecht, sein Herz an weltlichen Besitz zu hängen.« Steve half ihr beim Aussteigen und lud ihr dann die Eispackungen auf, die er an der Tankstelle für die Drinks gekauft hatte.

»Vielleicht. Aber an irgendwas muss man es schließlich hängen.« Cassie kam ihr zu Hilfe und nahm die Lebensmitteltüten.

Während sie den Steg zum Haus entlangliefen, fühlte sich Ellen ein bisschen an Finnland erinnert, wo sie mit Richard und den Kindern Lukas' zwölften Geburtstag mit Blaubeerkuchen aus dem Holzbackofen gefeiert hatten. Allerdings ragten hier die Inseln mit ihren glatt gespülten Felsen höher aus dem Wasser, und anders als in Finnland waren viele nicht nur mit Tannen und Birken, sondern auch mit Ahornbäumen und kanadischen Buchen bewachsen. Sogar kleinste Inseln waren bebaut.

Auf ihrer stand ein rot lackiertes, sehr einfaches Holzcottage, das aus zwei Zimmern und einem winzigen Badezimmer bestand. Vor dem Haus flatterte die kanadische Flagge im Wind. Es gab keinen Strom, nur einen Gaskocher, einen Gaskühlschrank und ein paar Petroleumlampen. Den Müll musste man mit aufs Festland zurücknehmen und dort entsorgen. Wasser nahm man einfach aus dem Ontariosee und kochte oder filterte es, bevor man es benutzte. Alles musste man hier mit dem Boot erledigen – einkaufen, essen gehen, Freunde besuchen, und für jede noch so kurze Fahrt musste jeder eine Schwimmweste anziehen.

Daran könnte ich mich gewöhnen, dachte Ellen, als sie eine Stunde später im Bikini am See lag und frisch gemixte eiskalte *Caesars* schlürfte. Ein leichter Wind umwehte sie, der die tropische Hitze von Toronto mehr als wettmachte.

»Was bedeutet ›Die Männer sind alle Verbrecher‹?«, fragte Cassie, die neben Ellen auf dem Steg lag, unvermittelt auf Deutsch.

Ellen hätte sich beinahe an ihrem Drink verschluckt. Gerade noch hatte sie voller Neid zugesehen, wie Steve und Ken Cassies Rücken hingebungsvoll mit Sonnencreme eingeschmiert hatten, einer rechts, einer links. Und dabei hatten sie die ganze Zeit scherzhaft darüber gestritten, wo genau denn nun Kens Hälfte aufhörte und Steves anfing. Am Ende hatten sie kurzerhand eine weiße Cremelinie über Cassies Wirbelsäule gezogen.

»Wie kommst du denn jetzt darauf?«

Cassie drehte sich zu Ellen um. »Das singt Sissi immer vor sich hin, wenn sie Kuchen anschneidet. *All men are criminals, right*?«, übersetzte sie etwas unsicher, was Steve und Ken zu einem müden Stöhnen verleitete.

»Das ist ein bekanntes Lied aus dem letzten Jahrhundert, das auch Hildegard Knef gesungen hat«, erklärte Ellen. »Ist nicht ganz ernst gemeint.«

»Würdest du sagen, dein Mann hat sich wie einer benommen?«, fragte Ken.

»Jemanden einen Verbrecher zu nennen, nur weil er seinem Herzen folgt, ist ein bisschen hart«, murmelte Steve.

»Herz?« Cassie schnalzte abfällig mit der Zunge. »Ihr verwechselt Herz mit Sex.«

»Würdest du ihn zurückhaben wollen?«, fragte Ken, setzte sich jetzt auf und musterte Ellen voller Neugier.

»Erzähl: Was liebst du an ihm, oder was hast du an ihm geliebt?«

»Nichts!«, platzte es aus Ellen heraus.

»Okay, du bist immer noch wütend. Aber was vermisst du denn am meisten?«

Ellen starrte auf das Wasser, das tiefblau schimmerte. Wo der Wind die Oberfläche des Sees kräuselte, glitzerte es silbrig, fast wie damals in Finnland. Nein, anders. In Finnland hatten sie, wenn die Kinder im Bett waren, allein und nackt auf dem Steg an ihrem eigenen See gelegen und sich geliebt. *Die kurzlebigsten Spuren … die Spur des Fisches auf dem Teich … die Spur eines Mannes auf einer Frau …*

So kurzlebig dann doch nicht. Unwillkürlich musste Ellen lächeln, denn noch besser als an diesen Anfall von Leidenschaft erinnerte sie sich an den Spreißel, der sich ihr dabei in den Hintern gebohrt und leider auch noch entzündet hatte. Wenn sie das den dreien erzählte, wäre es nur eine beliebige witzige Anekdote. Aber wenn sie sich zusammen mit Richard daran erinnerte, war es so viel mehr. Dann spürten sie dieses unbenennbare Gefühl, das zu diesem Erlebnis gehörte wie glücklich geteilter Atem, gemeinsame Zeitatome, die für immer in ihre Haut eingesickert waren.

Alles, hätte sie ihnen deshalb sagen müssen, sie vermisste ihr ganzes gemeinsames Leben. Über zwanzig Jahre, in denen es manchmal gar nicht mehr nötig gewesen war, sich das Hirn über Worte zu zermartern, weil ein einziger Blick ausgereicht hatte. Wie der, den sie und Richard so oft über den Köpfen der schlafenden Kinder getauscht hatten, und allein schon bei der Erinnerung daran führte sich ihre Körpermitte auf, als würde dort ein von Glück bekifftes Känguru hausen.

Dieser Blick hatte so viel mehr bedeutet als nur: »Das haben wir zwei geschafft, es geht ihnen gut, und sie sind in Sicherheit.« Es war ihr Universum gewesen, ihre Umlaufbahn, auf der sie gemeinsam um einen Mittelpunkt gekreist waren.

Ellen vermisste es, den Kühlschrank zu öffnen und zu beschließen, den letzten Schokopudding nicht zu essen, weil sie Richards befriedigtes Aufseufzen bei dessen Anblick hören wollte. Sie vermisste sogar ihren Zorn darüber, dass er garantiert wieder mal das Wichtigste beim Einkaufen vergessen hatte. Sie wollte morgens aufwachen und Richard neben sich schlafen sehen, mit einem völlig entspannten Gesicht, in dem die Falten dann nur wie zart gemalte Linien aussahen und die Stoppeln nicht länger schwarze Schatten auf seine Wangen malten, sondern nur noch einen weißsilbernen Schimmer hinterließen. Dieses Gesicht, das sie viel besser hätte malen können als ihr eigenes, schließlich hatte sie sich selbst nie so betrachtet wie ihn.

Sie wollte aufwachen und in seine braungrünen Augen schauen, die in sich gemustert waren wie die Camouflage-Stoffe der Bundeswehr, wollte ihm von ihrem gruseligen oder verrückten Traum erzählen, auch wenn sie wusste, dass er Träume lächerlich fand und ihn das niemals so berühren würde wie sie selbst. Trotzdem würde er sie tröstend in den Arm nehmen und sanft ihre Hand streicheln.

Sie vermisste selbst die wütenden Momente, in denen sie genau wusste, dass er ihr kein bisschen zuhörte und mit seinen Gedanken ganz woanders war, in denen er zum hundertsten

Mal einen wichtigen gemeinsamen Termin vergessen hatte, weil seine beruflichen ja so viel wichtiger waren. Sie vermisste die Blicke, die er auf Partys anderen Frauen zuwarf und für die sie sich mit heftigem Flirten revanchierte. Sie vermisste jeden Streit und jede Versöhnung.

Mittlerweile starrten Cassie, Steve und Ken sie erwartungsvoll an. Offensichtlich warteten sie immer noch auf eine Antwort.

»Alles.« Ihre Stimme klang rau. »Ich vermisse verdammt noch mal alles!« Bevor sie in Tränen ausbrechen würde, stand sie schnell auf und sprang mit einem Kopfsprung ins Wasser.

Stunden später saßen sie mit glühenden Gesichtern im Sonnenuntergang vor der Hütte. Ken und Steve grillten Burger und Knoblauchbrot auf dem gigantischen Gasgrill, der vor der Hütte stand und fast die ganze Breitseite der Insel einnahm. Während sie von Cocktails zu kalifornischem Weißwein übergingen, beobachtete Ellen die Freude, die die drei miteinander teilten, wie sie sich Essen vom Teller der anderen stibitzten, Witze übereinander machten, sich berührten, um dann, nach dem Essen auf der Veranda zu dem Quäken eines uralten Transistorradios, das sie in der Hütte gefunden hatten, ausgelassen zu tanzen. Und ihr wurde auch klar, dass sie in ihrem Leben mit Richard auch etwas vermisst hatte: genau diese Leichtigkeit. In den letzten Jahren hatten sie nie herumgealbert – vielleicht weil Richard sich selbst als Chef seines Architekturbüros immer so ernst nehmen musste, oder weil Ellen das nicht mit ihrer Vorstellung von einer Mutter vereinen konnte? Wobei, so konnte sie das nicht stehen lassen: Mit den Kindern hatte sie schon herumgeblödelt, aber nicht mit ihrem Mann.

»Und Richard war wirklich witzig, als du mit ihm rumgezogen bist?«, fragte sie Cassie, die sich verschwitzt und völlig außer Atem vom Tanzen neben ihr auf den Stuhl fallen ließ.

»Ja, aber es hatte immer etwas Verzweifeltes, Rastloses. Ich hätte nie gedacht, dass er mal ein Architekturbüro leiten und Preise gewinnen würde. Du hast ihm sicher dabei geholfen.«

»Schon möglich, aber dabei sind uns anscheinend die Geheimnisse ausgegangen.« Ellen spielte auf Cassies Bemerkung von neulich an.

»Geheimnisse? Ihr habt Geheimnisse vor uns?«, fragte Steve, der den letzten Teil mitbekommen hatte. »Na, das werden wir gleich sehen.« Er schnappte sich Cassies leere Espressotasse, drehte sie auf den Kopf und behauptete, er könne nicht nur die Zukunft, sondern auch ihre Geheimnisse lesen.

»Da irrst du dich. Ich bin hier die einzig wahre Seherin!«, konterte Cassie und versuchte ihm die Tasse wieder abzunehmen, was ihr aber nicht gelang. Denn, so Steve, *seine* Prophezeiungen seien die alleinige Wahrheit, weil er halber Roma und seine Mutter eine berühmte Wahrsagerin gewesen sei. Cassie behauptete, jahrtausendealte weibliche Intuition sei mehr wert als so ein paar lächerliche Roma-Gene, aber Steve blieb hartnäckig und schlug vor, Ellen die Zukunft vorherzusagen, dann würden sie ja schon sehen, wer der wahre Prophet sei.

Obwohl Ellen keine Horoskope las und Zukunftsprognosen höchst kritisch gegenüberstand, reichte sie den beiden ihre Tasse, allein schon um zu sehen, was die sich einfallen lassen würden.

Cassie erging sich in nebulösen Andeutungen über einen Mann namens Rex, einen einbeinigen texanischen Ölmilliardär, der sie gleich nach ihrer Scheidung von Richard heiraten würde. Zur Hochzeit würde er sich ihren Namen in seine goldene Beinprothese gravieren lassen. *Ellen forever*. Doch auf der Hochzeit würde Ellen seinen Sohn Fox kennenlernen, sich hoffnungslos in ihn verlieben und mit ihm zu einem Segeltörn um die Welt aufbrechen. Was ihr allerdings wirklich Rätsel aufgab, war die Frage, was Rex dann wohl mit dem goldenen Bein machen würde?

Steve zwinkerte Ellen zu, bezeichnete Cassies Vorhersagen als nur ein winziges bisschen an den Haaren herbeigezogen und fing dann ebenfalls an, die umgedrehte Kaffeetasse intensiv zu studieren.

»Also, du wirst eine Reise machen …«

»Hört, hört«, spottete Cassie. »Der begnadete Seher spricht!«

»Sie wird dich aber nicht dorthin bringen, wo du hin willst. Siehst du hier, diese Schlieren?« Steve zeigte auf Kaffeespuren, die für Ellen wie Fliegendreck aussahen. »Und du wirst interessanten Menschen begegnen.«

»Wow, jetzt bin sogar ich überwältigt«, ließ sich Ken triefend vor Sarkasmus vernehmen. »Du enttäuschst mich. Bisher war ich gewillt zu glauben, dass du mehr draufhast als Cassie, aber das hier …«

Steve ließ sich nicht aus der Ruhe bringen. »Etwas ist seltsam … Du wirst immer wieder jemandem oder etwas begegnen …« Er zog eine Augenbraue hoch. »Da wiederholt sich etwas.«

»Auch das ist klar, Steve. Du langweilst. Das ist diese Postkartensache, dieses *Ja, heirate ihn.*« Ken klang ein bisschen genervt.

Ellen dachte an den Steve aus dem Flugzeug, von dem sie den beiden aber nichts erzählt hatte.

»Und dann ist da noch ein goldener Schwan. Keine Ahnung, was das bedeuten soll.«

»Wo zum Teufel siehst du denn da einen Schwan?«, fragte Cassie.

»Das ist ja gerade die Kunst, von der du keine Ahnung hast.«

»Aber was soll das sein?«, fragte Ellen.

»Ein trauriges chinesisches Märchen«, schlug Ken vor. »In dem eine mittelalte traurige Frau sich durch die Hilfe eines verkannten schwarzen Drachen von einem verlassenen Entlein in einen glücklichen goldenen Schwan verwandelt.«

»Was für eine überraschende Geschichte«, witzelte Ellen, der die viele Aufmerksamkeit langsam unangenehm wurde. »Danke jedenfalls. Falls ich zu einem goldenen Schwan werden und den reichen einbeinigen Texaner heiraten sollte, werde ich euch einfliegen lassen. Cassie macht die Hochzeitstorte, und ihr drei werdet dann meine Brautjungfern.«

Unvermittelt sprang Ken auf, warf sich in Pose, streckte die Brust raus und wackelte mit den Hüften wie Tony Curtis in *Manche mögen's heiß*. »O ja«, zwitscherte er betont tuntig. »Aber nur, wenn ich ganz in Rosa kommen darf!« Er lief wie auf Stöckelschuhen zu Ellen, machte einen Schmollmund und küsste sie dann schmatzend auf die Wange.

Cassie gab ihm eins auf die Nase. »In Rosa wirst du wie ein verkleidetes Ferkel aussehen.«

»Wie auch immer«, unterbrach Steve die beiden ungerührt. »Da ist noch eine Tasche, oder ein Koffer, der sich auflöst. Vielleicht auch verloren geht.«

»Na klar, bei den vielen Reisen kommt auch mal das Gepäck irgendwo nicht an«, stellte Cassie fest.

Steve schüttelte den Kopf. »Nein, ich glaube, es bedeutet etwas anderes. Aber egal, lasst uns aufräumen, bevor auch noch das letzte bisschen Licht weg ist.« Er seufzte. »Nur wegen Cassie und ihrem verdammten Laden müssen wir schließlich morgen ganz früh wieder zurück nach Toronto.«

Seufzend packten alle mit an. Nach einer halben Stunde waren sie fertig, nahmen noch einen Schlaftrunk und gingen zu Bett.

Doch der Schlaf wollte nicht kommen. Ellen dachte über Steves kryptische Vorhersagen nach, stellte sich vor, wie sie auf einem goldenen Schwan nach Texas flog, und hatte auf einmal das merkwürdige Gefühl, dass es jetzt an der Zeit sei, abzureisen.

20. KAPITEL

»Nein, nein, das ist wirklich nicht nötig«, versicherte Ellen mit Nachdruck. »Trotzdem vielen Dank. Mein Freund hat mir schon eine SMS geschickt, er wird gleich hier sein und mich abholen.« Sie reichte Sharon, neben der sie während des Fluges von Toronto nach San Francisco eingepfercht gewesen war, ihre Hand zum Abschied. Doch die ließ es sich nicht nehmen, Ellen an ihre massige Brust zu drücken. Dann gab sie ihr eine Karte und beschwor sie, wirklich vorbeizukommen, denn allein Ellen hätte sie während des Fluges vor Panikattacken und damit vor einem Herzinfarkt bewahrt und ihr also das Leben gerettet. Sie watschelte nach draußen, drehte sich in der noch fahlen Morgensonne aber mehrfach zu Ellen um und winkte ihr mit einem strahlenden Lächeln zu, bis sie ihren zukünftigen Mann wieder erreicht hatte, der gerade ihr monströses Gepäck in einen Van lud.

Geschafft, dachte Ellen und seufzte leise. Sie wartete, bis der Van weg war, verließ dann ebenfalls die Ankunftshalle und setzte sich auf die nächste freie Bank. Es war überraschend kalt in San Francisco, obwohl es mitten im Hochsommer war. Ellen kramte in ihrer Tasche nach einer Strickjacke und zog sie über.

Sie hatte Sharon angelogen. Niemand würde sie abholen, und das war ihr gerade recht, denn sie musste sich ohnehin erst noch einen Moment von diesem Flug erholen.

Ellen hatte ihren Augen nicht getraut, als diese unfassbar dicke Frau beim Abflug von Toronto plötzlich aufgetaucht war, um den Platz neben ihr einzunehmen. Eigentlich hätte sie zwei Plätze buchen müssen, denn sie hatte nicht zwischen die Armlehnen gepasst, sodass sie nach oben geklappt blieben und Ellens Hüfte während des gesamten Fluges an weiches Fett gepresst wurde. Die Stewards mussten Verlängerungsgurte bringen, damit ihre Sitznachbarin sich anschnallen konnte.

Nachdem die Gurte installiert waren, reichte die Frau – ähnlich wie beim letzten Flug Steve – Ellen die Hand, schüttelte sie und verströmte dabei einen angenehmen Duft nach Limonen und Babypuder.

»Mein Name ist Sharon.« Ihre Augen funkelten Ellen freundlich an. »Ha, ha, natürlich nicht Sharon Stone, sondern Sharon Ellerman«, wie sie gleich hinzufügte, und bevor Ellen ihren Namen sagen konnte, ergoss sich schon ein Wasserfall von Fettwitzen über sie. Der Unterschied zwischen einem Fetten und einem Bischof? Es gab keinen, in der Hölle brannten beide gleich gut. Was mochten Kannibalen lieber: fette Männer oder fette Frauen? War denen egal, Fett ist Fett. Ha, ha. Sharon war bester Stimmung, weil sie auf dem Weg zu einer Hochzeit war. Ihrer eigenen. Ihre gute Laune ging Ellen auf die Nerven, weil sie sich eingequetscht vorkam, und sie wünschte sich Steve als Sitznachbarn zurück. Und genau deshalb gratulierte sie Sharon ganz besonders herzlich. Ein Fehler, denn das ermutigte ihre Nachbarin nur, und sie holte unter gefährlich schwappenden Bewegungen ihr Handy aus irgendwelchen Körpergebirgen hervor und zeigte Ellen ihr weißes Hochzeitskleid. Die Korsage war bestickt mit Perlen, die wie Eissplitter aussahen, und der Rock bestand aus Kaskaden von Spitze. Ganz Brüssel musste ausverkauft sein, dachte Ellen. Sharon würde darin aussehen, als ob sie die Titanic versenken wollte.

Trotzdem bewunderte sie höflich dieses Monstrum von einem Kleid, während sie an ihr eigenes Hochzeitskleid dachte, das auch eine enge Korsage mit hauchdünnen Spitzenärmeln gehabt hatte, und einen weiten bodenlangen Tüllrock mit unzähligen Unterröcken.

Dabei hatte sie gar keine weiße Hochzeit gewollt. Sie hätte Richard auch nur standesamtlich mit Ringen aus dem Kaugummiautomaten geheiratet, denn *er* war alles, was sie wollte. Aber Richard hatte damals gerade erkannt, dass niemand ganz allein Karriere machte, und war deshalb bei den Freimaurern eingetreten, denn deren Seilschaften waren ihm lieber als ein Pakt mit der CSU. Um einen guten und soliden Eindruck bei seinen neuen Freimaurerbrüdern zu machen, hatte er Ellen zu einer kirchlichen Trauung mit allen Schikanen überredet. Jeden Tag war er mit neuen edlen Hochzeitsmagazinen nach Hause gekommen und konnte es kaum fassen, dass Ellen sich so wenig für Brautkleider interessierte. Natürlich hatte er sie am Ende rumgekriegt. Schließlich hätte sie ihn auch nackt in der Arktis geheiratet, nur um ihn glücklich zu machen. Und ihr Kleid hatte am Ende sowohl ihre Mutter als auch Geli und Helga zu glücklichen Tränen gerührt.

Mia hatte schon als Dreijährige erklärt, dass sie später nur in diesem Kleid heiraten würde, weil sie es für das schönste der Welt hielt. Ein grimmiges Lächeln zuckte über Ellens Lippen. Was trug man dann eigentlich bei der schönsten Scheidung der Welt? Dazu gab es keine meterhohen Stapel von Kostümvorschlägen.

Sie schielte zu ihrer Nachbarin hinüber und fragte sich, ob sie auch mal so glücklich ausgesehen hatte wie Sharon. Was war wohl das Magische, das Sharon und deren Mann verband? Wie lange würde Sharon so unbeschwert verliebt bleiben?

Glücklicherweise schien Ellens Nachbarin nichts von ihren

unheiligen Gedanken zu merken, denn sie plauderte unentwegt weiter und erzählte gerade, sie sei geradezu high, weil sie im Fairmont Hotel heiraten würden. Nachdem sie »Fairmont Hotel« ausgesprochen hatte, gab sie einen kleinen Quietschlaut von sich und sah Ellen erwartungsvoll an, als müsste jeder halbwegs normale Mensch jetzt vor Begeisterung in Ohnmacht fallen. Als Ellen schwieg, erklärte sie ihr, Bob und sie würden im Crown Room heiraten, im 24. Stock, von wo aus man einen Rundum-Panoramablick hätte: auf die Golden Gate Bridge, den Coit Tower, auf Alcatraz, Downtown und die Twin Peaks.

»Das hört sich großartig an«, rang sich Ellen ab, der einfiel, dass sie im Reiseführer von diesem alten Traditionshotel gelesen hatte.

Diese knappe Bestätigung reichte Sharon schon, um weiter zu sprudeln. Zwei Jahre hatten sie auf einen Termin gewartet, und wenn das Erbe von Bobs Großmutter nicht gewesen wäre, hätten sie sich das niemals leisten können. Aber man heirate ja nur einmal, oder?

Ellen verkniff sich den Hinweis darauf, dass sie das auch mal geglaubt hatte, die aktuelle Scheidungsquote in Deutschland aber gerade bei vierzig Prozent läge. Das hatte Geli für sie recherchiert, um sie zu trösten.

Als das Flugzeug sich endlich in Bewegung setzte, wurde Sharon plötzlich still, und ihre Augen wirkten mit einem Mal wie dunkle Löcher in ihrem blassen Gesicht.

»Wahrscheinlich stürzen wir ab«, murmelte Sharon und wurde noch bleicher. »Und Bob wird Witwer, bevor er überhaupt Ehemann werden konnte.«

»Wir stürzen nicht ab. Wir rollen doch gerade erst zum Start.« Allmählich dämmerte Ellen, dass Sharons aufgeregte Plauderei nichts anderes gewesen war als ein Versuch, ihre Flugangst zu überspielen.

Als die Motoren aufheulten, griff Sharon nach Ellens Hand, als würde sie gleich ertrinken, und Ellen brachte es nicht übers Herz, ihre Hand wegzuziehen. Sharons Hand war weich wie ein Kissen aus Babydaunen. Ellen erinnerte sich an Steve und fragte sich zynisch, ob das in Zukunft ihr einziger Körperkontakt bleiben würde: Händchen halten mit Fremden. Sie unterdrückte ein Seufzen, um Sharon nicht zu kränken. Erst als sich die Kapitänin aus dem Cockpit meldete und ihnen mitteilte, dass sie nun ihre Reiseflughöhe erreicht hätten, ließ Sharon Ellens Hand wieder los, entschuldigte sich mehrfach für ihren Übergriff, bedankte sich überschwänglich und lud sie zu ihrer Hochzeit ein.

»Wir haben extra einen Tisch frei gehalten für Menschen, die wir bei der Planung der Hochzeit noch nicht kannten und spontan einladen wollen. Das muss man einfach machen, wenn man zwei Jahre im Voraus plant.«

Allein der Gedanke, eine Hochzeitsfeier besuchen zu müssen, erschien Ellen in ihrer momentanen Gemütsverfassung wie ein Schlag ins Gesicht, weshalb sie freundlich aber bestimmt ablehnte. Allerdings kam es ihr so vor, als würden Cassie und Ken ihr ins Ohr raunen, dass sie nie wieder eine so günstige Gelegenheit bekäme, das Fairmont von innen zu sehen.

Offensichtlich glaubte Sharon, dass der Anblick ihres zukünftigen Ehemanns Bob Ellens Meinung ändern könnte, denn sie begann wieder in ihren Taschen zu kramen und präsentierte ihr schließlich ein Bild von ihm. Der muskulöse Mann wirkte wie ein Filmstar aus den Vierzigern, mit tiefschwarzen, zurückgegelten Haaren, dunklen Augen und markanten Gesichtszügen. Fehlte nur noch ein schmales Oberlippenbärtchen à la *Vom Winde verweht*. Der Typ sieht aus wie ein Heiratsschwindler, dachte Ellen, doch die würden wohl nicht das Erbe ihrer Großmutter für die Hochzeit verwenden und auch noch zwei

Jahre bis dahin warten, oder? Plötzlich fand sie den Gedanken, zu dieser Hochzeit zu gehen, gar nicht mehr so abwegig. Allein schon, um die beiden zusammen zu sehen.

»Er ist wirklich ein Zuckerstückchen, nicht wahr?« Sharon war wieder ganz die Alte, schnalzte mit der Zunge und warf Bobs Foto ein Küsschen zu.

»Und dein Mann?«, fragte sie und deutete auf Ellens nackten Ringfinger.

»Was meinst du?«

»Ich sehe doch, dass hier jahrelang ein Ring gesteckt hat, da ist so eine leichte Einkerbung. Geschieden?« Sie tätschelte tröstend Ellens Hand.

Das ging nun doch ein bisschen zu weit.

»Es überrascht dich vielleicht«, fuhr Sharon fort, »aber ich habe eine gute Beobachtungsgabe. Das ist die *andere* Sache« – sie dehnte das Wort mit einem demonstrativen Zwinkern – »die Bob an mir so schätzt. Wir arbeiten beide bei der Polizei in San Francisco. Ich bin im Labor, er ist Detective bei der Sitte. Vor zwei Jahren auf dem Polizeiball hat es zwischen uns gefunkt, und wir wussten sofort: Ja, das ist es – wir gehören zusammen. Obwohl er da noch verheiratet war, aber wir haben das super hingekriegt. Seine Ex kommt sogar zu unserer Hochzeit. Gut, was?«

Lieber sterben, als noch ein weiteres Wort über Liebe und Hochzeiten zu hören! Ellen unterdrückte ein genervtes Seufzen.

»Bob und ich, wir sind die glückliche Variante von Romeo und Julia. Ich bin sicher, Shakespeare hätte eine tolle Komödie über uns geschrieben. Bob sollte unbedingt von Liam Hemsworth gespielt werden, und Sharon, also ich, von Amanda Seyfried.«

Sharon und Bob, das klang eher nach einem Zeichentrickfilm über zwei herrenlose Pudel als nach Shakespeare. Gott, diese Frau brachte Ellens gemeinsten Instinkte zum Vorschein.

»Amanda ist so eine wunderschöne Blondine …«, schwärmte Sharon weiter.

Amanda Seyfried wog auch circa hundertfünfzig Kilo weniger als Sharon und war überhaupt eher eine Barbie als eine Wuchtbrumme. Ellen verkniff sich einen Kommentar.

»Amanda würde bei den Sexszenen dann echt toll aussehen. Denn, ganz ehrlich, meine Liebe, ich hatte noch nie so guten Sex wie mit Bob. Er ist einfach unersättlich.«

Vor Ellens innerem Auge liefen sofort Filme von Sharon und Bob ab, diesmal allerdings keine Pudel, sondern zweihundert Kilo Latex in voller Fahrt.

»Ganz besonders liebt er es, wenn ich …«

Ellen wollte keine weiteren Details hören. Sie stöhnte leise.

Sharon unterbrach sich und tätschelte Ellens Hand. »Sorry, ich wollte keine Wunden aufreißen. Aber Sex würde dir auch guttun, Darling, er entspannt. Ist besser als jede Therapie, Diät oder Religion. Jeden Tag ein paar Orgasmen, und alles läuft wie geschmiert, so ist es doch, oder?«

Ellen sah sich Hilfe suchend um, aber in einem voll besetzten Flugzeug auf dreitausend Metern Höhe hielten sich die Fluchtmöglichkeiten in engen Grenzen. Sie musste diese Frau dringend zum Schweigen bringen.

»Sex, Darling, ist der Schlüssel zu allem Guten im Leben!« Sharon kicherte. »Ich könnte dir Storys erzählen … Mein Gott, Bob ist so …«

Ellen schaltete auf Durchzug. Trotzdem versank sie in einer Flut von ungebetenen Gedanken, die ihre Sitznachbarin heraufbeschworen hatte. Sie versuchte die Gedankenflut abzustellen und sich auf die Kinder zu konzentrieren, auf Mrs. Blaukraut oder die Zeilen, die sie Tom aus Toronto geschickt hatte, aber das funktionierte nicht. Es war, als hätten Sharons Worte eine Schleuse geöffnet.

Von wegen Sex. Seit Jahren hatten sie und Richard so gut wie gar keinen Sex mehr gehabt, immer öfter hatte er sie zurückgewiesen – was sie jedes Mal mit ihrer schwindenden Attraktivität in Verbindung gebracht hatte und nicht mit einer Rivalin. Schließlich hatte Richard immer wieder behauptet, dass seine Unlust nicht daran läge, dass sie älter würde. Ganz im Gegenteil, er fände Ellen immer noch so schön wie früher, und sie sei die einzige Frau, die er jederzeit wieder heiraten würde. Aber er sei eben kein stürmischer junger Stier mehr und hätte gerade sehr viel Stress bei der Arbeit.

Wie gern hatte sie ihm das geglaubt und sich damit arrangiert, denn eine Ehe bestand in ihren Augen aus mehr als nur Sex. Eine Ehe bestand in guten wie in schlechten Tagen. Ha, ha. Selten dämlich! Sie hätte es besser wissen sollen, denn in jeder Illustrierten und in jeder amerikanischen Serie ging es doch immer und immer wieder nur darum, dass irgendwer irgendwen mit irgendwem betrog und dann sitzen ließ. Und nun waren sie und Richard zu genau so einem Hollywood-Klischee geworden.

Von wegen, er sei nicht mehr so stürmisch. Ganz sicher war er unersättlich, wenn er mit Hanna zusammen war. Ellen hatte sich nichts dabei gedacht, wenn er müde von der Arbeit kam, war nie misstrauisch geworden. Immerhin hatte sie viele Jahre mit ansehen müssen, wie das völlig unbegründete Misstrauen ihrer Mutter ihren Vater zermürbt hatte. So hatte sie Richard nie behandeln wollen, denn sie hatte dieses egoistische Arschloch wirklich geliebt!

Plötzlich brandete eine solche Welle von Hass in ihr auf, dass sie Sharon, die gerade bei Bobs reichlich abstrusen Lieblingsstellungen angekommen war, am liebsten in die weiche Seite geboxt hätte. Mit welcher Selbstverständlichkeit machte sich diese wildfremde Frau hier halb auf Ellens Sitz breit und erteilte ihr auch noch gute Ratschläge? Bei der Landung würde sie

Sharon ihre Hand verweigern. Sie würde behaupten, ihr sei schlecht und sie müsse die Kotztüte mit zwei Händen festhalten.

»Du redest nicht gern über Sex, oder?«

Sharon hatte Ellen eine Hand auf den Arm gelegt, um ihre Aufmerksamkeit zu erzwingen.

»Darling, das ist ein Fehler. Ich war früher auch so eine Frau wie du.«

Jetzt reichte es aber wirklich! Sharon war glücklich verliebt, Ellen unglücklich entliebt, und doch hätte sie sich nie im Leben so gehen lassen. Sie hatte ihren Körper und ihr Leben deutlich besser unter Kontrolle als Sharon. Sie beide hatten nichts gemein, nicht das kleinste bisschen, *never ever*!

»Ich war auch mal schlank«, behauptete Sharon jetzt. »Hab immer nur gehungert, mich von Workout zu Workout geschleppt, mir die Haare gefärbt …« Sie hielt inne. »Okay, das mache ich immer noch, denn als Blondine fühle ich mich einfach sehr viel sexier.« Sharon kicherte und strich ein wenig geziert über ihre Haare, die Ellen in etwa so sexy fand wie gebleichte Wischmopps.

»Und was hatte ich davon? Nichts. Ich war immer erschöpft und unglücklich, hatte trotzdem keinen Mann und auch keinen Sex. Aber ich wusste gar nicht, was mir fehlte. Bis Bob kam.«

Ellen konnte sich nicht länger beherrschen. »Ich fühle mich nicht so gut. Können wir das Gespräch an dieser Stelle bitte beenden?«

»Gleich, Darling, gleich!« Sharon griff schon wieder nach ihrer Hand, die Ellen ihr sofort entzog. »Ich spüre doch, dass dir etwas fehlt und du auf der Suche bist. Ganz ehrlich, all dieses innerliche Erleuchtungszeug – Achtsamkeitsübungen, Darmsanierungen, Yoga-Retreats – kannst du dir alles sparen, wenn du nur genug Sex hast. Zur Not auch mit dir selbst. Es gibt wirklich ausgezeichnete Dildos.«

Ellen stöhnte genervt auf. Hatte sie irgendeine Aufforderung auf der Stirn stehen, nach dem Motto: »Diese Frau ist lebensunfähig, bitte helfen Sie ihr«?

»Du hast Glück. Gleich werde ich sowieso meine Klappe halten!« Sharon lachte herzhaft. »Endlich gibt es was zu essen!«

Der nächste Albtraum, dachte Ellen. Sharon kann doch das Tischchen vor ihr gar nicht runterklappen, wie will sie denn dann essen?

Das Problem löste sich schnell. Sharon stellte alles einfach auf dem Plateau ihres Bauches ab. Und der Steward bat Ellen, die Getränke von Sharon auf ihrem Tischchen platzieren zu dürfen.

Sobald die Tabletts abgeräumt waren, fiel Sharon in einen selig unbekümmerten Schlaf und schnarchte dabei so laut, dass kein Kopfhörer der Welt dieses Geräusch hätte ausblenden können. Aber das war immer noch leichter zu ertragen als die Unterhaltung mit ihr.

Glücklicherweise war Sharon erst nach der Landung in San Francisco wieder aufgewacht, wo sie tatsächlich von diesem schmalzigen Bob abgeholt wurde. Ellen beobachtete, wie er und Sharon sich so lange küssten, dass man glauben konnte, sie wollten einen Rekord brechen, und das löste nur ein einziges nagendes Gefühl in ihr aus: Neid.

Aber das alles lag jetzt hinter ihr. Ellen atmete tief durch und ließ die Visitenkarte, die Sharon ihr zum Abschied überreicht hatte und die zart nach ihrem Limonen-Babypuderduft roch, in ihre Handtasche fallen. Sie würde nicht zu Sharons Hochzeit gehen, auf gar keinen Fall. So viel Glück und Unbekümmertheit würde sie gar nicht aushalten.

21. KAPITEL

Ellen winkte ein Taxi herbei, um in die Wohnung zu fahren, die ihr Andy besorgt hatte. Andy hieß eigentlich Andreas Burger. Er hatte zusammen mit Richard studiert, arbeitete aber nicht mehr als Architekt, sondern als Life-Coach.

Auf der Postkarte hatte er damals geschrieben:

Ja, heirate ihn, denn Richard wird Berge für dich versetzen!

Als Ellen Andy angerufen hatte, konnte der sich zuerst gar nicht an Richard erinnern. Aber nachdem Ellen ihm ihr Anliegen erklärt hatte, war er sehr nett gewesen und hatte zugesagt, sie auf einen Drink zu treffen, und er hatte ihr einen Tipp für die Wohnung eines Freundes gegeben, der sie über Airbnb vermietete.

Die Wohnung lag im Castro, dem Schwulenviertel von San Francisco, was, wie Andy ihr versichert hatte, absolut ungefährlich sei. Sehr beruhigend, fand Ellen, die bis zu diesem Moment gar nicht auf die Idee gekommen wäre, dass San Francisco überhaupt gefährlich sein könnte.

Ellen fand den Hausschlüssel in dem Kästchen mit dem Zahlenschloss und betrat die kleine Wohnung. Sie schleppte ihren türkisfarbenen Koffer durch einen schmalen Korridor in den Wohnraum und schnappte überrascht nach Luft. Die Aussicht von hier oben war spektakulär. Das Apartment befand sich auf einem Hügel, von dem aus sie über die ganze Stadt bis zum Meer sehen konnte. Sogar von der Schlafnische aus hatte man diesen Blick.

In der Nische stand ein gewaltiges Doppelbett, dessen Betthaupt und die faltenfreie Tagesdecke in verschiedenen edlen Grautönen schimmerten.

Unvermittelt drängten sich Sharon und Bob vor Ellens Augen, wie sie leidenschaftlich ineinander verkeilt in Nullkommanichts die glatten Laken verknitterten. Weg damit! Sie setzte sich auf die Bettkante und starrte von dort auf das Stadtpanorama, um die Bilder der beiden wieder aus ihrem Kopf zu kriegen.

Seit Richard ausgezogen war, hatte sie mit dem leeren Bett neben sich zu kämpfen. In ihrem breiten Ehebett in dem großen Haus war sie sich wie ein verlassenes Kind vorgekommen, vor allem wenn sie nachts aufwachte, und leider wachte sie seit zwei Jahren nachts immer wieder schweißgebadet auf.

In Cassies schmalem Gästebett in Toronto hatte Ellen sich nie einsam gefühlt, wenn sie nachts aufgewacht war. Aber dort war auch immer jemand in ihrer Nähe gewesen, Cassie, Steve oder Ken.

Hier war sie nun ganz allein. Sie, das Bett und diese wunderbare Aussicht. Sie wünschte sich, die drei wären hier und am besten Geli noch dazu. Steve würde *Caesars* mixen, die sie dann alle zusammen auf der kleinen Holzterrasse trinken würden, und so würde sogar der Ausblick noch viel mehr Spaß machen.

Hätte, würde, könnte. Entschlossen, mit derart sinnlosem Grübeln ein für alle Mal aufzuhören, stand Ellen auf und ging in die schmale Küche, die schwarz-weiß gefliest war und sie an den Dienstbotenbereich bei *Downtown Abbey* erinnerte. Auf der abgenutzten hölzernen Arbeitsplatte neben einem Berg von Flyern und Stadtplänen entdeckte sie eine Flasche kalifornischen Rotwein. Wie schön, ein Gastgeschenk für sie! Die Flasche stand auf dem Zettel mit dem WLAN-Passwort, mit dem sie nachher ihre WhatsApp-Nachrichten abfragen konnte. Aber jetzt brauchte sie erst mal einen Kaffee. Leider fand sie nichts dergleichen in den Schränken. Natürlich, das hier war schließlich eine Ferienwohnung und nicht Cassies Küche. Einkaufen war angesagt. Aber vorher würde sie besser noch überprüfen, was sie noch so alles brauchen würde.

Deshalb inspizierte sie erst noch den Rest der liebevoll restaurierten Wohnung und bewunderte besonders die Duschkabine im dottergelb gekachelten Bad, die über Eck installiert war, mit einer gemauerten Sitzbank, die Platz für drei Erwachsene bot. Verschlossen wurde die geräumige Dusche mit Klapptüren aus Tiffanyglas, die mit Pfauen und Blumen bemalt waren. Leider erinnerte Ellen diese Riesendusche prompt wieder an Sharon und Bob und deren Lieblingssexszenarien, weshalb sie sich schleunigst dem Auspacken widmete.

Nachdem sie das erledigt und geduscht hatte, beschloss sie einkaufen zu gehen.

Glücklicherweise befand sich an der nächsten Ecke ein kleiner Supermarkt, in dem es alles gab, was sie zum Leben brauchen würde. Allerdings kostete hier das billigste Stück Käse umgerechnet fünfzehn Euro. Das würde ihr finanzielles Budget stark strapazieren. Sie schleppte die Einkäufe in die Wohnung und kochte sich dann erst mal einen Kaffee in der French-Press-Kanne, setzte sich mit einem Becher Kaffee und dem WLAN-Passwort auf die winzige Terrasse und betrachtete die Stadt, die in der Mittagssonne unter ihr lag. Die Luft summte wie ein gigantischer Bienenstock, nur hin und wieder hörte man das jaulende Quäken der Polizei- und Ambulanzsirenen. Ellen lehnte sich zurück und nahm einen großen Schluck Kaffee. Dann loggte sie sich ein, schickte Andreas Burger eine WhatsApp und bedankte sich für diesen grandiosen Wohnungstipp.

Er antwortete umgehend, wünschte ihr eine gute Zeit und bedauerte, dass er ihre Verabredung für morgen früh leider auf übermorgen verlegen müsse. Schade, dachte Ellen, die sich erst wieder an das Alleinsein gewöhnen musste.

Nach dem Kaffee fühlte sie sich ausreichend gestärkt, um einen Spaziergang in die Stadt zu unternehmen. Nach der schwülen Hitze in Toronto genoss sie die klare Luft und die eher herbstlichen Temperaturen. Zuerst wanderte sie durch Viertel, in denen viele viktorianisch anmutende Häuser standen, doch je näher sie der City kam, desto moderner und höher wurden die Häuser.

Steves Theorie fiel ihr wieder ein. Er hatte behauptet, dass man sich einen Besuch in San Francisco sparen könne, und Ellen verstand jetzt, was er damit gemeint hatte. Alles kam ihr merkwürdig vertraut vor, fühlte sich beinahe wie ein Déjà-vu-Erlebnis an, so als wäre sie schon einmal hier gewesen. Der Anblick der hügeligen Straßen erinnerte sie an *Die Straßen von San Francisco*. Das war damals, als Ellen noch klein war, die Lieblingsserie ihrer Mutter gewesen, und als sie dann in den Achtzigerjahren wiederholt wurde, hatte auch Ellen sie mit Begeisterung angeschaut. Sie hatte den blutjungen Michael Douglas doof und arrogant gefunden, den knubbeligen Karl Malden hingegen hatte sie geliebt. Und wenn die beiden durch die Straßen von San Francisco rasten, war sie immer wieder für einen Augenblick erschrocken, wenn ihr Auto plötzlich hinter einer Bergkuppe verschwunden war.

Dieses Déjà-vu-Gefühl galt auch für die schmalen viktorianischen Häuser mit ihren Erkern und Türmchen, die Ellen an Hippiefilme erinnerten, die im Haight-Ashbury-District spielten, und ganz besonders für die Bimmelstraßenbahn, an deren Endhaltestelle die Touristen Hunderte von Metern Schlange standen, um damit Richtung Meer zu fahren.

Das Einzige, was Ellen dann wirklich überraschte, war der Nebel, der plötzlich wie aus dem Nichts auftauchte und sich kalt über die Stadt legte. Als sie sechs Stunden später völlig erschöpft wieder in ihrem Apartment oben auf dem Hügel ankam und sich auf das Bett fallen ließ, war von der tollen Aussicht nichts mehr zu sehen. Die ganze Stadt war unter dem dicken grauen Nebel wie begraben.

Ellen versuchte zu schlafen, in Toronto wäre es jetzt ja auch schon nach zehn Uhr am Abend. Doch ihr Körper war völlig durcheinander, und sie wälzte sich unruhig hin und her. Schließlich stand sie wieder auf, öffnete den Rotwein, wickelte sich in eine Wolldecke, setzte sich auf die Terrasse und starrte auf den Nebel zu ihren Füßen. Komischerweise war der Himmel über ihr klar. Sie konnte den Mond sehen, schmal wie die Sichel eines Kindernagels, und einige Sterne.

Es interessiert niemanden, wo ich gerade bin, was ich mache und was ich denke. Genauso gut könnte ich tot sein, überlegte Ellen und fröstelte trotz der Decke. Vor ihrem inneren Auge liefen sinnlose Filme ab – wie sie drei Wochen lang tot in dieser Wohnung liegen und niemand es bemerken würde. Erst die Putzfrau, die die Wohnung für den nächsten Gast reinigen musste, würde schließlich ihre Leiche entdecken. Die Kinder wären komplett überfordert zu entscheiden, was mit ihrer dann schon ziemlich verwesten Leiche passieren sollte. Richard würde behaupten, Ellen fände es wunderbar, in San Francisco begraben zu werden, denn sie hätte die billigste Lösung gewollt. Deshalb würde man sie hier wie einen Hund in einem öffentlichen Armengrab verscharren. Richard würde das Haus sofort verkaufen und das Geld in eine hübsche Wohnung für sich und Welpenhanna investieren.

Ellen stand auf und suchte nach dem Prepaid-Handy, das sie sich am Nachmittag in der City für die USA gekauft hatte.

Nach einigem Suchen fand sie es schließlich im Badezimmer, Gott allein wusste, wie es dorthin gekommen war. Während sie zurück zu ihrem Wein ging, liefen ihre Gedanken weiter Amok.

Sie sah alles ganz genau vor sich, wie ihre Enkel – sie würde natürlich die hübschesten Enkel des Universums haben – Jahre später beim Durchschauen von Fotos ein Bild von ihr entdeckten und wissen wollten, wer denn diese Frau sei. Man würde ihnen erzählen, dies wäre ihre lächerliche Großmutter, die, nachdem Opa sie verlassen hatte, auf ihre alten Tage unbedingt zu einer Selbstfindungs-Wechseljahres-Weltreise aufgebrochen war, von der sie nie mehr zurückgekehrt war. Dann würde der ältere Enkel, der mit den blonden Löckchen und der breiten Zahnlücke unten, mit einem leichten Lispeln fragen: »Mama, waf find Verwechfelfjahre?«, und alle würden herzlich lachen und zu einem interessanteren Thema übergehen.

Fehlt nur noch, dass du vor lauter Selbstmitleid in Tränen ausbrichst, ermahnte sich Ellen. Du solltest wirklich deine Kinder anrufen, aber nicht in dieser miesen Stimmung. Sie versuchte es mit einem Lachen. Ha, ha. Wie beim Lachyoga – dorthin hatte Geli sie gleich, nachdem Richard sie verlassen hatte, einmal mitgenommen. Und so bescheuert Ellen es auch vorgekommen war, mit fremden Menschen im Kreis zu stehen und auf Kommando »Ha-Ha-Hi-Hi-Hu-Hu« zu sagen und dabei zu klatschen – es hatte funktioniert. Also klatschte sie in die Hände.

»Ha-Ha!« Es klang merkwürdig gedämpft, vielleicht wegen des Nebels. Sie stand auf, legte die Decke weg und trat von einem Fuß auf den anderen. »Ha, ha, ha, ha.« Klatsch. Klatsch. Klatsch. »Hi, hi, hi.« Gott, wie viel Rotwein hatte sie eigentlich schon getrunken? Eine halbe Flasche? Das war okay, dann würde sie noch nüchtern klingen. Lächle wenigstens, wenn du schon nicht lachen kannst! Sie verzog ihre Lippen. Erinnere dich an all den Spaß, den du mit Cassie und ihren Männern hattest, denk an goldene Schwäne, mit denen du durch die Welt fliegen wirst. Jetzt musste sie wirklich grinsen. Sie auf einem Schwan! Das musste schon ein echter Monsterschwan sein, sie war schließlich nicht Nils Holgersson. Aber sie wollte noch nicht weg von hier, denn übermorgen würde sie Andy treffen, und auf den war sie schon sehr gespannt.

Jetzt war sie bereit, mit ihren Kindern zu sprechen. Sie wickelte sich wieder in die Decke und fing an zu rechnen. Wie spät war es bei Lukas? Neun Stunden später. Wunderbar. Es hatte auch Vorteile, dass es hier schon zwei Uhr nachts war. Um elf Uhr morgens war ihr Sohn vielleicht schon wach. Und wie war es mit Hongkong? Fünfzehn Stunden später, also war es dort gerade fünf Uhr nachmittags. Sogar dort konnte sie anrufen, ohne sich unbeliebt zu machen.

Schockiert bemerkte sie, dass sie für diese einfache Zeitzonen-Rechnung fast eine Viertelstunde gebraucht hatte. Kam das vom Wein, oder baute sie gerade komplett ab?

Sie würde zuerst Mia anrufen, denn mit Lukas hatte sie vor dem Abflug aus Toronto ein paar nichtssagende, aber genau deshalb beruhigende WhatsApp-Nachrichten ausgetauscht.

Mit Mia hatte sie vor ganzen zwei Wochen zum letzten Mal gesprochen, und da hatte ihre Tochter überglücklich geklungen. Aber in zwei Wochen konnte viel passieren. Sie wählte Mias Handynummer.

»Mama?« Mia klang sehr erleichtert. »Na endlich! Ich habe ständig versucht, dich zu erreichen, aber es kamen nur kryptische Ansagen. Was ist denn das für eine Nummer? Wo bist du?«

O Gott, Mia hatte sie gebraucht! Schlagartig war Ellen komplett nüchtern. Ihre Tochter war doch in den Händen eines chinesischen Mädchenhändlerclans gelandet, in den Händen der Opiummafia, an deren Spitze die gefürchtete Mutter von Wilson Fan stand. Sie musste sie retten. Umgehend!

»Mia, das ist meine USA-Nummer. Mein deutsches Handy funktioniert hier nicht. Warum wolltest du mich erreichen? Geht es dir gut? Bist du in Sicherheit?«

»Ja, ja, ja, Wilson und seine Familie behandeln mich wie eine Prinzessin, aber ich habe mir Sorgen gemacht, wegen Paps.«

Hatte Mia vergessen, dass ihre Eltern getrennt waren, oder warum kam sie Ellen jetzt mit Richard? Früher war Mia nicht so unsensibel gewesen. »Was ist mit ihm?«

»Aber Mama, er liegt doch im Krankenhaus!« Mia klang dramatisch und vorwurfsvoll zugleich. Ellen konnte ihre Tochter direkt vor sich sehen: den Unterkiefer vorgeschoben, die Augenbrauen zusammengezogen, den schönen Mund gekräuselt.

Und obwohl sie wusste, dass Mia zu Übertreibungen neigte, spürte sie genau wie früher diesen Stich in ihrem Magen, der in ihr den Wunsch auslöste, Mias Welt sofort wieder in Ordnung zu bringen. Und wenn Richard dazugehörte, dann musste sie eben in den sauren Apfel beißen und sich um ihn kümmern.

Nein! Sie nahm einen Schluck Rotwein. Warum sollte sie? Wahrscheinlich hatte ihr Exmann nur einen kleinen Herzinfarkt von all dem Viagra, mit dem er sich vollgestopft hatte, um seine Geliebte glücklich zu machen. Richard war definitiv nicht mehr ihre Baustelle.

»Mia, mein Schatz, ich bin sicher, Hanna wird sich gut um ihn kümmern.«

Mia seufzte. »Mama, das ist doch nicht das Gleiche. Als ich mit Paps gesprochen habe, hat er durchblicken lassen, dass er dich sehr vermisst.«

Klar, dachte Ellen. Sie war schließlich immer eine gute Krankenpflegerin gewesen. Und ein Vorbild, bestätigte ihr Muttergewissen, und das sollte sie auch weiterhin sein. Sie konnte ihrer Tochter also unmöglich sagen, wie scheißegal ihr Richards Zustand gerade war. Noch dazu war es leider nicht mal die

Wahrheit. Es war ihr nicht egal, wie es ihm ging. Klar wollte sie ihn leiden sehen, aber doch nicht ernsthaft. »Warum ist er denn im Krankenhaus?«, fragte sie also.

»Er hat sich wohl in Mauritius irgendwas eingefangen, was ziemlich Übles, das man jetzt erst entdeckt hat.«

Ausgleichende Gerechtigkeit. Ellen prostete der Viren- und Bakterienwelt von Mauritius mit noch einem Glas von dem immer köstlicher schmeckenden Wein zu.

»Und, hat sich die arme Hanna auch angesteckt?« Das wäre dann der Jackpot.

»Nein, aber sie musste zu so einem Kongress, deshalb war Paps ganz allein.«

Auf sich allein gestellt, wie unfassbar traurig!

»Dein Bruder ist schließlich auch noch da.«

»Lukas? Ja, o Gott, weißt du das denn auch noch nicht?«

»Was ist denn mit ihm?« Ernüchtert stand Ellen auf und starrte nach unten auf den Nebel, der gerade in Bewegung geriet und sich in den Hintergrund eines Films verwandelte, bei dem ihr Sohn in Zeitlupe strudelnd vom Dach eines Hochhauses in die Tiefe stürzte.

»Mann, Mama! Interessieren wir dich denn überhaupt nicht mehr? In Wilson Fans Familie benehmen sich die Mütter anders. Ich schäme mich fast ein bisschen für dich!«

»Ich habe erst vorgestern mit ihm getextet. Bitte, jetzt spann mich nicht so auf die Folter! Was ist denn mit Lukas passiert? Hatte er einen Unfall?«

»Er wurde gefeuert!«

Erleichtert setzte sich Ellen wieder hin. Unwillkürlich musste sie lachen.

»Also, das ist doch nicht wirklich schlimm, oder?«

»Mama! Es ist ehrlos, seine Arbeit zu verlieren. Ein Lehrling muss sich dem Meister anpassen. ›Ist man in kleinen Dingen nicht geduldig, bringt man die großen Vorhaben zum Scheitern‹, sagt Konfuzius. Und Wilson sagt: ›Ein Knecht ist kein Herr.‹ Lukas wollte unbedingt so eine bescheuerte Ausbildung machen, aber dann muss er sich auch benehmen! Es war mir sehr peinlich, der Familie Fan von dem Versagen meines Bruders erzählen zu müssen.«

Ellen war sich nicht sicher, ob sie gerade richtig gehört hatte. Was redete ihre sonst so kluge Tochter da nur für merkwürdiges Zeug? Herr und Knecht und Ehre? Was immer auch passiert war, Ellen hatte volles Vertrauen in ihren Sohn. Wenn er gefeuert worden war, dann sicher nicht, weil er goldene Löffel geklaut, sondern höchstens, weil er den Mund ein bisschen zu voll genommen hatte. So etwas war typisch für ihn, und dann war es besser, gleich in der Probezeit die Lehrstelle zu wechseln, zu jemandem, der mit Lukas' frechem Mundwerk besser klarkam. Was sollte in diesem Zusammenhang dann dieses Gefasel von Ehre? Sie musste dringend mehr über diesen Wilson Fan und seine Familie erfahren.

»Soll ich dich besuchen kommen und mit den Fans reden? Hongkong war zwar nicht vorgesehen, aber ich habe sehr flexible Tickets.«

»Nein, Mama, du hörst mir nicht zu! Du sollst nach Deutschland zurückfliegen, dich um Paps kümmern und Lukas die Meinung geigen.«

»Das werde ich ganz sicher nicht tun.« Ellen nickte bekräftigend, auch wenn das niemand sehen konnte.

»Und wenn Paps stirbt?«

»Ist er denn in Lebensgefahr?«

»Ruf ihn doch einfach mal an! Er liegt in der Abteilung für Tropenmedizin im Klinikum Schwabing.« Und damit beendete Mia das Gespräch.

Schockiert betrachtete Ellen ihr Handy. Aufgelegt. Einfach so?

22. KAPITEL

Ellen fröstelte. Sie nahm Glas und Flasche und setzte sich in die schmale Küche, wo sie mitten im Sommer die Klimaanlage auf »heizen« stellte. Doch der Lärm hinderte sie am Denken, weshalb sie sich mit allen Decken, die sie in der Wohnung finden konnte, wieder zurück in das viel zu große Bett legte.

Sollte sie Richard wirklich anrufen? Hatte ihre Tochter recht? Ellen streckte die Hand aus und strich über die leere Seite. Wenn sie noch zusammen wären, wäre er jetzt hier und würde ihre Hand nehmen. Sie würden Witze darüber machen, wie kalt es im Sommer in San Francisco war, und sich dann gegenseitig wärmen. In ihrer Vorstellung wären sie zusammen alt geworden. Doch der Verräter wollte lieber die Uhr zurückdrehen, neu anfangen, und jetzt hatte er sich dabei was eingefangen. Ein Lächeln schlich sich auf ihr Gesicht, aber dann seufzte sie. Wollte sie so ein Mensch sein, schadenfroh und ohne Mitgefühl? Damit würde sie all die gemeinsamen Jahre beschmutzen. Was, wenn er wirklich einen schrecklichen Virus hatte und mit dem Tod kämpfte?

Eine Welt ohne Richard konnte sie sich gar nicht vorstellen. Was, wenn er wirklich sterben musste? Was würde sie ihm gern noch sagen?

Nichts, stellte sie verblüfft fest. Sie setzte sich mit einem Ruck auf.

Nichts? Tatsächlich?

War sie nur betrunken, oder stimmte das wirklich?

Sie überlegte. Über ihre gemeinsame Vergangenheit zu reden war sinnlos. Schließlich hatte er sich in einer Welt verbarrikadiert, in der er Ellen gar nicht mehr wirklich wahrnehmen konnte oder wollte. Er hatte sie auf ihre vermeintlichen rosa Einhörner reduziert, und womöglich hatte er noch mehr solche lächerlichen Theorien über sie. Die brauchte er wahrscheinlich, um vor sich selbst zu rechtfertigen, dass er sie verlassen hatte. Schließlich wusste er ganz genau, dass sie ihn immer noch liebte und wahrscheinlich nie verlassen hätte. Also worüber reden? Sie hatte keine Ahnung, aber dafür fiel ihr etwas anderes ein, etwas, das sie ihm nie verraten hatte. Und natürlich würde sie es ihm jetzt erst recht nicht mehr auf die Nase binden, wie sehr sie seine breiten, irgendwie lustigen Füße liebte. Seine Füße hatten in ihr das gleiche Gefühl ausgelöst wie sonst nur ihre neugeborenen Kinder – Beschützerinstinkte, Hoffnung, Glück.

Ellen betrachtete ihre eigenen Füße, die rote Druckstellen vom vielen Herumlaufen hatten. Dann räusperte sie sich zweimal, holte ihren Laptop, recherchierte die Nummer vom Klinikum in Schwabing und ließ sich mit Richard verbinden.

Er war sofort dran und klang ziemlich leidend, als er »Schneyder« ins Telefon hauchte. Als er hörte, dass es Ellen war, fragte er gereizt, wo sie denn eigentlich abgeblieben sei. Er habe sie schon öfter angerufen, aber sie sei ja nirgends zu erreichen.

Sie unterdrückte ein amüsiertes Stöhnen. Richard legte immer sofort auf, wenn er niemanden an die Strippe bekam, und hinterließ auch keine Nachrichten, da brauchte er sich nicht zu wundern. Und dieses selektive Ehegattengedächtnis war auch typisch. Ehemann-Alzheimer. Sofortiges Vergessen von allem, was die Frau oder Exfrau ihnen mitteilte. Schließlich hatte Ellen ihm doch gesagt, dass sie eine Weile fort sein würde.

»Ellen, ich brauche unbedingt ein paar Sachen und dachte, du könntest sie mir vielleicht bringen.«

»Das dürfte schwierig werden. Ich bin gerade in San Francisco. Wie krank bist du denn? Soll ich kommen? Ich kann umbuchen.«

»Was in Gottes Namen machst du denn in Kalifornien?« Seine Verwunderung klang echt, trotzdem würde sie diese Frage ganz sicher nicht beantworten.

»Was fehlt dir denn? Mia hat es sehr dramatisch gemacht.«

»Das ist mal wieder typisch Mia. Mir geht es gut.« Nachdem sie nicht in der Nähe und einsatzbereit war, wollte er ihr offensichtlich nicht verraten, was los war.

»Aha. Soll ich Lukas fragen, ob er dir etwas bringen kann?«

»Nicht nötig.« Dann fügte er noch leicht säuerlich hinzu: »Ich wünsche dir aber noch viel Spaß in San Francisco.«

»Was soll denn das jetzt? Mauerst du, weil ich nicht da bin, oder weil es mich nichts angeht? Immerhin hast du gerade gesagt, du hättest versucht, mich zu erreichen. Also was denn nun?«

»Tut mir leid«, lenkte er ein und klang so herrlich zerknirscht, dass sie am liebsten sofort in eine Concorde gestiegen wäre, nur um an seinem Krankenbett zu sitzen und seine Hand zu halten.

»Es war ein Fehler, die Kinder nach dir zu fragen, als ich dich nicht erreicht habe.«

Nein, dachte sie, das war kein Fehler, sondern die Sehnsucht seines Herzens gewesen. In Wahrheit verlangte es ihn eben nach ihr.

»Tut mir leid, Ellen, das sind leider noch so ein paar dumme alte Angewohnheiten.«

Wow. Ellen biss sich auf die Lippen. Sie war also doch ganz genauso passé und von gestern wie die Concorde, die ja auch nirgends mehr hinflog. Und aus ebenso dummer alter Gewohnheit heraus wollte sie jetzt doch wissen, warum er im Krankenhaus lag.

»Was zierst du dich so? Muss ich dir denn alles aus der Nase ziehen? Hast du irgendeine Geschlechtskrankheit, Pest, Cholera oder Lepra?«

»Bilharziose!« Richard explodierte geradezu und brüllte in den Hörer, als wäre es Ellens Schuld. »Was für eine Scheiße!« Ellen musste das Handy ein wenig von ihrem Ohr weg halten.

»Das ist die Quittung dafür, wenn man in tropische Länder fährt. Wie ich dir immer schon gesagt habe: die volle Katastrophe! Das mache ich auch nie wieder!«

»Bilharziose, das klingt irgendwie gefährlich, tut mir leid. Was ist denn das?«

»Das sind …« Er seufzte. »Das sind bösartige Saugwürmer, die in harmlos aussehenden Gewässern in den Tropen leben. Einfach so im Süßwasser. Ekelhafte Dinger, man nennt sie auch Pärchenegel …«

Ellen musste sich die Hand vor den Mund halten, um ihr unwillkürliches Glucksen zu dämpfen. Gott, wie passend war das denn? Pärchenegel! Das hätte sie sich beim Anblick der Mauritius-Tickets niemals träumen lassen.

»… die über die Haut in den Mensch eindringen. Leider hab ich das nicht gleich gemerkt. Dachte, der Juckreiz wär bloß eine Sonnenallergie. Tja, Pech. Denn jetzt ist meine Leber stark betroffen. Aber es gibt ein gutes Medikament, und ich kann sicher bald nach Hause.«

»Pärchenegel … Ist Hanna auch infiziert?«, fragte Ellen und hatte kurz – wirklich nur sehr, sehr kurz, nur Bruchteile von Sekunden – die Vision von Hanna auf der Intensivstation, wo gerade ein letztes Mal mit dem Defibrillator vergeblich versucht wurde, die Patientin wiederzubeleben.

»Nein, nur ich. Es wäre entsetzlich, wenn die arme Hanna auch so leiden müsste wie ich. Außerdem haben wir gerade diese Ausschreibung. So konnte wenigstens sie unser Büro dort präsentieren.«

»Ja, das wäre wirklich schlimm für sie.« Ich kotze gleich, dachte Ellen, warum habe ich ihn überhaupt angerufen? Ich bin so eine dumme Nuss! »Wenn du wieder gesund bist«, sagte sie stattdessen, »dann rede doch bitte mal mit Lukas. So von Vater zu Sohn, ja? Ich werde jetzt abgeholt, muss auflegen. Mach's gut, Sch…« Beinahe wäre ihr – auch nur aus dummer alter Gewohnheit – ein »Schatz« herausgerutscht. »Gute Besserung, Richard.«

Sie legte auf, bevor er noch etwas entgegnen konnte, und starrte nach draußen, wo sich der Nebel gehoben hatte und die Stadt mit ihren Lichtern wieder zu Ellens Füßen lag.

Dumme alte Gewohnheiten, das war ganz offensichtlich alles, was noch zwischen ihnen existierte, sonst nichts. Nach so vielen glücklichen Jahren mit ihm freute sie sich allen Ernstes, dass ihn Würmer angefallen hatten, nachdem er mit ihrer Ablösung in die Tropen gereist war, wo er mit Ellen nie hingewollt hatte. War denn jede Beziehung so wurmstichig? War Schadenfreude am Ende des Tages das Einzige, was von all den großen Gefühlen übrig blieb? Sie dachte an Sharons freudestrahlendes Glück. War denn jede Ehe nur ein paar Jahre lang so ein mit Leidenschaft prall gefüllter, schwebender Ballon, aus dem dann mit der Zeit die Luft aus dem porösen Gummi schwand, ganz und gar unmerklich, so lange, bis die Ehe schlapp und luftleer auf die Größe eines gebrauchten Kondoms zusammengeschnürt war und nur noch zum Entsorgen taugte? War das ein Naturgesetz, oder hatte nur Ellen so dermaßen versagt?

Die Lichter der Stadt unter ihr verschwammen und wurden zu goldenen Pfützen, die aus ihren Augen tropften. Ihr

Schluchzen klang in dieser Wohnung so fremd, so viel trauriger, viel einsamer als zu Hause. Sie versuchte sich zu beherrschen, aber wozu eigentlich? Sie störte ja niemanden.

Nach einer Weile wurde ihr bewusst, dass ihr Weinen sich nicht nur wegen der Akustik in der kleinen Wohnung ganz anders anhörte als zu Hause. Nein, es klang anders, weil es anders war. Ein zaghaftes Lachen mischte sich zwischen ihre Schluchzer. Sie weinte, weil sie gerade endgültig verstanden hatte, dass ihr Gespräch mit Richard zwar der finale Schlussakkord von über zwanzig Jahren Liebe und ihre Ehe damit unwiderruflich zu Ende war, aber sie war nur noch traurig und nicht mehr völlig verzweifelt!

Ellen hatte sich von Richard entfernt, hatte die ersten Schritte weg von diesem elenden Abgrund getan, in den er sie gestürzt hatte. Sie war auf einem Weg, von dem sie zwar noch nicht wusste, wohin er führen und was ihr dort begegnen würde, aber sie spürte wieder Boden unter ihren Füßen. Es war nur eine wacklige Hängebrücke, die über den Abgrund führte, aber eine mit Aussicht.

23. KAPITEL

Nach zehn Tagen musste Ellen nicht mehr an jeder Straßenecke auf den Stadtplan schauen. Sie hatte alle wichtigen Sehenswürdigkeiten abgeklappert und war sogar schon zweimal über die Golden Gate Bridge gelaufen. Das dauerte fünfundvierzig Minuten und bot eine grandiose Aussicht auf die Stadt, sodass sie trotz des ständigen Gebimmels der Radfahrer ihren Akku leer fotografiert hatte. Sie war auf den Coit Tower gestiegen, hatte die Fünf Schwestern – fünf nebeneinander stehende gut erhaltene viktorianische Häuser – gesehen und war sogar in der California Academy of Sciences gewesen, einem Museum, in dem man das große Jahrhunderterdbeben von 1906 in einem Simulator nacherleben konnte. Nachdem sie ewig in der Schlange hatte warten müssen, war sie ein bisschen enttäuscht gewesen, wie schnell das Erdbeben dann vorbei war – drei Atemzüge, und das war's. Unfassbar, dass ein so kurzes Rütteln so verheerende Folgen gehabt hatte.

Zwischen dem klassischen Sightseeing war sie auf der Suche nach Buchläden durch die Stadt geschlendert. Doch im Gegensatz zu Toronto, wo es an jeder Ecke einen Buchladen gegeben hatte, schien es in Downtown San Francisco nur einen einzigen zu geben, den legendären City Lights Bookstore, der nicht nur Buchhandlung, sondern auch ein etwas anarchischer Verlag war und im Grenzgebiet zwischen North

Beach und China Town lag. 1953 war der Buchladen von Lawrence Ferlinghetti gegründet worden und hatte sofort die Vertreter der Beatgeneration angezogen. Als aber kein Verlag deren Werke veröffentlichen wollte, gründete Ferlinghetti neben seiner Buchhandlung auch noch kurzerhand einen Verlag, in dem er nicht nur die Gedichte von Allen Ginsberg druckte, sondern auch international umstrittene Autoren wie Georges Bataille, Pier Paolo Pasolini oder Noam Chomsky.

Es gefiel Ellen, bei City Lights nach Büchern zu stöbern, doch sie war erschüttert, dass es weit und breit der einzige Buchladen sein sollte. Sie hatte sich San Francisco wie eine Keimzelle vorgestellt, in der die vielen kreativen Gehirne der Stadt über der Zukunft der Menschheit brüteten. Eine Buchhandlung war so viel mehr als nur ein Laden mit Büchern. Ein wenig frustriert wanderte sie jedes Mal an den Regalen entlang, zumal es ihr schien, dass sich mit ihr eigentlich nur andere sentimentale europäische Touristen auf der Suche nach einer Vergangenheit tummelten, in der Protest noch mehr gewesen war als nur eine Haltung. Und sie überlegte lange, ob sie das Zitat, mit dem der Laden in seinen Schaufenstern ganz klar Stellung zu dem bezog, was unter Trump gerade passierte, auf die Postkarte an Tom schreiben sollte. Es war ein sehr berührendes Zitat von Mahmud Darwisch, einem palästinensischen Dichter, von dem Ellen bisher noch nichts gehört hatte, obwohl er weltberühmt war:

Nothing is harder on the soul than the smell of dreams while they are evaporating.

»Nichts belastet die Seele mehr, als der Gestank der Träume, wenn sie sich in Luft auflösen.« Aber war das nicht zu traurig für Tom? Ich weiß nicht mal, welche Augenfarbe er hat, dachte

Ellen plötzlich und versuchte sich sein Gesicht vorzustellen. Da waren dieser lächerliche rotblonde Ziegenbart, seine große, aber nicht unsympathische Nase und die Brille. Aber seine Augen? In jedem Fall waren sie nicht blau und auch nicht braun wie die von Richard, das hätte Ellen sich gemerkt.

Sie blätterte aufwendig illustrierte Gedichtbände und Romane durch, immer auf der Suche nach überraschenden Lesetipps für Tom, konnte sich aber nie für etwas entscheiden, was sie als Zeichen dafür nahm, dass sie einfach noch nicht das Richtige gefunden hatte. Aber ihre Unschlüssigkeit ging ihr zunehmend auf die Nerven.

Obwohl sie auch immer besser damit zurechtkam, allein zu sein, konnte Ellen es kaum erwarten, endlich Andy Burger zu treffen, und hoffte, dass es endlich klappen würde. Er hatte sie jetzt schon mehrfach versetzt. In den letzten drei Tagen hatte sie nur mit dem Vietnamesen im Supermarkt bei ihr an der Ecke länger gesprochen. Mittlerweile wusste sie über ihn schon eine ganze Menge: Er hieß Thien-Tai und konnte ein bisschen Deutsch, weil er in Halle aufgewachsen war. Nachdem er erfahren hatte, dass sie aus Deutschland kam, begrüßte er sie am nächsten Tag mit einer Rezitation, die sie durch seinen heftigen Akzent zuerst gar nicht erkannte: »Wer jü gelebt h-in Liebesarmen, der kann h-im Leben nie verh-armen; ünd müßt' h-er sterben fern, allein, h-er fühlte noch die sel'ge Stunde, wo h-er gelebt an ihrem Munde, und noch im Tode h-ist sie sein.«

Als sie verstanden hatte, dass er Theodor Fontane zitiert hatte, war sie hin- und hergerissen zwischen lachen und weinen. Sie hatte sich überschwänglich bei Thien-Tai bedankt, weil sie wusste, dass er ihr eine Freude machen wollte. Doch den Rest des Tages über gurgelte das Gedicht durch ihren Kopf, als hätte man ihr Hirn mit verdorbenen Fakten gefüttert, und es wurde erst wieder besser, als sie einen Ausflug nach Alcatraz unternahm und sich vorstellte, wie Richard und Hanna dort in weit voneinander entfernten Blocks eingekerkert dahinvegetieren.

Den Abend verbrachte Ellen damit zu lernen, wie man auf Vietnamesisch guten Tag sagte: Xin Chào!

Leider war Thien-Tai am nächsten Morgen nicht im Laden, und es verging ein ganzer Tag, ohne dass Ellen mehr gesprochen hätte als *»Hi, one Cappuccino please, thank you.«*

Aber heute würde sie Andy um vier Uhr auf einen Drink im Bookstar Café in der Mission Street treffen. Zur Feier des Tages zog sie ein schwarzes Cocktailkleid an, das sie bei *Macy's* im Sale gekauft hatte, und stand dann viel zu früh vor dem Café.

Sie musste an Geli denken, die zwar ihr Kleid super gefunden hätte, es aber für ein totales No-Go hielt, wenn man als Frau zu früh zu einer Verabredung erschien. Eine Frau sollte Männer immer, immer, immer warten lassen.

Aber Ellen hatte keine Lust auf Spielchen, außerdem war Andy seit Kurzem zum vierten Mal verheiratet. Sie betrat das Café und sah sich suchend in dem sehr langen, schmalen Raum mit dunklen, holzgetäfelten Wänden um. Beim Durchqueren des Lokals musste sie feststellen dass sie ziemlich overdressed war. Sich *auf einen Drink* zu treffen hatte in ihr die Assoziation geweckt, sie würden in einer coolen Café-Bar sitzen und Cocktails schlürfen, aber dieses Café war so abgeranzt, dass Ellen ihren Stuhl am liebsten mit einem Desinfektionsmittel abgewischt hätte. Natürlich setzte sie sich trotzdem auf einen Platz mit Blick auf die Tür. Sie nickte dem jungen Surfertyp mit Weihnachtsmannbart und Sonnenbrille am Tresen zu. Als er zu ihrem Tisch kam, erklärte sie ihm, sie würde noch auf jemanden warten, damit er nicht auf die Idee kam, dass sie sich verlaufen hätte. Nach einer Weile dämmerte ihr allerdings, dass sich niemand hier wirklich für ihr Outfit interessierte. Sie entspannte sich etwas und sah sich jetzt genauer in dem großen Raum um. Das Café war gleichzeitig ein Antiquariat! Vielleicht ließ sich nach dem Gespräch mit Andy hier endlich etwas finden, das sie auf Toms Karte schreiben konnte.

Um zehn nach vier holte sie sich einen *San Francisco Chronicle* von dem Stapel vorne am Tresen. Um Viertel nach vier checkte sie ihr Handy auf Nachrichten. Nichts. Um halb fünf bestellte sie sich schon mal einen Cappuccino. Um fünf Uhr kam dann eine SMS von Andy: Es täte ihm wahnsinnig leid, aber er würde es auch diesmal leider nicht schaffen. Und morgen würde er mit seiner Frau Candy zu ihrem jährlichen Detoxing Yoga-Retreat in Grass Valley aufbrechen – eine ganz tolle Sache, die er ihr auch unbedingt ans Herz legen würde. Er hätte sie wirklich gern getroffen und hoffe, dass sie sich in der Wohnung seines Freundes wohlfühlte. Dann wünschte er ihr alles Gute und *Goodbye*.

Ellen hätte am liebsten geheult, entschied sich dann aber für einen Drink. Doch leider, so erklärte ihr der Surfertyp freundlich, hatte das Café keine Alkohollizenz, sie könne aber gern eine *Virgin Mary* haben, die sie dann auch bestellte, während sie sich fragte, warum Andy diesen Treffpunkt überhaupt für einen Drink vorgeschlagen hatte.

Egal, sie musste das Beste draus machen.

Ellen stand auf und betrachtete die Regale, die nach einem für sie nicht erkennbaren System sortiert waren. Es gab zwar oben ein paar kaum noch lesbare Hinweise wie »History« oder »Crime«, die erklären sollten, was man dort ungefähr finden konnte, aber innerhalb der Regale herrschte das reinste Chaos. Sie ging in die Hocke, was in dem schwarzen Cocktailkleid nicht so leicht war wie in ihrem Jeans-und-T-Shirt-Outfit. Aber es lohnte sich, denn sie entdeckte eine vergnügliche Melange an Titeln, die fröhlich nebeneinander einsortiert waren. Da stand ein Buch über Geister in San Francisco neben einer Biografie von Stalin, da gab es einen Bordellführer von 1920 neben einem Buch über Korbflechten, und in einem Regal mit dem Schild »Berühmte Kinder der Stadt« fand sie einen etwas angelaufenen Gedichtband von Robert Frost, den sie durchblätterte und einfach kaufen musste. Nicht nur, weil die Typografie so liebevoll gestaltet war, sondern weil sie sofort wusste: Hier würde sich etwas für Tom finden lassen. Von Robert Frost hatte sie zum ersten Mal vor gefühlten hundert Jahren in dem Film *Der Club der toten Dichter* gehört.

Der Surfertyp, der bisher nur *»Hi«* und *»Enjoy«* beim Servieren ihres Cappuccinos und der Virgin Mary gesagt hatte, stand plötzlich neben ihr und kraulte seinen Weihnachtsmannbart.

»Kommt wohl doch keiner mehr, was?«, fragte er teilnahmsvoll zu ihr hinunter.

Ellen erhob sich wieder und schüttelte den Kopf. Es war ihr peinlich, dass Andy sie versetzt hatte.

»Ich möchte gerne das Buch hier kaufen.« Sie wedelte mit der Frost-Ausgabe.

»Shame«, sagte der Surfertyp, und Ellen war ganz sicher, dass er nicht ihren Einkauf meinte. Sie wurde rot. Dabei war es doch auch wieder nicht *so* peinlich. Überall auf der ganzen Welt wurden Menschen mal von anderen Menschen versetzt.

»Eine so schöne Frau wie Sie sollte man nicht so behandeln.«

Er stand so dicht neben ihr, dass sie seinen leichten Duft nach Zigaretten, Meer und Weichspüler riechen konnte. War das ein Flirtversuch? Sie könnte fast seine Mutter sein.

»Ich hab gleich Schluss, dann würde ich Sie gern auf eine richtige Bloody Mary einladen, wenn Sie einverstanden sind?« Er reichte ihr seine Hand, an deren Gelenk jede Menge geflochtener Armbändchen baumelten. »Ich bin übrigens Will …«

Offensichtlich sollte sie doch noch eine Verabredung zu einem Drink bekommen. Die ganze Welt schien plötzlich voll netter junger Männer zu sein. Ellen dachte an Tom Malinowski und versuchte sich an sein Gesicht zu erinnern, aber wie immer fiel ihr zuerst sein Ziegenbärtchen ein, und erst danach sah sie auch die Augen mit dem warmen Ausdruck hinter der Brille auf der großen Nase vor sich. Sie fragte sich, ob er ihre erste Postkarte wohl schon bekommen hatte und wie seine Augen beim Lesen ausgesehen hatten. Deshalb hätte sie beinahe Wills Zusatz überhört, »… aber alle nennen mich nur Bounty.«

»Bounty? Essen Sie so gern Kokosschokolade?«, fragte sie, doch dann fiel ihr ein, dass Bounty in den USA Almond Joy hieß.

»Ich habe keine Ahnung, wovon Sie reden, aber meinen Namen habe ich wegen meiner angeblichen Tendenz zum Meutern.« Wills Grinsen brachte sehr weiße Zähne hinter dem Weihnachtsmannbart zum Vorschein. Er sah sie erwartungsvoll an.

»Ellen«, beeilte sie sich zu erklären. »Und mich nennt man auch so.« Wie aufregend. Sie hatte nie einen Spitznamen gehabt, ganz selten hatte Richard sie *seine Elli* genannt oder seine Frau Doktor, aber das ging wohl kaum als Spitzname durch.

»Ellen, was für ein schöner Name! Was hältst du von meiner Idee? Ein Freund von mir arbeitet an der Bar vom Shotwell's im Mission District, da können wir von hier aus zu Fuß hingehen.«

Eine Menge Fragen ploppten in Ellens Kopf auf. Wäre es wirklich okay, einfach so mitzugehen? War sie richtig angezogen? Was, wenn er sie auf dem Weg dorthin ausrauben würde? Was würden ihre Kinder dazu sagen, wenn die sie mit so einem jungen Typen sähen? Und das Allerschlimmste: Was, wenn sie sich nichts zu sagen hätten? Aber all das würde sie niemals herausfinden, wenn sie nicht mitging. Und was wäre die Alternative?

Eine weitere Gedichtrezitation von Thien-Tai, gefolgt von einer kleinen Diskussion über die Vorteile der DDR, weil er sich nicht nur als Experte für deutsche Lyrik, sondern auch für Broiler und Spreewaldgurken verstand.

»Okay«, sagte sie deshalb und beschloss, ihre Bedenken in die Tonne zu treten. »Klingt nach einer guten Idee.«

»Wenn du willst, kannst du hier ruhig weiter durch die Regale stöbern, bis ich fertig bin. Ich brauche ungefähr noch eine halbe Stunde. Den Frost schenke ich dir, weil es mich freut, dass ihn endlich jemand haben will.«

»Danke«, stotterte sie. »Das ist wirklich nett.«

»Nein, nicht nett, unwiderstehlich!« Er lächelte sie so vielsagend an, dass ihr ganz anders wurde. Während er zur Theke zurückging, fragte sie sich, ob sie das richtig verstanden hatte. Ein Flirt? Wirklich?

Ellen schob den Gedichtband in ihre Handtasche und widmete sich wieder dem Bücherregal. Doch sie konnte sich gar nicht mehr auf die Titel konzentrieren, weil ihre Bedenken über diese so unverhoffte Verabredung vehement zurückkamen, allerdings nun nicht als Fragen, sondern als Tatsachen: Ihr werdet euch nichts zu sagen haben, du machst dich so was von lächerlich! Dann dachte sie an Cassie, Steve und Ken und daran, wie sie ihnen von Will erzählen würde, und ihr wurde klar, selbst wenn sie ausgeraubt wurde und sich lächerlich machte, ergab das ganz sicher eine gute Geschichte.

24. KAPITEL

Natürlich hatte Will sie nicht ausgeraubt, sondern vielmehr gut gelaunt mit Anekdoten über sich und seine Freunde Jake und Antoine unterhalten. Sie führten das Buchcafé zu dritt, aber es lief schlecht, deshalb hatten alle noch andere Jobs, um das Café halten zu können.

Will arbeitete zum Beispiel noch als Fremdenführer, wobei er sicher einen guten Job machte. Denn auf dem Weg zur Bar schilderte er ihr sehr lebendig, wie das Feuer sich nach dem großen Beben von 1906 – sie erinnerte sich an die kurze Simulation – über die Stadt ausgebreitet hatte und dass das Shotwell's eine der ganz wenigen Bars in San Francisco war, in der es noch die original alte Inneneinrichtung aus dem zwanzigsten Jahrhundert gab. Zwei deutsche Emigranten hatten das Shotwell's 1891 als sogenannten *Grocery Saloon* eröffnet. Vorne wurden Lebensmittel verkauft, hinten befand sich der *Grog Shop*. Die komplette Einrichtung der Bar wurde kurz nach dem großen Beben von 1906 aus England importiert und hatte die Prohibition und andere Katastrophen unbeschadet überstanden.

Das dunkel getäfelte Holz erinnerte Ellen an einen englischen Pub. Auch war es weniger eine Cocktail- als eine Bierbar, die diverse selbst gebraute Biersorten im Angebot hatte.

Zu ihrer großen Überraschung musste Will sich mit ihr zum

Tresen förmlich durchkämpfen, denn das Shotwell's war trotz der frühen Stunde schon gerammelt voll. Will schien Stammgast zu sein. In einer relativ ruhigen Ecke ergatterte er einen Barhocker für Ellen und stellte sich neben sie.

Er orderte gleich einen ganzen Pitcher handgebrautes Bier für sich und eine Bloody Mary für sie, aber Ellen entschied sich angesichts der Preise dann doch lieber für einen kalifornischen Weißwein.

Kaum hatten sie ihre Bestellungen aufgegeben, begann er, ihr Löcher in den Bauch zu fragen. Erstaunlicherweise wollte er nichts über ihre Kinder oder ihren Mann wissen, ihn interessierten weder ihr Job oder ihre Ausbildung, noch ihr Alter.

Vielmehr fragte er, welche Spiele sie als Kind gespielt hatte und in welchem Alter sie ihrer Meinung nach am glücklichsten gewesen war. Das überraschte Ellen. Solche Fragen hatte ihr noch nie jemand gestellt. Wann war sie am glücklichsten gewesen? Als Richard ihr das Postkartenbuch gegeben hatte? Bei der Geburt der Kinder? Als sie die ersten selbst geernteten, noch sonnenwarmen Himbeeren an ihrem Teich verspeist hatte?

»Und du?«, fragte sie, »wann warst du am glücklichsten?«

»Du weißt schon, dass es in einer Esostadt wie San Francisco nur eine einzige richtige Antwort darauf geben kann.«

»Und die wäre?«

»Na: jetzt! *The Power of now* von Eckhart Tolle und so …«

Ellen dachte, dass es wirklich schön wäre, wenn man immer so leben würde, dass man so etwas aus vollem Herzen von sich sagen könnte: Jetzt gerade ist mein glücklichster Moment.

»Aha, und was ist deine ehrliche Antwort darauf?«

Will grinste breit. »Na, ich bin am glücklichsten, wenn ich diesen einen besonderen Kick fühle, entweder auf einer Welle oder mit einer Frau beim Sex.«

»Demnach bist du jetzt gerade nicht total glücklich?«, fragte Ellen.

Will verzog seinen hübschen Mund spöttisch nach links und zuckte mit den Schultern. »Man kann nicht andauernd glücklich sein, das hält doch niemand wirklich aus. Gibt's da nicht von diesem alten Deutschen so einen Spruch? Den hat mein Dad immer von sich gegeben, wenn ich irgendwas Lästiges nicht machen wollte. Ich glaube, der Kerl hieß Goth.« Er sagte es wie das englische Wort für Geist und unterstrich es mit einem geisterhaften »Huh-huu«.

Es dauerte einen Moment, bis Ellen klar wurde, dass er vermutlich Goethe meinte. Jetzt musste sie auch grinsen. »Meinst du das: ›Nichts ist schwerer zu ertragen als eine Reihe von glücklichen Tagen‹?«

Er nickte. »Darauf trinken wir!«

Danach fragte er sie, an welchem Ort der Welt sie sich am wohlsten fühlte.

»Keine Ahnung, ich bin noch nicht allzu viel herumgekommen. Aber in ein paar Wochen kann ich dazu bestimmt mehr sagen.«

Will zeigte sich schwer beeindruckt, dass sie es sich leisten konnte und genug Zeit hatte, um einfach so durch die Welt zu gondeln. Er selbst würde allerdings niemals nach Samoa fahren, weil er sich die Südsee todlangweilig vorstellte. Dort gab es einfach keine anständigen Wellen. Deshalb wollte er viel lieber nach Portugal. Aber das würde wahrscheinlich nie klappen, denn dazu verdiente er nicht genug Geld. Er hatte nicht mal einen Reisepass.

Dann wollte er wissen, wovor sie Angst habe.

Sofort dachte Ellen: verlassen zu werden! Aber sie schob den Gedanken rigoros zur Seite, weil der allein sie schon dazu brachte, in sich zusammenzusacken. Sich nur nichts anmerken lassen, niemand fand verlassene Frauen attraktiv. Also gab sie ein bisschen übertrieben flapsig zurück: »Vor Fragen, die mir zu intim sind.«

»Du findest Angst also intim?« Will kam ihr jetzt sehr nah und warf ihr einen Blick zu, den sie früher als Flirtversuch gewertet hätte. Machte sie sich zur Witzfigur, wenn sie ihn ernst nahm?

»Es steht dir nicht, wenn du hier einen auf Mr. Grey machst, den kauft dir niemand ab«, sagte sie deshalb und zwinkerte ihm zu. Gott, wie peinlich. Sie saß hier und zwinkerte allen Ernstes einem Typen zu, der Lukas' Bruder sein könnte. Sie hatte ja nicht mehr alle Tassen im Schrank!

Aber so wie er in ihr Dekolleté starrte, schien er sie wirklich attraktiv zu finden. Und ja, eigentlich wirkten ihre schlanken Beine in den Pumps geradezu sexy.

Ellen blickte sich um. Sie war hier mit einem wirklich gut aussehenden, interessanten Mann in einer großartigen Bar. Überall um sie herum standen entspannte, gut gelaunte Menschen und unterhielten sich angeregt. Sie atmete tief durch und beschloss, diesen Abend einfach zu genießen und endlich diese lästigen destruktiven Stimmen in ihrem Kopf abzuschalten. Sie lächelte Will zu und nippte an ihrem Wein.

»Und welchen Unterschied machst du?«, fragte Will, nachdem er den letzten Schluck Bier aus dem Pitcher genommen und sich mit dem Handrücken über seinen Weihnachtsmannbart gewischt hatte. Es gelang ihm nicht, einen wohligen kleinen Rülpser zu unterdrücken, den er mit einem entschuldigenden Augenzwinkern kommentierte.

»Ob ich Unterschiede mache zwischen was? Oder wem?« Vielleicht ist er schwul, dachte Ellen und spürte einen kleinen Stich der Enttäuschung. Vielleicht hatte sie sich das mit dem Flirten wirklich nur eingebildet.

»Nein, nein, ich meine: Was bringst du in die Welt, was würde es ohne dich nicht geben?«

Na, das war jetzt aber eine bescheuerte Frage! Denn leider war es definitiv mal piepegal, ob sie auf diesem Planeten weilte oder nicht.

»Meine Kinder.«

Will schüttelte dezent den Kopf. »Ooookay.« Er zwirbelte seinen Bart, was Ellen unvermittelt an Tom denken ließ.

»Ja, aber was bringst du selbst?«

»Das wird mir gerade echt zu esoterisch.«

Will grinste jetzt und zeigte dabei seine blitzend weißen Zähne. »Wir sind hier in San Francisco.«

»Was bringst du denn in die Welt?«

»Ich mache Frauen glücklich«, antwortete er allen Ernstes, und Ellen erwartete fast schon, dass er sich vielsagend in den Schritt greifen würde. Stattdessen verkündete er feierlich: »Ich schreibe ein Buch über Frauen.«

»Aha.« Ellen drehte ihr Weinglas am Stiel hin und her. Wie interessant. Dann war er also auch noch Schriftsteller. Wow.

»Hier in der Bay Area ist man zwar entweder in der Esoterik- oder in der Digitalbranche – aber ein Buch schreiben wir alle.«

»Ist es ein Roman?«

»Eher ein Sachbuch.«

Das irritierte sie nun doch ein bisschen. Er war ja kein Wissenschaftler oder Psychologe oder so.

»Ein Sachbuch über Frauen?«

»Ja.« Er nickte. »Darüber, ob man als Mann gleich erkennen kann, was für eine Frau man vor sich hat. Ob es sich lohnt, sie anzubaggern. Würde sie sich auf ein Abenteuer einlassen? Und darüber, wie man am besten in Kontakt kommen kann, um das herauszufinden. Viele Männer machen da echt alles verkehrt.«

Ellen trank den Rest von ihrem Wein aus. Sie war also sein Studienobjekt, mehr nicht.

»Und?«, fragte sie dann.

»Ganz einfach: Du bist auf der Suche. Du würdest mit jedem flirten, der dir signalisiert, dass du interessant bist.«

Ellen schnürte es die Kehle zu.

»Wenn man dir genug Zeit gibt und den Eindruck vermittelt, man würde sich für dich auch als Mensch interessieren, könntest du dich auf ein Abenteuer einlassen.«

Was tue ich hier eigentlich? Ellens Herz fing an zu rasen. Sie sollte in der Bretagne mit einem Krimi im Liegestuhl liegen und dort gepflegt auf ihren Tod warten.

»Nach allem, was du gesagt hast, glaube ich, dass du im Bett eher leidenschaftlich bist. Aber was das Beste an dir ist: Du würdest keinen Stress machen, wenn man sich danach nicht mehr bei dir meldet.«

Sie sollte aufstehen und sich umgehend ein Taxi rufen. Nichts wie raus hier. Was für ein Arschloch! Ellen zitterte am ganzen Körper.

»Du machst keinen Stress, weil du der Typ bist, der seine Wut nach innen frisst, sonst hättest du mir nämlich schon längst eine Ohrfeige gegeben.«

Nein, dachte sie, nein, du Arschloch, hätte ich nicht. Viel lieber hätte sie ihm den teuren Wein ins Gesicht geschleudert.

»Ich bin eben eine Lady und keine Bitch.« Sie machte Anstalten zu gehen.

Er legte seine Hand auf ihren Arm, den sie sofort wegzog.

»Und nun bist du sauer, weil ich die Wahrheit gesagt habe, nicht wahr?«

»Das nennst du großspurig ›die Wahrheit‹? Ernsthaft? Du weißt nichts über mich, nicht das Geringste. Und ich finde es zum Kotzen, wie perfide du Frauen für ein derart bescheuertes

Buch benutzt, was noch dazu kein Mensch auf der Welt braucht.«

»Da täuschst du dich. Bevor ich mit meinem Buch angefangen habe, wusste ich nie, worüber ich mit Frauen reden soll und wie ich mit ihnen ins Gespräch kommen kann. Ich war ein echter Loser, was Frauen angeht.«

»Was für eine lächerliche Mitleidsmasche! So wie du aussiehst, hattest du ganz sicher noch nie Probleme, jemanden abzuschleppen!«

Will unterdrückte ein Grinsen und versuchte ehrlich empört auszusehen.

Ellen stand auf. Was für ein Idiot!

»Ellen, hat dir unser Gespräch denn keinen Spaß gemacht?«, rief er hinter ihr her.

Doch, leider hatte es das, musste sie sich eingestehen, während sie sich durch die plaudernde Menge hindurch nach draußen schlängelte.

Will war ihr gefolgt und legte genau in dem Moment eine Hand auf ihre Schulter, als sie den Ausgang erreicht hatten.

Sie schüttelte ihn ab, trat auf die Straße und suchte nach einem Taxi. In diesen Schuhen konnte sie leider nicht davonrennen. Gott, was für ein bescheuerter Abend, Gott, wie war sie doch naiv!

»Ellen, warte doch. Bitte.«

Er stellte sich vor sie und sah sie an. »Es tut mir leid. Ich wollte dich ganz sicher nicht verletzen, ich fand es schön, mich mit dir zu unterhalten. Warum nimmst du das denn so schwer?« Er sah Ellen mit einem dermaßen ehrlich zerknirschten Hundeblick an, dass sie es trotz ihres Zorns nicht übers Herz brachte, ihn einfach stehen zu lassen.

»Warum rennst du weg, anstatt dich über mein Buch lustig zu machen? Du könntest es den verzweifelten Versuch eines lächerlichen kleinen Jungen nennen, der irgendeinen Sinn im Leben sucht oder der sich wichtigmachen will. Du könntest mich einen lächerlichen Möchtegernschreiberling nennen.«

»Bounty«, murmelte Ellen, und plötzlich war ihre Wut wie weggeblasen. Er hatte recht, es gab keinen Grund davonzurennen, denn wenn sie ehrlich war, hatte sie sich bestens amüsiert. Er hatte sie herausgefordert, und das hatte ihr im Grunde gefallen. Und sie wollte ihn nicht heiraten, wollte nicht mal eine Affäre mit ihm, ja sie kannte ihn nicht mal. Was war verkehrt daran, sich gut zu unterhalten, egal warum? Musste man lautere Motive haben, wenn man mit Ellen Schneyder redete? Offensichtlich. Klar war der Typ ein blödes Arschloch, und leider waren die Rückschlüsse, die er aus ihrem Verhalten gezogen hatte, nicht mal so falsch. Aber er hatte recht: Warum es ihm nicht mit gleicher Münze heimzahlen? Alles besser als alleine in ihrem Apartment herumzusitzen und aus dem Fenster zu starren. Doch wenn sie mit ihm zurück in die Bar ging, dann hätte er gewonnen, und diesen Triumph konnte und wollte sie ihm einfach nicht gönnen.

»Du hast vollkommen recht. Du bist einfach nur ein Wichtigtuer, und die mag ich nicht besonders. Und ich schätze mal, keine Frau, die im Vollbesitz ihrer geistigen Kräfte ist, mag es, so vorgeführt zu werden. Aber danke für das Erlebnis, war 'ne nette Bar.«

»Wenn du so wütend bist, siehst du sogar noch bezaubernder aus. Ich würde dich jetzt gern küssen.«

»Vergiss es«, schnaubte Ellen, trat an den Straßenrand und blickte sich nach einem Taxi um. Und wenn sie sich doch küssen ließe? Wie lange hatte sie niemanden mehr geküsst? Gefühlte hundert Jahre. Und was konnte dabei schon groß passieren?

Will trat neben sie. »Hier kommt nie ein Taxi vorbei, aber ich kann dir ein Uber rufen.«

»Gut.« Sie sah ihm dabei zu, wie er auf dem Handy herumtippte. »In zwei Minuten ist es da«, sagte er und grinste. »Reichlich Zeit für einen Abschiedskuss.« Er beugte sich vor, verharrte noch einen Moment – offensichtlich erwartete er Protest oder eine Ohrfeige –, und als Ellen ihn stattdessen herausfordernd ansah, küsste er sie auf den Mund.

Seine Lippen waren weich, voll und trocken und schmeckten nur leicht nach Bier. Sie passten gut zu seinem Geruch nach Zigaretten, Weichspüler und Meer. Ellen spürte, wie ihr Puls sich beschleunigte. Das gefiel ihr, ja es gefiel ihr so dermaßen, dass sie ganz weich wurde. Ihre Abwehr schmolz dahin, und stattdessen machte sich eine starke Sehnsucht in ihrem Körper breit. Hoffentlich war das Uber bald da, um dem ein Ende zu machen.

Schwer atmend zog Will sich zurück und zeigte auf einen weißen Ford, den Ellen gar nicht hatte kommen hören.

»Wow.« Er schnaufte immer noch. »Ich wusste ja, du bist der leidenschaftliche Typ.« Er lächelte sie an, winkte dem Fahrer zu, ging um das Auto herum und hielt ihr die Tür auf.

»Was hältst du davon, wenn ich mitkomme und wir das noch ein bisschen vertiefen?«, fragte er.

»Ach, weißt du, ich war noch nie wirklich wild auf Bounty«, erwiderte Ellen lächelnd. Sie stieg ein, zog die Tür zu und gab dem indischen Fahrer ihre Adresse.

Nachdem sie losgefahren waren, spürte sie, wie von ihrem Bauch aus ein glückliches, sattes Gefühl aufstieg, das sie immer breiter lächeln ließ. Was für ein Kuss! Was für ein Abgang!

Ich glaube, jetzt bin ich bereit für einen Ortswechsel, dachte sie und checkte in ihrem Handy, wann der nächste Flug nach Auckland ging, der einen Anschluss nach Samoa hatte. Schon übermorgen Abend. Perfekt!

25. KAPITEL

Nach all den interessanten Erlebnissen, die Ellen auf ihren letzten Flügen gehabt hatte, war sie fast ein bisschen enttäuscht, auf dem langen Flug nach Auckland eine ganze Reihe für sich allein zu haben. Als sie später müde wurde, fand sie es dann aber doch herrlich, sich ausstrecken und dösen zu können.

Beim Einschlafen ließ sie ihre bisherige Reise noch einmal vor ihrem inneren Auge Revue passieren. Wieder einmal fragte sie sich, warum *Casablanca*-Steve wohl geweint hatte. Nach der Sache mit dem Verlobungskuchen hatte sie darauf getippt, dass er genau wie sie seine große Liebe an jemand anderen verloren hatte, aber mittlerweile war sie bei sehr viel abstruseren Erklärungen angelangt. Vielleicht war er ein verhinderter Regisseur oder Drehbuchautor, der erkannt hatte, dass er niemals so ein Meisterwerk erschaffen würde, wie er sich vorgenommen hatte. Oder er war der Enkel von Humphrey Bogart aus der heimlichen Affäre mit seiner Hairstylistin Verita Thompson. Und vielleicht war Steve gerade mit der von seiner Mutter geerbten Friseursalonkette pleitegegangen. Und der Kuchen war bloß für die Verlobung seiner Stiefschwester gewesen und hatte nichts mit den Tränen im Flieger zu tun.

Das erinnerte Ellen an Cassie und Mrs. Blaukraut. Ob die

beiden wohl miteinander auskamen? Und was würde Tom zu ihrer Karte aus San Francisco sagen? Immerhin hatte sie, nachdem ihre Flüge bestätigt waren, den ganzen letzten Tag damit verbracht, die richtige Postkarte für ihn zu suchen. Den Text hatte sie, wie gehofft, in dem Robert-Frost-Band gefunden.

Der nicht genommene Weg

Zwei Wege trennten sich im gelben Wald,
und weil ich leider nicht auf beiden gehn
und einer bleiben konnte, stand ich lang
und sah, so weit es ging, dem einen nach
bis dort, wo in der Dickung er verschwand.

Ich nahm den andern dann, auch der war schön
und hatte wohl noch eher Anspruch drauf:
Er war voll Gras und wollt begangen sein.
Was das betraf, so schien's, dass beide schon
vom Wandern ähnlich ausgetreten waren,

und beide lagen an dem Morgen gleich
in Laub, das noch nicht schwarz von Tritten war.
Ich ließ den ersten für ein andermal!
Wiewohl: Ein Weg führt in den nächsten Weg;
ich hatte Zweifel, je zurückzukehren.

Mit Seufzen sprech ich sicher einst davon
nach langer, langer Zeit und irgendwo:
Zwei Wege trennten sich im Wald, und ich –
ich nahm den Weg, der kaum begangen war,
das hat den ganzen Unterschied gemacht.

Bei der Suche nach einer Karte, die dazu passen würde, war Ellen auch in einer Papeterie gelandet, in der gefühlt zweihundert verschiedene Hochzeitskarten angeboten wurden. Unglaublich, was man sich heute alles zur Hochzeit schicken konnte! Das alles erinnerte sie nicht nur an ihr »Ja, heirate ihn!«-Buch, sondern auch an Sharon und deren Enthusiasmus. Deshalb kaufte sie kurz entschlossen eine Karte, die mit weißer Spitze überzogen war und gut zu Sharons Hochzeitskleid passen würde. Einen Moment lang war sie versucht »Ja, heirate ihn!« darauf zu schreiben, aber sie wollte nicht zynisch sein, auch wenn Sharon die Geschichte hinter diesem Satz ja gar nicht kannte. Deshalb entschied Ellen sich lieber für ein Zitat von Shakespeare aus dem Sonett 116, an das sie bis vor Kurzem wirklich geglaubt hatte. Und vielleicht würde Sharon ja gelingen, worin Ellen versagt hatte.

Liebe wechselt nicht mit Stunde oder Woche,
weit reicht ihre Kraft bis zum letzten Tag.

Zwei Papierläden später fand sie dann endlich auch für Tom die richtige Karte mit einem Foto aus der Zeit von 1906, direkt nach dem Erdbeben. Darauf war eine Straße mit Pflastersteinen zu sehen, durch deren Mitte ein unregelmäßiger, tiefer dunkler Riss verlief. Die handkolorierten Häuser rechts und links waren nur angeschnitten. Sie stellte sich vor, wie Tom beim Lesen seinen komischen geflochtenen Ziegenbart kneten und grübeln würde, was Ellen ihm wohl mit dem Bild und dem Gedicht von Robert Frost sagen wollte. Dabei wusste sie selbst nicht genau, warum sie diese Karte ausgesucht hatte, aber sie spürte tief in ihrem Innern, dass der Riss passend war. Und es war dieser Riss, an den sie vor dem Einschlafen im Flieger als Letztes dachte.

Sie erwachte erst kurz vor der Landung in Auckland und war überrascht, wie fit sie sich fühlte. Auch das Umsteigen in die kleine Maschine, mit der sie dann wieder ein Stück zurück Richtung Samoa fliegen musste, verlief problemlos, genauso wie die Landung in Apia.

Von oben hatte Samoa ausgesehen wie eine photogeshopte Werbung für das Paradies. Direkt um die Insel herum mit ihren weißen Stränden und grünen Pflanzen in der Mitte leuchtete das Wasser strahlend türkisblau, bis hin zu einem Korallenriff, das die Insel wie ein Ring umgab und an dem die tiefdunkelblauen Wellen des Pazifiks sich weiß schäumend brachen.

Auf dem Weg ins Hotel konnte Ellen es immer noch nicht fassen, dass sie es wirklich in die Südsee geschafft hatte. Sie schwitzte noch mehr als in Toronto und gratulierte sich dazu, dass sie ohne Richard hier war. Ob es hier auch diese komischen Würmer gab?

Das alte Taxi, dessen Innenraum mit Blumen- und Muschelketten, Rosenkränzen, Heiligenfiguren und bunten Stoffen dekoriert war, wurde von Joseph, einem weißhaarigen, sehr redseligen Mann gelenkt, der völlig begeistert von der Tatsache war, dass Ellen aus Deutschland kam. Zuerst einmal erläuterte er ihr ausführlich, dass die Zeit unter australischer Herrschaft, nicht die unter den Deutschen, in Samoa als die schlimme Kolonialzeit galt. Die Deutschen hätten nämlich viel Gutes nach Samoa gebracht, zum Beispiel das Katasteramt.

Das Katasteramt? Ellen unterdrückte ein Grinsen. Okay, darauf konnten die Deutschen wirklich stolz sein.

Niemand habe sich vorher die Mühe gemacht, so fuhr der gut gelaunte Taxifahrer fort, Grund und Boden, Hügel und Täler zu vermessen und den jeweiligen Eigentümer zu ermitteln.

Die Straße vom Flughafen zur Hauptstadt verlief am Meer entlang. An einigen Kreuzungen waren die Ampeln ausgefallen, und der Verkehr wurde von der Polizei geregelt. Erstaunt bemerkte Ellen, dass die Polizisten zu dem dunkelgrünen Uniformhemd, dem weißen Hut und weißen Handschuhen einen grünen Rock trugen. Joseph erklärte ihr, amüsiert über ihre überraschte Frage, dass man diesen traditionellen samoanischen Wickelrock Lava-Lava nenne und er von Männern *und* Frauen getragen werde. Aber viel interessanter als das seien die Kirchen von Samoa.

Sobald eine der gigantischen Kirchen in Sicht kam, bremste Joseph abrupt ab und hielt Ellen mit stolzgeschwellter Brust einen Vortrag darüber, wie religiös man hier auf Samoa sei und welche der christlichen Religionen dieses Wunderwerk von Kirche zu verantworten habe. Ellen betrachtete diese Gebilde, von denen sie eines scheußlicher fand als das andere, hielt sich mit ihrer Meinung aber zurück, denn schließlich war sie hier Gast. Ihr Fahrer gab sich als Mormone zu erkennen, und als sie nur lahm auf seine Begeisterung reagierte, verlieh er seiner Hoffnung Ausdruck, dass sie keine dieser neumodischen Atheistinnen sei, sondern eine echte Christin. Schließlich sei das gut für ihr Seelenheil und das ihrer Familie. Und natürlich hoffte Joseph auch, Gott habe Ellen reich mit Kindern gesegnet.

Seine unverblümte Art gefiel Ellen sehr viel besser als der Anblick der Kirchen. Während ihr die Hitze immer mehr zu Kopf stieg, murmelte sie höflich ein paar nichtssagende Phrasen und blickte weiter neugierig aus dem Fenster. Neben Palmen sah sie jetzt überall Büsche mit kleinen weißen Blüten, deren intensiver süßer Duft beim Vorbeifahren ins Auto strömte. Außerdem entdeckte sie Hibiskussträucher, deren üppige Blüten schon von Weitem rot oder gelb leuchteten wie versprengte Ampeln. Akkurat geschnittene, sattgrüne Rasenflächen säumten die Straßen, alles wirkte wie frisch gestutzt und geputzt. Nirgends lag auch nur ein Kronenkorken, Zigarettenstummel oder Taschentuch auf der Straße. Hin und wieder tauchten zwischen den Pflanzen auch Hüttenansammlungen mit Palmdächern auf. Allerdings schien es keine Häuser mit Wänden zu geben. Ellen konnte überall in das Innere der Hütten schauen, wo Betten mit bunten Decken standen, manchmal eine Kommode, hin und wieder auch Stühle. Am Anfang und Ende jeder Hüttenansammlung befanden sich am Straßenrand merkwürdige Holzgestelle, die aussahen wie eine Plattform und nur über eine Leiter zu erklimmen waren. Die seien für den Müll, erklärte Joseph, als er ihre fragenden Blicke bemerkte, und deshalb so hoch gebaut, um Ratten und Hunde fernzuhalten.

Mit Schwung hielt er vor ihrem kleinen Hotel in Apia, stellte Koffer und Handgepäck neben das Auto, kassierte und verabschiedete sich so traurig von Ellen, als wäre sie seine Tochter auf dem Weg ans Ende der Welt. Dann wartete er, bis sie ihr Gepäck die Treppen nach oben zur Rezeption geschleppt hatte, rief ihr ein herzliches »*Tofa soifua*« zu und fuhr los.

In der Rezeption quälten sich zwei müde Ventilatoren erfolglos damit ab, etwas Bewegung in die feuchtheiße Luft zu bringen. Als niemand kam, schaute Ellen sich nach einer Klingel um, konnte aber keine entdecken. Sie versuchte es mit einem zaghaften, dann lauteren »Hallo?« und kam sich ziemlich dämlich vor, als nichts passierte.

Plötzlich fühlte sie sich grenzenlos erschöpft. Wenn Richard mit ihr hier wäre, würde er so lange mit der Faust auf den Tresen hämmern, bis jemand käme. Aber ihr Exmann kümmerte sich jetzt um seine kleine Hanna. Um Ellen würde sich niemand je wieder kümmern. Nicht mal mehr ein Taxifahrer. Aber vielleicht war das ja so etwas Samoanisches, womöglich trugen die Männer hier nur ihre Frauen auf den Händen und sonst nichts. Kein Grund, in Selbstmitleid zu versinken. Etwas entschlossener rief sie noch einmal: »Hallo?«, dann gab sie es auf und setzte sich schließlich auf einen der weiß lackierten Schaukelstühle auf der überdachten Veranda, die um das Hotel herumlief.

Sie musste eingeschlafen sein, denn als sie erwachte, dämmerte es schon. Eine junge, sehr hübsche Frau mit einer Haut wie schimmernde Bronze stand vor ihr. Sie trug eine schwarz gemusterte Bluse und einen dazu passenden, in der Taille locker geknoteten Wickelrock. Ihre üppigen sattbraunen Haare waren aufgesteckt und über den Ohren rechts und links mit den weißen Blüten geschmückt, die Ellen schon bei der Taxifahrt hierher aufgefallen waren. Die junge Frau fragte, ob sie Mrs Schneyder sei, und hielt ihr ein Tablett mit einem orangefarbenen Getränk hin, von dessen Glaswänden die Kondenstropfen abperlten. Ein Geschenk des Himmels! Ellen griff danach und nahm einen großen Schluck Maracujasaft, der zwar extrem süß, dafür aber herrlich kalt war.

Die junge Frau hieß Maria und führte Ellen zu ihrem Zimmer, das neben einem viereckigen Pool aus blauem Gummi lag, der mit seinem starken Chlorgeruch leider den Duft der tropischen Blumen verdrängte. Von der anderen Seite des Pools, wo sich offensichtlich die Küche befand, drängte sich das fischige Aroma von altem Frittierfett in Ellens Nase.

In ihrem Zimmer roch es nach feuchter Baumwolle. Maria zeigte ihr, wie der Ventilator funktionierte, und teilte ihr mit, Alicia Telefoni habe angerufen und würde sie gegen sieben Uhr zum Abendessen abholen.

Ellen blieb noch genau eine Viertelstunde zum Duschen. Sie verzichtete darauf, den Koffer ganz auszupacken, und zupfte sich nur die Sachen heraus, die sie brauchte. Zwar hatte sie gewusst, dass es Ende August in Samoa heiß sein würde, aber nicht, wie feucht diese Hitze wirklich war. Wenige Minuten nach der Dusche tropfte ihr der Schweiß schon wieder von der

Stirn, die Wirbelsäule entlang, ja sogar über Knie und Schienbeine!

Keines der Kleidungsstücke, die sie dabeihatte, schien ihr das richtige zu sein, alles war viel zu dick. Schließlich zog sie ihr luftigstes Sommerkleid an, das eigentlich eher eine türkisfarbene Strandtunika war. Ärmellos, sehr kurz, tief ausgeschnitten und auch noch leicht durchsichtig. Egal, Hauptsache, nicht zu warm.

Als sie an der Rezeption ankam, wo sie nach einem WLAN-Zugang hatte fragen wollen, fand sie die wieder verlassen vor. Sie sparte sich das Rufen, setzte sich in den Schaukelstuhl und wartete.

Während sie träge hin- und herschaukelte, fragte sie sich, wie bei einer derartigen Hitze auch nach Sonnenuntergang überhaupt irgendein Mensch mehr tun konnte, als dazusitzen, sich sanft hin- und herzuwiegen und zu atmen.

26. KAPITEL

Als plötzlich eine kleine dicke Frau in einem langen, weiß geblümten Kleid auf sie zu stürmte, sich als Alicia zu erkennen gab und wortreich für ihre einstündige Verspätung entschuldigte, konnte Ellen gar nicht glauben, dass sie schon wieder eine ganze Stunde hier gesessen hatte.

Alicia wiegte ihren mächtigen Körper in den Hüften wie ein junges Mädchen und wackelte so temperamentvoll mit dem Kopf, dass Ellen davon überzeugt war, ihr kunstvoller Hut aus Stoffbändern, Tüll und den kleinen weißen Blumen müsste jeden Moment herunterfallen, was aber nicht passierte.

Ein Notfall in der Redaktion habe sie aufgehalten, und sie sei so froh, dass Ellen noch hier auf sie wartete. Sie würden jetzt umgehend zu ihrem Mann Misa Peter Paul Telefoni fahren, der es kaum erwarten könne, sie kennenzulernen.

Als Ellen eilig aufstand, um ihre Handtasche zu holen, wurde Alicia plötzlich ganz still und druckste ein wenig herum. Wie sich herausstellte, war Ellens Outfit nicht geeignet, um in Samoa auszugehen. Ein Rock und nackte Unterschenkel waren okay, aber derart viel Bein ging gar nicht, und unter keinen Umständen war es denkbar, so einen durchsichtigen Stoff bei einem Essen mit ihrem Mann Misa Peter Paul Telefoni zu tragen. Sie würden schließlich in ein christliches Lokal gehen, in dem man ihren Mann und seine Besucher genau beobachten würde.

Alicia erklärte ihr, dass ihr Mann zwar kein Pfarrer sei, aber der Matai, also das Familienoberhaupt, und zudem eine hohe Position im Kirchenrat habe, der man Respekt zollen müsse.

Ellen war völlig vor den Kopf gestoßen – denn ihr Vorschlag, auf Hosen auszuweichen, war leider auch nicht gern gesehen. Zum Glück fand Alicia eine Lösung. Sie lief in die Küche und kam kurz darauf mit der hübschen jungen Frau zurück, die Ellen den Saft gebracht hatte. Alicia redete so lange auf sie ein, bis diese höchst widerwillig den winzigen Souvenirshop des Hotels aufsperrte und Alicia einen schwarzen Lava-Lava mit großen roten Hibiskusblüten verkaufte, den sie an Ellen weiterreichte. Die kam gar nicht dazu, irgendwelchen Protest zu äußern, und fand sich kurz darauf in ihrem Zimmer wieder, wo sie versuchte, ein T-Shirt zu finden, das zu dem Rock passte. Zugegeben, der Rock war perfekt für die Hitze geeignet, aber Ellen fühlte sich doch etwas überfahren.

Als sie endlich in Alicias Auto saßen, war eine weitere Stunde vergangen, und Ellens Magen knurrte vernehmlich.

Das Lokal lag nicht direkt am Meer, sondern etwas oberhalb von Apia und bot einen schönen Ausblick auf einen tropischen Garten, in dem überall kleine weiße Papierlaternen wie kleine Geister im Wind schwebten. Alicias Mann, Misa Peter Paul Telefoni, reichte Ellen die Hand, blieb aber sitzen und erklärte ihnen mit donnernder Baritonstimme und ohne auch nur das kleinste Bedauern, dass die Küche gerade zugemacht habe.

Peter Paul Telefoni war ein großer Mann mit breiten Schultern und weißem Haar, was zu seiner dunkel schimmernden, an Malzbonbons erinnernden Haut sehr beeindruckend wirkte, und verströmte eine Autorität, von der Richard sich mühelos noch drei Scheiben hätte abschneiden können. Man würde diesem Mann im Falle eines Atomschlags sofort sein Baby anvertrauen. Eine Aura von selbstverständlicher Bedeutsamkeit umwehte ihn, und Ellen hätte sich nicht gewundert, wenn er sich Telefoni, Kaiser und Gott der Dritte genannt hätte. Er war ein Matai mit deutschen und portugiesischen Vorfahren, wie Alicia ihr auf der Fahrt erklärt hatte. Der Matai war der Clanchef, der sich um die Geschicke seines Dorfes zu kümmern hatte, und wurde mit Misa angesprochen. Ohne seine Einwilligung durfte in seinem Dorf niemand heiraten. Er entschied, wer wo arbeiten sollte und wie viel das Dorf als Strandgebühr von den Touristen kassierte.

Alicias Mann nickte ihr zu, winkte der Bedienung und gab ihr ein Zeichen, woraufhin zwei Kokosnüsse gebracht wurden, in die man ein Loch für einen Strohhalm gebohrt hatte und die vor Alicia und Ellen hingestellt wurden.

Ellen fragte die Bedienung, ob es nicht wenigstens irgendwas zum Knabbern gebe, doch die Kellnerin bedauerte mit einem sanften Lächeln. Es war leider zu spät. Und Alicias Mann gab zu verstehen, dass aufrechte Leute in Samoa früh aufstünden, früh aßen und früh zu Bett gingen.

Und zu früh ejakulierten, dachte Ellen etwas bösartig. Aus der Traum von einem warmen Essen mit samoanischen Spezialitäten, gekrönt von einem Glas eiskalten neuseeländischen Weißweins. Sie bedankte sich trotzdem für die Kokosnuss und trank gierig davon in der Hoffnung, dass sie sich vielleicht als ein kleiner Ersatz für das erhoffte Essen entpuppen würde. Doch leider befand sich in der Nuss nur eine leicht prickelnde, wässrige Substanz, die kaum Geschmack hatte. Ihr Magen grummelte empört. Seit dem Abendessen im Flieger vor über dreißig Stunden hatte sie in Auckland nur ein labberiges Sandwich gegessen. Sie fragte Alicia, ob man nicht doch etwas Brot bestellen könne, doch ihr Mann erklärte mit einem Kopfschütteln, dass auch dies unmöglich sei. Okay, dachte Ellen, dann beende ich also meinen ersten Tag im Paradies mit Fasten. Dinner war so was von gecancelt.

Alicias Mann wollte wissen, was Ellen nach Samoa geführt hatte. Aber bevor Ellen antworten konnte, übernahm Alicia das Ruder und erläuterte ihm, Ellen sei die Freundin von Ricarda, die sie damals für ihre Hochzeit um eine Karte aus Samoa gebeten habe. Aha. Richard war also gerade zu Ricarda geworden. Misa Peter Paul Telefoni betrachtete Ellens Hand und fragte, was ihre Ehe denn dann verhindert habe. Er drehte demonstrativ seinen breiten goldenen Ehering und kniff seiner Frau schmunzelnd in die Wange. »Eine Frau ohne Mann ist schließlich wie ein Boot ohne Paddel.«

Alicia kicherte verlegen wie eine Dreizehnjährige.

»Oh, ich war durchaus verheiratet«, erklärte Ellen, nachdem Alicia sich wieder beruhigt hatte.

»Das tut mir leid.« Misa Peter Paul bekreuzigte sich. »Doch ihr werdet einst im Himmel wieder vereint sein«, erklärte er salbungsvoll, und Alicia nickte ergeben.

»Bei uns tragen die Witwen dann beide Ringe, so weiß jeder, wie man ihnen begegnen muss.«

»Aber …«, setzte Ellen an, um das richtigzustellen, schließlich war sie keine Witwe. Doch Alicia legte rasch ihre Hand auf Ellens Arm und drückte ihn fest.

»Und wie viele Kinder haben Sie?«, fragte Alicias Mann, der Ellen nun ein wenig zugewandter erschien.

»Zwei, Lukas und Mia.«

»Oh, nur zwei? Da muss Ihr Mann ja schon lange krank gewesen sein«, murmelte er betroffen.

»Ich habe sieben Kinder«, beeilte sich Alicia zu erklären. »Peter, Paul, John, Sebastian, Anna, Maria und Joanna.«

»Ja, wir sind wirklich reich gesegnet.« Misa Peter Pauls Handy vibrierte. Er sah nach und schürzte die Lippen.

»Liebes, ich muss noch mal in die Redaktion, wegen dieses Vorfalls in Salani.« Er stand auf, nickte Ellen zu und verließ das

Restaurant, woraufhin Ellen und Alicia sofort die Rechnung gebracht wurde, als bestünde Gefahr, dass sie die Zeche prellen wollten.

Alicia hatte nicht genug Geld dabei, und Ellen hatte noch gar keine Gelegenheit gehabt, Geld zu wechseln, deshalb schlug sie vor, mit Karte zu bezahlen, was Alicia ohne zu zögern annahm.

Irgendwie entbehrte es nicht der Ironie, dachte Ellen, dass sie gerade mit immer noch knurrendem Magen ein offensichtlich üppiges Mahl bezahlte.

»Danke, dass du Peter nichts von Richard gesagt hast und auch nichts von eurer Scheidung. Mein Mann mag es nicht, wenn ich solche Frauen treffe.«

Solche Frauen? Was meinte Alicia denn damit? Das klang wie aus dem letzten Jahrhundert! Und was hätte Ellen denn von Richard erzählen sollen? Er hatte doch immer behauptet, Alicia sei die Freundin von seinem alten Freund mit der Tauchschule?

»… und wenn mein Mann wüsste, dass ich vor unserer Ehe mal mit Richard zusammen war, wären er und meine Kinder entehrt.«

Aha. Sieh an. Richard hatte Ellen also angelogen, aber womöglich ja auch nur, um Alicia zu schützen. So kleinkariert und rigide hatte Ellen sich das Paradies nicht vorgestellt.

»Wo habt ihr euch eigentlich kennengelernt?«

»Hat Richard das denn gar nicht erzählt? Meine Eltern haben eine große Fotosammlung aus der Zeit der deutschen Kolonialherrschaft, und ich habe ihnen dabei geholfen, eine Samoa-Ausstellung in Deutschland zu organisieren. Ich wurde zur Ausstellungseröffnung eingeladen, und danach sind die jüngeren Leute noch tanzen gegangen. Da bin ich Richard begegnet.«

»Beim Tanzen?«

Alicia wurde rot. »Er hat nicht getanzt, aber ich. Er saß am Rand und hat mich angestarrt. Ich hatte schon was getrunken und habe ihn mehr oder weniger auf die Tanzfläche gezerrt und bin dann um ihn herumgetanzt.«

»Aha.«

»Das ist mir jetzt aber wirklich peinlich …«

»Muss es nicht, wir haben uns ja getrennt.«

»Das ist schade, aber ich hätte ihn auch niemals geheiratet.«

»Und warum hast du dann diese ›Ja, heirate ihn!‹-Postkarte geschickt? ›Aloha Ellen, Richard will spice up your life! A man with ideas like that will warm your soul, marry him! P.S. If you do not, give me a hint and I'll cross the pacific.‹«

Alicias Gesicht glühte jetzt dunkelrot. »Mir war klar, dass er kein guter Christ war, und als ich gehört habe, dass er kirchlich heiraten wollte, dachte ich, das würde ihm guttun, und ich habe mich für ihn gefreut.«

»Soll das ein Witz sein? Weil er kein guter Christ war, hättest du ihn nie geheiratet?«

Alicia wand sich und sah sich immer wieder um, wie um sich zu vergewissern, dass ihnen niemand zuhörte. Irgendwann gestand sie leise:

»Ich fand ihn nicht besonders männlich.«

Einen Augenblick lang war Ellen sprachlos. Dann bekam sie einen Lachanfall. Ihr erster absurder Impuls war es nämlich gewesen, Richards Männlichkeit zu verteidigen, aber das konnte sie sich gerade eben noch verkneifen.

»Was meinst du denn mit männlich?«

»Könntest du bitte etwas leiser sprechen?«, flehte Alicia.

Plötzlich verspürte Ellen den Wunsch, ganz laut PENIS oder DEIN GELIEBTER zu sagen oder SEX oder ORGASMUS. Aber Alicia sah schon gequält genug aus.

»Er war so … unentschlossen«, fuhr diese fort. »Er wusste nicht, was richtig und falsch war, wollte keine Kinder. Er war kein Mann, der etwas darstellte.«

»Und ich dachte, du redest von ihm als Liebhaber.«

»Bitte, Ellen, leiser!«, zischte Alicia.

»Wenn dir das alles so peinlich ist, warum hast du mir dann überhaupt auf meine Mail geantwortet?«

»Weil Misa Peter Paul es gernhat, wenn wir interessante Menschen aus Übersee in unserer Gemeinde begrüßen können. Und wir würden uns alle sehr freuen, wenn du morgen mit zur Kirche kämst.«

Das lehnte Ellen freundlich, aber bestimmt ab. Ein wenig enttäuscht rief Alicia ein Taxi, um Ellen nach Hause zu bringen, weil ihr Mann das Auto mitgenommen hatte. Sie erklärte ihr, dass ihr Mann und der Pfarrer das einzige Auto im Dorf besaßen. Auf dem Rückweg wiederholte Alicia ihre Einladung, am nächsten Morgen zum Gottesdienst zu kommen, was Ellen erneut ablehnte.

Am Hotel angekommen, bezahlte Ellen dann das Taxi noch bis zu Alicias Wohnung, weil die ja kaum Geld dabeihatte. Alicia wünschte ihr eine gute Nacht und drückte sie fest an ihren mächtigen Busen, wobei die Blumen an ihrem Hut über Ellens Wangen kratzten. Ellen winkte ihr nach, während sie darüber nachdachte, wo sie jetzt wohl noch etwas zu essen herbekommen könnte. Sie schleppte sich die Treppe zur Rezeption hinauf und hoffte, dass man ihr hier eine Packung Chips oder was auch immer man in Samoa knabberte, verkaufen würde, aber es war niemand da. Auch als sie immer lauter in verschiedene Richtungen »Hallo?« rief, rührte sich nichts.

Sie duschte noch einmal und ließ sich nackt ins Bett fallen, wo sie dann hungrig und erschöpft in einen unruhigen Schlaf fiel.

27. KAPITEL

Am nächsten Morgen erwachte Ellen gerädert und mit einem solchen Bärenhunger, dass sie am liebsten sofort in den Frühstücksraum gestürzt wäre. Allerdings war es noch etwas zu früh. Egal, sie wollte nicht länger in den durchgeschwitzten Laken liegen bleiben. Also rappelte sie sich hoch und stand auf. Doch sofort musste sie sich wieder an der Wand abstützen, denn das ganze Zimmer drehte sich um sie herum. Sie sah schwarz-silberne Sternchen und sank zurück aufs Bett.

Nachdem das hektische Flimmern aufgehört hatte und sie wieder klar denken konnte, wünschte sie sich zum ersten Mal in ihrem Leben eine eiskalte Cola mit viel Zucker. Die würde ihren Kreislauf besser in Schwung bringen als heißer Kaffee. Vielleicht gab es im Hotel irgendwo einen Getränkeautomaten?

An der Rezeption war sicher keiner, den hätte sie gestern gesehen. Aber vielleicht neben dem Pool? Sie trat an die Terrassentüren und blickte nach draußen in den Garten zu dem blauen Gummipool. Kein Automat in Sicht. Aber eine Runde Schwimmen im kühlen Wasser würde sie ganz sicher auch erfrischen.

Es kam ihr vor wie eine Herkulesarbeit, ihren Koffer zu öffnen und den Bikini zu suchen. Sie stellte den Ventilator schneller, aber der warme Luftzug veränderte sich kaum, selbst die Kleider und Tüten im Koffer schienen zu schwitzen. Schließlich fand sie Bikini und Flipflops, band sich den Lava-Lava wie einen Pareo um und lief zum Pool.

Draußen empfing sie ein Geruch nach tropischen Blumen, Chlor und Frittierfett, der ihr diesmal das Wasser im Mund zusammenlaufen ließ. Zu hören war nichts außer Vogelgezwitscher, Palmenrascheln und ein leises Gluckern aus dem Pool. Die Vögel klangen wie eine lustige Mischung aus Spatzen, Amseln, Meisen, eifrig trillernden Kanarienvögeln und krächzenden Papageien.

Trotz des frühen Morgens war es hier draußen sogar noch wärmer und feuchter als in ihrem Zimmer, und Ellen freute sich noch mehr auf das Schwimmen im kühlen Nass. Eine Dusche gab es nicht, weshalb sie gleich die provisorische Leiter ins Wasser hinabstieg.

Sie schnappte nach Luft.

Das Wasser hatte ungefähr die gleiche Temperatur wie die heißen Moorbäder, in die sie sich im Winter nach dem Skilaufen immer zum Aufwärmen gelegt hatte. Ja, es war möglich, im Pool noch mehr zu schwitzen als draußen! Sie legte sich auf den Rücken, starrte in den grauen Himmel und ließ sich treiben, zu mehr war sie nicht in der Lage.

Nach einer Weile entspannte das Wasser sie dann doch so weit, dass sie über sich selbst lachen musste. Sie war auf einer Insel, die viele für das Paradies hielten, und anstatt sich allein schon deshalb zufrieden und glücklich zu fühlen, reduzierte sich ihre gesamte Wahrnehmung auf die Hitze. Das musste aufhören. Schließlich lebten hier die *Happy People,* wie die Samoaner sich selbst bezeichneten, und das sollte was heißen! Es gab also Möglichkeiten, sich mit diesem Wetter zu arrangieren, man musste sich nur darauf einlassen. Und genau das würde sie ab jetzt auch tun, beschloss Ellen, denn sie war schließlich nicht Richard, der in diesem Klima ausgerastet wäre. Sie musste an Alicia denken. *Nicht männlich genug*. Das hätte ihn schwer getroffen.

Ein junges Pärchen betrat den Pool, der damit sofort voll war, und Ellen beschloss, den beiden etwas Privatsphäre zu gönnen. Sie lief zurück in ihr Zimmer, duschte und hoffte auf ein gigantisches Frühstück, das auf der Veranda neben dem Pool serviert wurde.

Drei junge Frauen und zwei ältere Matronen, alle in prächtige schwarz-bunt geblümte Lava-Lavas gekleidet, liefen mit sanft wiegenden Hüften gemächlich zwischen den wenigen Tischen hin und her und bauten das Büfett auf, das laut Aushang schon seit einer halben Stunde eröffnet sein sollte.

The happy people, erinnerte sich Ellen, um ihre aufkommende Gereiztheit zu stoppen. Sieh zu und lerne. Die Frauen schienen völlig im Reinen mit sich zu sein und in sich zu ruhen. Sie lächelten, während sie gemächlich ihre Aufgaben erfüllten, eine nach der anderen: Eine Frau trug einen Teller zum Büfett, die nächste brachte Toast und schichtete einen Turm aus labberigem weißen und braunen Scheiben davon auf den Teller. Dann wurde eine Schüssel mit Mangos gebracht, danach eine mit Papayas und schließlich ein Tellerchen mit Zitronen, ein fast leeres Glas Marmite und ein Schüsselchen bunte Marmelade. Dabei warfen die vier Frauen sich kurze Bemerkungen zu, kicherten und rückten danach die weißen Ohrblüten in den glatt frisierten Haaren wieder zurecht.

Ellen spürte, wie diese Gemächlichkeit alles in ihr zum Kribbeln brachte. Sie musste an sich halten, um nicht aufzustehen und das Ganze ein bisschen zu beschleunigen. Es dauerte gefühlt ein Jahrhundert, bis der kleine Tisch mit dem Büfett aufgebaut war. In der Zeit hätte Ellen ein Vier-Gänge-Menü gekocht.

Schäm dich, dachte sie. Wenn du so wenig offen für andere Kulturen bist, hättest du wirklich auch mit einem Krimi in der Bretagne bleiben können. Es musste der Hunger sein, der sie so unleidlich machte, und die bedauerliche Erkenntnis, dass es auf dem Büfett nichts gab, das ihr wirklich schmeckte. Doch bevor sie in diesem glücklichen Paradies noch verhungern würde, stand sie auf, stapelte jede Menge Toastscheiben auf ihren Teller und lief zum Toaster. Erst dann entdeckte sie den kleinen Zettel mit dem Hinweis: *Out of order*. Sie zuckte mit den Schultern, kratzte Marmite aus dem Glas auf ihren Teller, häufte Marmelade daneben, nahm einen zweiten Teller für das Obst und suchte sich einen Platz mit Blick auf den Pool und die gelb blühenden Hibiskussträucher. Kaum hatte sie sich hingesetzt, wurde eine Riesenplatte mit frittierten Pfannkuchen gebracht und auf ihren Tisch gestellt.

Das war genau der Moment, in dem das Pärchen vom Pool sich mit Freunden am Nebentisch niederließ und Ellens vollgehäufte Teller anstarrten. So sehr sie sich auch wünschte, zu ihrem Hunger zu stehen, es gelang ihr nicht, schließlich hatte sie eine merkliche Leere am Büfett hinterlassen, die nicht aufgefüllt worden war, und jetzt standen ausgerechnet bei ihr all diese Pfannkuchen. Warum hatte man die nicht aufs Büfett gestellt? Bekamen alle einen solchen Teller? Sollte sie sich zwei nehmen und den Rest aufs Büfett stellen?

Sie tupfte sich den Schweiß von der Stirn und schob sich ein Stück Pfannkuchen zusammen mit einem Stück Mango in den Mund. Erst mal essen. Während sie versuchte, sich auf den Geschmack zu konzentrieren, bildete sie sich ein, dass am Nebentisch über sie geredet wurde. *Binge eating*, da war sie sicher. *German killer invasion* konnte hingegen auch nur ihrer Fantasie entsprungen sein.

Die Tische füllten sich, das Büfett war und blieb leer, weshalb sich Ellen immer schlechter fühlte.

Schließlich waren die Tische so voll, dass ein glatzköpfiger Mann mit Kugelbauch sich mit einem Kopfnicken zu ihr setzte und sie ganz unverblümt fragte, ob sie ihm etwas abgeben würde. Erleichtert schob sie ihm die Platte mit Pfannkuchen und den Teller mit dem Toast hin und hoffte, dass damit die konsternierten Blicke zu ihrem Tisch aufhören würden.

Jim, wie sich ihr Tischnachbar vorstellte, war Direktor einer privaten Uni in Auckland und auf Akquisetour durch Samoa, denn viele samoanische Kinder gingen nach Auckland zum Studieren. Während er erzählte, pflügte er sich durch die Pfannkuchen und schmierte sich mehrere Sandwiches.

»Sie haben das einzig Vernünftige getan.« Er grinste.

Verblüfft ließ Ellen ihr Besteck sinken.

»Offensichtlich waren Sie schon öfter in Samoa.«

»Wie meinen Sie das?«

»Na, das Frühstück ist hier immer mies – übrigens müssen Sie Zitrone auf die Papaya träufeln, dann entfaltet sie erst ihren ganzen Geschmack.« Jim zerdrückte eine Zitrone über den restlichen Papayas, löffelte dann ungefragt ein paar Stücke auf ihren Teller und nickte ihr zu. Innerlich seufzend probierte Ellen davon und war überrascht, wie viel aromatischer die Frucht jetzt schmeckte.

»Und? Besser?« Ohne eine Antwort von ihr abzuwarten, redete er gleich weiter. »Sonntags ist das Frühstück dann allerdings eine echte Katastrophe, weil da nichts nachgefüllt wird. Denn sonntags geht hier gar nichts. Die Kirche legt das ganze Land lahm. Die meisten gehen gleich dreimal in die Kirche, und der Sabbat wird todernst genommen. Der einzige Ort, an dem Sie also heute was Vernünftiges zu essen kriegen, ist auf der anderen Seite von Upolu, im Coconut Tree und im Beach Dream, den beiden Luxusresorts. Die können es sich nicht erlauben, ihre Restaurants einfach dichtzumachen. Aber alles andere ist heute geschlossen. Und wenn Sie Pech haben, schaffen Sie es nicht mal auf die andere Seite, weil irgendein Matai die Straße seines Dorfes gesperrt hat. Sie haben doch hoffentlich schon ein Auto gemietet? Denn heute werden Sie nirgendwo eines bekommen.« Jim kratzte den Rest Marmite vom Teller und schmierte ihn auf die letzte Scheibe Schlabbertoast, den er dann mit drei Bissen verschlang.

Als Ellen zugab, dass sie nicht mal an ein Auto gedacht hatte, bot er an, sie mitzunehmen. Er könne sie auf der anderen Seite, im Südosten der Insel, am Lalomanu Beach, einem der Traumstrände der Insel, absetzen und nach ein paar Stunden wieder abholen.

Ellen lehnte ab, weil sie dachte, dass Jim nur ein Wichtigtuer war, der gnadenlos übertrieb, um jeden mit seinen Kenntnissen zu beeindrucken. Sie wollte sich das Robert Louis Stevenson Museum anschauen und durch Apia schlendern. Bei der Hitze wäre das genug Programm für den Tag. Eine Schnecke würde schneller vorankommen als sie.

Jim zuckte nur mit den Schultern. »Sie glauben mir nicht, aber Sie werden schon sehen. Ich bin mir sicher, es sind neben den kompromisslosen gesellschaftlichen Regeln nicht zuletzt auch diese restriktiven Sonntage, warum Samoa das Land mit der höchsten Selbstmordrate der Welt ist. Schließlich haben selbst hier viele Internet und sehen, wie frei man anderswo ist und welche Entfaltungsmöglichkeiten es gibt. Doch auf Samoa müssen Jugendliche gehorchen. Der Matai und die Kirche bestimmen ihr Leben, und jeder Fehltritt bringt einen so großen Ehrverlust für den Clan, dass für einige nur noch der Selbstmord eine Lösung ist. Die meisten vergiften sich übrigens mit Paraquat, das ist ein Pflanzenschutzmittel, das es hier überall zu kaufen gibt. Weil die Selbstmordrate so erschreckend ist, werden die Statistiken in Westsamoa auf Druck der Kirche hin schon seit einigen Jahren gar nicht mehr veröffentlicht.« Jim trank seinen Kaffee aus und grinste Ellen schief an. »Zum Glück sorgt die Kirche mit ihrer lächerlichen Verhütungspolitik dann aber auch dafür, dass es trotzdem noch genug Kinder gibt, die dann an unsere Unis kommen können.«

Ellen verschluckte sich fast an ihrem letzten Papayastück.

»Sie denken, ich bin zynisch, aber das bin nicht ich, sondern die Kirchen mit ihrer lächerlichen Doppelmoral. Für schwangere Jugendliche gibt es hier nur einen einzigen Ausweg: Selbstmord. Vergessen Sie alles, was Sie von dieser unsäglichen Margaret Mead über die angeblichen sexuellen Freiheiten hier auf Samoa gelesen haben. Alles Blödsinn! Es gibt kein Land auf der Welt, in dem die Missionare bessere Arbeit geleistet hätten. Aber ich muss los. Sind Sie sicher, dass Sie nicht doch mitkommen wollen?«

Ganz sicher nicht, lieber allein und einsam sterben, dachte Ellen und schüttelte den Kopf.

»Sie werden es noch bereuen, meine Teuerste.« Er wünschte ihr noch einen schönen Tag und verschwand Richtung Rezeption.

Jetzt erst bemerkte Ellen, dass sie die Letzte auf der Terrasse war. Sie streckte sich und stellte fest, dass es wirklich ein schöner Tag war. Der Himmel war so blau, als hätte man ihn extra für ein Werbefoto optimiert. Der feuchte Wind duftete nach Blumen, Gras und Meer, war allerdings so heiß, dass Ellen sich ein bisschen so fühlte, als hätte sie Fieber.

Trotzdem brach sie eine halbe Stunde später mit einer Karte bewaffnet zu einem Spaziergang auf. Google Maps funktionierte hier komischerweise nicht. Vielleicht war Samoa nicht erfasst? Also versuchte Ellen es ganz altmodisch mit der Karte, die sie vom Hotel bekommen hatte, und es war auch nicht sonderlich schwer. Apia war schließlich nicht Hongkong. Wie Mia wohl zurechtkam? Sehnsucht nach ihr und nach ihrer Familie nahm Ellen plötzlich die Luft. Ihre Brust wurde eng, und sie musste stehen bleiben. Sie würde Mia heute noch anrufen, später vom Hotel aus.

Außer ihr war niemand auf der Straße. Apia war wie ausgestorben. Als sie die zwei Kilometer vom Hotel bis zum Robert Louis Stevenson Museum hinter sich gebracht hatte, waren die Tore zur Auffahrt verschlossen. Sonntag. Immerhin konnte sie durch die schmiedeeisernen Gitter das Haus aus weiter Ferne sehen, eine lang gestreckte einstöckige Villa, umgeben von Rasen und einem prächtigen tropischen Garten.

Nach einer kurzen Verschnaufpause schleppte Ellen sich zurück zum Meer, weil sie sich dort etwas Kühlung erhoffte, immer auf der Suche nach einem Kiosk oder Café, wo sie etwas zu trinken kaufen könnte. Aber es war alles geschlossen.

Sie hatte die Hoffnung fast aufgegeben und malte sich schon die Schlagzeilen aus – »Dümmste Touristin der Welt auf Samoa verdurstet« –, als sie in der Nähe des Busbahnhofs, der am Hafen lag, von einem indisch aussehenden kleinen Mädchen angesprochen wurde, das ihr Wasser verkaufen wollte. Wie sich herausstellte, hatte die Kleine auch Kekse, Chips und kleine Bananen im Angebot. Ellen kaufte dankbar alles, was es gab, und wankte zum Hotel zurück, wo sie sich unter den Ventilator aufs Bett legte und in einen erschöpften Schlaf fiel, aus dem sie erst aufwachte, als ihr Handy klingelte.

Es war Alicia, die sich überschwänglich nach ihrem Befinden erkundigte und ganz herzlich zum Essen einlud. Sie würden das traditionelle Hühnchen im Umu, im Erdofen, zubereiten, eine Spezialität von Misa Peter Paul Telefoni, die Ellen sich nicht entgehen lassen sollte.

Ellen musste sich erst daran erinnern, wen Alicia damit meinte. Wahrscheinlich, überlegte sie ketzerisch, machte es ihn männlicher, wenn sie so von ihm sprach. Aber sie freute sich über Alicias Angebot, war neugierig auf ihre Kinder und natürlich auf den Umu. Und nicht zuletzt hatte sie Hunger und sagte gerne zu.

28. KAPITEL

Ellen suchte nach einer Bluse, die zu dem Lava-Lava passte, machte sich fertig und setzte sich auf die Veranda vom Hotel, wo Alicia sie eine Stunde später abholte. Sie war ganz in Weiß gekleidet, mit einem großen Hut, und sah aus wie eine Braut. Alicia musterte Ellen von oben bis unten, offensichtlich nicht ganz zufrieden mit ihrer äußeren Erscheinung, biss sich aber auf die Lippen und erklärte nur, dass sie sofort los müssten.

Während der etwas abenteuerlichen Fahrt erzählte Alicia Ellen ein wenig zusammenhanglos von ihren Kindern – nicht ohne immer wieder ihre Verwunderung darüber zu äußern, dass Richard ja nun doch Kinder hätte, denn zu ihr hätte er damals gesagt, dass ihn Kinder langweilten und er sie lästig fände. Sie gratulierte Ellen dazu, dass sie sich in dieser Hinsicht durchgesetzt hatte. Das fand diese ein bisschen übertrieben, aber dann erinnerte sie sich daran, dass Lukas eine ungeplante Überraschung gewesen war. Richards allererste Reaktion war damals der Vorschlag, nach Frankreich zu fahren und sich die Pille danach zu besorgen. Aber nachdem Ellen das abgelehnt hatte, war er mit allem einverstanden, und sie hatte nie daran gezweifelt, dass er seine Kinder sehr liebte. Aber womöglich hatte er die Existenz der beiden tatsächlich allein Ellen zu verdanken.

Alicia fuhr fort, über ihre Kinder zu plaudern. Der Älteste,

Peter, würde natürlich Pfarrer werden. Paul, der Klügste der sieben, würde in Auckland Jura studieren. John sei leider ein absoluter Kindskopf und Sebastian zum Leidwesen seines Vaters ein begabter Tänzer. Anna, die Jüngste, war jetzt auch schon acht Jahre alt und könne gut kochen. Sie habe zusammen mit ihren älteren Schwestern Maria und Joanna den Umu vorbereitet und sei sehr neugierig auf den Besuch aus Deutschland. Maria freue sich ganz besonders, denn sie habe in der Schule sogar ein bisschen Deutsch gelernt.

Nach einer halben Stunde schließlich parkte Alicia vor der hässlichsten Betonkirche, die Ellen je gesehen hatte. Das schien aber niemanden sonst zu stören, denn es strömten massenweise gut gelaunt wirkende Menschen hinein. Die meisten Frauen trugen Hüte und waren wie Alicia ganz in Weiß gekleidet. Etwa ein Viertel von ihnen hatte zu den weißen Oberteilen leuchtend rote Röcke umgewickelt. Die Männer trugen weiße Hemden, schwarze Lava-Lavas und weiße Flipflops.

»Was tun wir hier?«, fragte Ellen verwirrt.

»Beten und unseren Herrn und Erlöser feiern.«

»Ich bin nicht religiös!«

»Das ist schlecht. Jesus würde dir guttun, gerade in deinem momentanen Zustand. Schließlich haben dich alle verlassen, sogar dein Mann. Aber hier findest du Trost, denn Jesus, unser Erlöser, ist immer für dich da.«

»Ich brauche keinen Erlöser.« So viel also zum Thema Umu und Essen. *Alle haben dich verlassen*, wirklich reizend von Alicia!

»Unsere Gottesdienste und vor allem der Chor unserer Kirche sind auf der ganzen Insel berühmt. Ach, was sage ich, in ganz Polynesien, bis nach Neuseeland! Außerdem wird mein Mann heute die Predigt halten, weil der Pfarrer krank ist. Er freut sich sehr auf deinen Besuch, deshalb wird er extra für dich auf Englisch predigen, und danach gibt es dann etwas zu essen.«

Ellen war hin- und hergerissen. Sie mochte Alicias Mann nicht, aber sie war ihr Gast, und die Gesetze der Gastfreundschaft waren heilig. Man achtete seine Gastgeber, benahm sich anständig und blieb höflich. Außerdem wartete da sicher ein interessantes Erlebnis auf sie.

Alicia nahm Ellen resolut am Arm und führte sie, nach allen Seiten majestätisch nickend, in die Kirche. Hier war es noch heißer als draußen, und es roch nach süßen Vanilleblumen, abgebrannten Streichhölzern und Weihrauch.

Alicia nahm die Schultern zurück, streckte ihren gewaltigen Busen raus und stolzierte an den voll besetzten Holzbänken vorbei, als würde das alles ihr gehören. Sie zog Ellen mit sich bis ganz nach vorne zum Altar, der in einem Erker mit riesigen schlichten Glasfenstern stand. Dort knickste Alicia, bekreuzigte sich und trat wieder zurück zur vordersten Reihe der Holzbänke, wo offensichtlich schon ihre Kinder Platz genommen hatten, denn die rutschten bei ihrem Anblick alle wie auf Kommando zur Seite. Ellen folgte Alicias Beispiel. Als sie sich an der Außenseite der Bank neben Alicia setzen wollte, bedeutete diese ihr mit einer Geste, auf ihre andere Seite zu rutschen, sodass Ellen jetzt geradezu von der Familie Telefoni umzingelt war. Alicia reichte ihr einen Fächer, dessen Mittelstreben mit goldenen Kreuzen geschmückt waren und den Ellen dankbar entgegennahm. Sie klappte ihn auf und fächelte sich damit Luft zu, was nicht wirklich viel nutzte, aber trotzdem angenehm war. Dann blickte sie sich in der Kirche um und bewunderte den verschwenderischen Blumenschmuck. Weiße und gelbe Blütenketten rankten sich von der Bank zur Wand, an den Wänden entlang nach vorne und bekränzten die Hammondorgel neben dem Stehpult, das wahrscheinlich als Kanzel diente.

Daneben war der Blumenschmuck bei Ellens Hochzeit geradezu armselig gewesen. An ihren eigentlichen Hochzeitstag erinnerte sie sich nur noch schlaglichtartig: Wie fantastisch Richard im Smoking ausgesehen hatte. An den zärtlichen Ausdruck in seinen braungrünen Camouflage-Augen, als er ihr den breiten goldenen Ring überstreifte. Er hatte während der gesamten Zeremonie so schrecklichen Schluckauf gehabt, dass der Ring vor dem Anstecken auf den Boden gefallen war. Der Pfarrer hingegen hatte ein trauriges Dackelgesicht gehabt und damit Bill Murray so verblüffend ähnlich gesehen, dass Richard mit Ellen darüber gewitzelt hatte, ob in ihrer Ehe nun auch täglich das Murmeltier grüßen würde. Der Film war damals gerade in den Kinos und in aller Munde gewesen. Ach ja, und dann war da noch Gelis grotesk geschwollene Zunge. Eine Wespe hatte sie erwischt, und man musste sogar den Notarzt rufen. Und am Ende hatte Ellens Schwiegermutter den hässlichsten Brautstrauß aller Zeiten gefangen. Anstatt den von Ellen ausgesuchten rosa Rosen und Ranunkeln hatte man nämlich einen dunkelroten Orchideenstrauß geliefert, mit dem sie auf allen Fotos so aussah, als hätte sie Blutkonserven im Arm. An ihre Hochzeitsnacht konnte sie sich gar nicht mehr erinnern, nur daran, dass sie kichernd ins Bett gefallen waren, viel zu betrunken, um Sex zu haben. Sex. Na, den hatte Richard jetzt mit Hanna.

Alicia drückte Ellens Hand und holte sie mit den Gedanken wieder zurück in die Kirche, in der sie jetzt saß.

Die Frauen mit den roten Wickelröcken gehörten offensichtlich zum Chor, denn sie traten jetzt nach vorne und begannen unter der Leitung eines Samoaners, der sich auch als Sumoringer gut gemacht hätte, »Oh Lord, can you hear me« zu singen. Bei den ersten Klängen der Hammondorgel, die die Sängerinnen begleitete, erhoben sich alle, wiegten sich in den Hüften und klatschten.

Danach erklomm Alicias Ehemann die Kanzel. Über seinem

langen prächtigen weißen Habit prangte eine rote Blütenkette mit einem gewaltigen Kreuz, die ihn wie einen samoanischen Papst aussehen ließ. Wenn er kein Pfarrer war, warum trug er dann ein Habit?, fragte sich Ellen, musste aber zugeben, dass er sehr beeindruckend wirkte. Charismatisch. Bestimmt waren viele weibliche Kirchenmitglieder in ihn verliebt. Nach seiner englischen Begrüßung fing er plötzlich an, mit strenger Stimme etwas auf Samoanisch zu verlesen. Offensichtlich war das aber noch nicht die Predigt, denn es stand immer wieder ein Gemeindemitglied auf, blieb während seiner Ausführungen stehen, und bevor derjenige sich dann wieder setzte, ging ein Murmeln durch die Kirche, mal zustimmend, mal weniger. Ellen rätselte, was Alicias Mann wohl sagen mochte, und vermutete, dass es sich um gute Taten der Gemeindemitglieder handeln könnte.

Schließlich ging Misa Peter Paul ins Englische über und verkündete seiner Gemeinde, dass sie gesegnet seien, denn sie hätten einen wundervollen, ehrbaren Gast aus Europa zu Besuch, der der Gemeinde einen größeren Betrag spenden würde. Ellen sah sich um und fragte sich, wer wohl noch aus Europa hier war. Doch da zogen Alicia und die Kinder sie schon auf die Füße, damit die Gemeinde sie sehen konnte. Beifälliges Murmeln erfüllte die Kirche.

Ellens Bescheidenheit verböte es ihm, die Höhe dieser gewaltigen Summe zu nennen, fuhr Alicias Mann fort, aber als Zeichen seiner Dankbarkeit würde er heute auf Englisch predigen. »Amen und Halleluja!«

Ellen setzte sich und verkniff sich ein verblüfftes Grinsen. Da hatten sie sie ja sauber reingelegt. »Was ist das denn für ein Unsinn?«, fragte sie.

»Schsch«, flüsterte Alicia, strahlte sie an und beugte sich zu ihr, wie um sie zu küssen. Ellen wich zurück. Alicia warf ihr einen flehenden Blick zu, der Ellen klarmachte, dass Alicia ihr Gesicht verlieren würde, wenn sie nicht mitspielte. Aber sie würde wirklich eher bedürftigen Hamstern oder einer Initiative zum Schutz von rosafarbenen Einhörnern etwas spenden, als sich von diesem Schlitzohr erpressen zu lassen, nur damit er in seiner Gemeinde den dicken Lenz markieren konnte. Sicher dachten hier alle, dass man im Geld schwimmen musste, wenn man nur zum Vergnügen so eine Reise antrat, aber trotzdem wollte Ellen doch lieber selbst entscheiden, wem sie wann wie viel Geld spendete. Nach einem weiteren schwülstigen Dank für ihre unglaublich großzügige Spende begann der Chor »Oh happy Day« zu singen, was alle aufstehen und mitschwingen ließ. Nach dem Lied predigte dieser falsche Peter Paul dann mit einem so kriegerischen Pathos aus dem Alten Testament, als wollte er mit der besten Hitlerimitation aller Zeiten ins Guinnessbuch der Rekorde kommen.

Unwillkürlich dachte Ellen an Jim und an das, was er über die Kirche in Samoa gesagt hatte. War sie womöglich gar nicht die Einzige, sondern hatte Peter Paul genau das Gleiche allen anderen angetan, die vorhin schon aufgestanden waren? Oder hatte Alicias Mann das nur bei ihr versucht in der Annahme, dass Europäer im Geld schwimmen mussten? Sie überlegte. Natürlich würde sie etwas spenden, aber nur wenn es wirklich von Nutzen war und nicht in der Privatschatulle von Peter Paul verschwand. Genau das würde sie Alicia und vor allem Peter Paul auch sagen, und ganz sicher würde sie auch klarstellen, dass sie es vorgezogen hätte, im Vorfeld ehrlich um eine Spende gebeten zu werden.

Ganze zwei Stunden später, nach einem aufregenden Gesangsfinale mit jeder Menge Halleluja, stürzten sich die anderen Kirchenmitglieder auf sie, küssten ihre Hand und dankten ihr für ihre Großzügigkeit.

»Ich hatte nicht vor zu spenden!«, wollte sie jedes Mal berichtigen, kam aber nicht dazu, weil man sie gar nicht zu Wort kommen ließ. Die flehentlichen Blicke von Alicia, die ihr klar zu verstehen gaben, dass Ellen sie bitte, bitte nicht blamieren sollte, rührten sie zwar, zeigten ihr aber auch, dass sie genau wusste, was ihr Mann im Schilde führte.

Dann erschien endlich auch Misa Peter Paul und stellte sich neben sie, um die Kirchgänger zu verabschieden, nachdem die sich bei ihr bedankt hatten. Ellen fühlte sich mit jeder Minute unwohler, wie eine Hochstaplerin, dabei hatte sie diese Lügen ja gar nicht in die Welt gesetzt. Das war ganz ähnlich wie mit diesen SOS-Kinderdorf-Karten, die man einfach geschickt bekam, damit man vor lauter schlechtem Gewissen Geld spendete, auch wenn man sie gar nicht haben wollte.

Nachdem die letzten Kirchenbesucher weg waren und Ellen ansetzte, Alicias Mann zur Rede zu stellen, hob dieser beruhigend die Hände und erklärte, es sei gar nicht nötig, dass sie einen großen Betrag spendete. Vielmehr könnten sie nun zum Essen fahren. Und ob sie schon mal bei einem Umu dabei gewesen sei?

»Wie bitte?« Ellen war nicht sicher, ob sie ihn richtig verstanden hatte.

»Das Ganze war nur ein kleiner Anreiz für unsere Gläubigen. Ich bin der Kassenwart. Niemand wird es überprüfen.« Es gelang ihm nicht, ein selbstgefälliges Grinsen zu unterdrücken.

Jetzt erst wurde Ellen klar, was hier wirklich abgelaufen war: Alicias Mann polierte seinen Status mit ihrer Hilfe auf und manipulierte damit auch noch seine Gläubigen!

»Das ist wirklich widerlich!« Sie wandte sich an Alicia. »Findest du das richtig?«

Sie nickte voller Überzeugung, während ihr Mann das Kreuz küsste, das an seiner Blumenkette baumelte, und dann salbungsvoll zum Besten gab: »›Natürlich ist es immer gut, sich für einen guten Zweck zu bemühen, und das auch nicht nur, wenn ich bei euch bin.‹ Galater 4.18.«

Dann fragte er seine Frau, warum sie denn den Wagen noch nicht vorgefahren habe.

Alicia stürmte davon, um das Auto zu holen.

»Sie ist eine wirklich gute Ehefrau.«

Ellen lief eine Gänsehaut über den Rücken. Sieben Kinder und unbedingter Gehorsam. Das würde sogar rosa Einhörner in die Flucht treiben.

»*Fa'avae i le Atua Samoa.* So steht es in unserem Wappen, also in dem des unabhängigen Samoa, und es bedeutet: ›Samoa ist auf Gott gegründet.‹ Ich denke, Ellen, es wäre auch für Alicia besser, wenn Sie mir wenigstens zehn Euro spenden.« Er streckte ihr seine flache ausgestreckte Hand entgegen.

Besser für Alicia? Was wollte er denn damit sagen? Ellen betrachtete sein feistes Grinsen, das ihr jetzt beinahe bösartig vorkam. Ich kotze gleich, dachte sie, wollte aber auf keinen Fall Alicia schaden. Sie nahm alles Geld aus ihrem Geldbeutel, warf es auf seine Hand, drehte sich von ihm weg und stürmte los in Richtung der asphaltierten Straße, auf der sie hergekommen waren.

Jetzt beflügelte die Hitze ihren Zorn noch, und das steigerte ihr Tempo. Keine Sekunde länger konnte sie diesen Kerl ertragen! Sie lief auch weiter, als Alicia mit quietschenden Bremsen neben ihr anhielt und die Scheiben runterkurbelte. Offensichtlich wollte sie mit ihr reden, aber ihr reizender Ehemann brüllte sie mit seiner Donnerstimme nieder. Die Scheiben wurden hochgefahren, Alicia sah sie mit weit aufgerissenen Augen an, und dann fuhren sie davon.

29. KAPITEL

Als Alicia außer Sichtweite war, kramte Ellen die Karte von Joseph, dem netten Taxifahrer, der sie vom Flughafen zum Hotel gebracht hatte, hervor, wählte seine Nummer und erreichte ihn auch. Leider konnte er nicht kommen, schließlich sei heute Sonntag, da habe er jede Menge Verpflichtungen seiner Familie und der Kirche gegenüber. Er versicherte ihr, dass keiner seiner Kollegen das anders handhaben würde, und verabschiedete sich mit einem freundlichen *Talofa*. Das konnte doch wohl nicht wahr sein! Wollte hier denn niemand Geld verdienen? Sie würde die ganze Strecke bis zum Hotel laufen müssen. Und weil sie bei der Herfahrt ganz ins Gespräch mit Alicia vertieft gewesen war, hatte sie nicht die leiseste Ahnung, welche Distanz vor ihr lag. Wenigstens gab es weit und breit nur diese eine asphaltierte Straße, sodass sie sich nicht verlaufen konnte. Und auch wenn die Nachmittagssonne immer noch heiß auf ihren Kopf brannte, beschloss sie, das Beste aus ihrer Misere zu machen.

Ganz sicher waren die zwei frei herumlaufenden, fröhlich quiekenden Schweinchen, die eben gerade zu ihr gestoßen waren und friedlich grunzend neben ihr herliefen, Glücksschweine. In wenigen Minuten würde ein Auto mit einer freundlichen Frau anhalten und fragen, ob sie Ellen mitnehmen könne. Oder Jim käme vorbei, würde ein bisschen triumphieren, schließlich hatte er sie gewarnt, und sie dann zum Hotel mitnehmen. Ellen drehte sich um, konnte aber außer den glitzernden Seen, die die Hitze auf die asphaltierte Straße zauberte, nicht das Mindeste sehen. Außer ihr und den beiden Ferkeln war niemand unterwegs. Seufzend lief sie weiter. Als Kind war Mia ein großer Fan von Schweinen gewesen. Sie wollte nie in den Zoo, sondern immer nur auf einen Bauernhof, wo man Schweine betrachten konnte. Ellen fragte sich, ob die Tiere in Hongkong auch als Glücksbringer galten.

Doch ihr verzweifelt positives Denken nutzte nichts. Schon nach kurzer Zeit hatte die Hitze ihre Füße weich gekocht, Fersen und Zehen scheuerten sich an den Riemchen der Sandalen wund, und es bildeten sich Blasen. Doch sie hatte keine andere Wahl, als weiterzugehen, deshalb konzentrierte sie sich auf ihre Umgebung, die Palmen, die Blumen, und sie nahm sich vor, endlich in Erfahrung zu bringen, wie die weißen duftenden Blüten hießen, die die Frauen und Mädchen hier über dem linken Ohr trugen.

Sie wanderte die schmale asphaltierte Straße entlang, die schnurgerade quer über die Insel verlief. Die Ferkel verschwanden. Stattdessen tauchte ein struppiger Hund auf, der im nächsten Dorf von einer Gruppe zerrupfter schwarzer Hühner abgelöst wurde. Immer weiter lief sie, setzte einen Schritt vor den anderen, durch winzige Dörfchen mit riesigen Kirchen und kleinen, teilweise baufälligen Hütten.

Schließlich konnte sie nicht mal mehr humpeln. Sie ließ sich auf einen Baumstumpf am Straßenrand fallen, lauschte dem tropischen Vogelgezwitscher und war sogar zu matt, um die Mücken zu verscheuchen, die gierig auf ihrer verschwitzten Haut landeten.

Hinlegen, die Augen schließen, schlafen.

Nach wenigen Minuten tauchte eine Gruppe von Kindern

auf, so ordentlich angezogen und gekämmt, als ob auch sie gerade aus der Kirche kämen. Zwei kleine Jungs mit roten Haaren und fünf schwarzhaarige Mädchen, die in melodisch klingendem Englisch wissen wollten, wie sie hieß und warum sie da so sitze. Die Kinder waren so freundlich und Ellen so erschöpft, dass ihr die Tränen in die Augen stiegen. Das älteste Mädchen fragte, ob sie Durst hätte, und als Ellen bejahte, verschwand sie und kam nach wenigen Minuten mit einer Kokosnuss zurück, in der ein Strohhalm steckte. Und dieses Mal erschien Ellen das leicht prickelnde Wasser wie ein Getränk der Götter. Langsam kehrten ihre Lebensgeister zurück. Das Mädchen hatte auch Macadamianüsse mitgebracht, die Ellen ihr abkaufen wollte, doch als sie in ihr leeres Portemonnaie sah, wurde ihr klar, dass sie gar kein Geld mehr hatte. Sie durchsuchte ihre Handtasche und fand schließlich in einer Seitentasche ein paar zerknitterte Dollarscheine, die das Mädchen dankend annahm und unter ihren Lava-Lava steckte.

Ellen bot den Kindern ebenfalls von den Nüssen an. Sie griffen zu und gruppierten sich zwanglos um sie herum, als wäre Ellen eine Geschichtenerzählerin. Sie nutzte ihre Chance und stellte den Kindern die Fragen, die sie beschäftigten.

Frangipani hießen also die weißen Blüten, die auch diese Mädchen im Haar trugen. Die Kinder erklärten Ellen auch, dass es sich bei den Häusern ohne Wände um Fales handelte, die traditionellen Wohn- und Versammlungshäuser der Insel, durch die der Wind wehen konnte und die gleichzeitig Schutz vor Sonne und Regen boten. Als Ellen wissen wollte, ob es nicht seltsam sei, dass jeder ins Haus hineinsehen könne, kicherten die Kinder verlegen und erklärten dann, genau das sei doch *fa'a Samoa*, die Lebensart der Samoaner. Sie sei eben eine große Gemeinschaft, in der man alles teilte, ohne Geheimnisse.

Das bezweifelte Ellen dann doch stark. Konnte es wirklich

eine Gesellschaft ohne Geheimnisse geben? Aber gerade als sie nachhaken wollte, gesellte sich ein älterer Mann zu ihnen. Unter seinem Lava-Lava blitzten Tätowierungen hervor, die ihm von der Taille bis zu den Kniekehlen reichten. Bei seinem Anblick sprangen alle Kinder auf und nahmen eine respektvolle Haltung ein. Aha, dachte Ellen, ein Matai, ein Clanchef. Er stellte sich als Mike vor, brachte wortreich die Hoffnung zum Ausdruck, dass die Kinder sie nicht belästigt hätten, und fragte, ob Ellen vielleicht mit ihnen essen wolle.

»Sehr gern, aber nur, wenn ich Ihnen morgen eine Spende für Ihr Dorf übergeben darf«, antwortete Ellen und unterdrückte dabei ein Grinsen. Auch wenn dieser ganze Vorfall in der Kirche nicht wirklich zum Lachen war.

Ihr Spendenangebot wurde dankend und ohne Zögern angenommen. Dann führten die Kinder Ellen, die nur noch humpeln konnte, zu einer Ansammlung von Hütten, wo gerade ein Umu zelebriert wurde. Fasziniert sah Ellen zu, wie Mike Bananenblätter von einem Haufen nahm, der, wie sich herausstellte, aus grauen zischenden Steinen bestand. Zwischen den Steinen lagen in Blätter gewickelte Päckchen, die dann von den älteren Frauen mit spitzen Fingern hochgehoben, begutachtet und auf Bastmatten gelegt wurden. Mike erklärte ihr, dass sie auf Samoa den Umu auf und nicht wie in Hawaii in der Erde bauten. Ellen setzte sich zu den anderen Frauen auf die kunstvoll gewebten Matten, die am Boden des größten Fales lagen. Überall duftete es nach geschmortem Huhn, Curry und Kokosmilch.

Eine atemberaubend schöne, stark geschminkte junge Frau etwa in Lukas' Alter reichte ihr ein Päckchen mit Taro-Kokos-Füllung, ein Reispäckchen mit Hühnchen- und Schweinefleisch sowie eine Schüssel mit Soße, in die man die Päckchen tunkte. Sie half ihr beim Auswickeln, und als sie sich direkt über Ellen beugte, wusste die plötzlich nicht mehr, ob diese junge Frau mit dem perfekt geschminkten Mund und den riesigen Augen nicht vielleicht doch ein Mann war. Die junge Frau bemerkte ihren Blick, zwinkerte ihr wissend zu und lächelte sie freundlich an. Ellen lächelte zurück und spürte, wie sie sich langsam entspannte.

Sie beobachtete die Mädchen, die mit Haarnadeln und Muscheln ein Spiel spielten, bei dem man eine Nadel in einen Kreis in die Mitte legte und versuchte, eine große Muschel so draufzuwerfen, dass die Haarnadel wegsprang. Je weiter, desto besser. Das Spiel war einfach und schien so viel Spaß zu machen, dass Ellen am liebsten mitgespielt hätte.

Sie dachte nicht länger darüber nach, wie sie wohl später in ihr Hotel zurückkommen würde, saß einfach nur da, aß und trank und hörte zu, als nach dem Essen alle gemeinsam sangen und tanzten. Und obwohl sie sich ziemlich lächerlich dabei vorkam, ließ sie sich später von der schönen Frau sogar überreden mitzutanzen und stellte überrascht fest, dass sie barfuß jetzt wieder ohne Schmerzen auftreten konnte. Sie taute sogar so weit auf, dass sie unter dem Jubel der Kinder begann, ihre Hüften in sanftem Hula zu wiegen.

Sie war so gelöst, dass sie alles andere vergaß und ihr erst nach Einbruch der Dunkelheit einfiel, dass sie ja noch in ihr Hotel zurück musste. Als sie aufstand und fragte, ob jemand sie vielleicht fahren könne, bedauerten alle wortreich, dass dies nicht möglich sei, denn niemand im Dorf habe ein Auto, bis auf den Pfarrer, und der sei leider noch unterwegs bei einer Taufe.

Mike bot ihr an, das Gäste-Fale des Dorfes zu nutzen. Am nächsten Morgen könne sie dann mit dem Bus fahren, den auch die anderen aus dem Dorf nehmen würden, um in die Hauptstadt zur Arbeit zu fahren. Bei dieser Gelegenheit würde man dann auch ihre Spende gern entgegennehmen.

Ellen dachte über den Vorschlag nach. Sofort kamen ihr tausend Gegenargumente in den Sinn. Sie hatte nur ihre Handtasche dabei, in der sich nicht mal ihre kleine Reisezahnbürste befand. War es womöglich gefährlich? Und wenn schon nicht gefährlich, war es dann hygienisch? Gab es hier überhaupt irgendwo ein Klo, und falls ja, hatte das Wände? Doch was war die Alternative? Zu Fuß konnte sie auf keinen Fall weitergehen. Sie überlegte hin und her und her und hin. Im Hotel würde niemand sie vermissen. Richard und die rosa Einhörner kamen ihr in den Sinn. Von wegen, ich treffe sehr wohl Entscheidungen, sagte sie sich und ignorierte die Stimme in ihrem Kopf, die mächtig nach Richard klang und amüsiert behauptete, sie sei immer schon gut darin gewesen, sich etwas vorzumachen, denn sie hätte doch gerade gar keine Wahl.

»Ich nehme Ihr Angebot gerne an«, erklärte sie schließlich und stellte erstaunt fest, wie gut und richtig es sich anfühlte.

30. KAPITEL

Ellen lag allein auf einer Matratze, die man zu ihrer großen Erleichterung ins Gäste-Fale gelegt hatte. Sie hatte schon befürchtet, auf einer der traditionellen gewebten Matten direkt auf dem Boden schlafen zu müssen, denn die waren zwar sehr schön, aber auch hauchdünn. Es fühlte sich merkwürdig an, in einem Haus ganz ohne Wände zu liegen. Ständig blickte sie sich um, bis ihr klar wurde, dass sie so niemals zur Ruhe kommen würde. Sie beschloss, nur noch nach oben in das hoch gewölbte Dach aus Holzstangen und Palmwedeln zu starren. Ob sich Richard wohl während seines Studiums mit Fales beschäftigt hatte? Wer wohl auf Samoa diese Dächer baute? Lukas würde es hier sicher gut gefallen.

Nachdem sich ihre Augen an die Dunkelheit gewöhnt hatten, sah sie an einer undichten Stelle den Halbmond durch das Dach blitzen. Der Wind, der ihr tagsüber so heiß vorgekommen war, strich nun angenehm kühl um ihren Körper, den sie noch nicht mit dem Tuch zugedeckt hatte, das ihr Mikes Frau fürsorglich gebracht hatte. In der Ferne rauschte das Meer, das sich mit den sehr viel näheren leisen Stimmen aus den anderen Fales vermischte. Ellen hörte, wie ein Radio ausgeschaltet wurde, Babyweinen, Kichern und ein Klatschen wie von nasser Wäsche auf Steinen. Ein Hund knurrte gefährlich nah, und sie hoffte, dass er nicht schon auf den Stufen zu ihrem Fale stand.

Dann hörte sie ein Rascheln – Schritte, die über den knirschenden Kies zu ihr herüberschlichen, dann ein leichtes Schmatzen wie beim Abstreifen von Flipflops. Sie hielt die Luft an und richtete sich langsam auf.

Es war eine Frau, die etwas Glänzendes in den Händen hielt.

Sie kam näher, setzte sich neben Ellen auf den Boden und überkreuzte ihre Beine.

»Ein Vailima für dich«, erklärte sie, und Ellen erkannte die Stimme der schönen jungen Frau, die vielleicht auch ein Mann war. »Es ist nach dem deutschen Reinheitsgebot gebraut, ein Erbe der Kolonialherren. Ich dachte, du hättest vielleicht Lust auf einen Schlaftrunk?«

Ellen mochte eigentlich kein Bier, aber dieses hier musste sie natürlich annehmen.

»*Manuia!*«, prostete die Frau ihr zu.

Ellen trank von dem kühlen herben Bier, das gar nicht so übel schmeckte. Vorhin beim Essen hatte es keinen Alkohol gegeben.

»Man muss mit dem Alkohol warten, bis die Matai und die Pfarrer im Bett sind«, erklärte die Frau lächelnd, als hätte sie Ellens Gedanken gelesen.

»Danke! *Fa'a fetai*«, sagte Ellen. Das hatten ihr die Kinder beim Essen beigebracht. Dann hatte man hier also doch das ein oder andere Geheimnis.

»Findest du mich schön?«, fragte die Frau unvermittelt, und Ellen war froh um die Dunkelheit, denn ganz sicher waren gerade ihre Gesichtszüge entgleist.

»Ja, natürlich!«, antwortete sie schnell und stürzte noch etwas Bier herunter.

»Ich frage dich nur, weil ich überlege, ob ich bei einem Schönheitswettbewerb für *Fa'afafine* mitmachen soll.«

Ellen hielt Schönheitswettbewerbe für eine Seuche, aber sie

wollte niemanden verletzen. Außerdem hatte sie keine Ahnung, was *Fa'afafine* bedeutete. Eine Altersgruppe? Eine Region? Eine Haarfarbe?

Die junge Frau lachte rau und zugleich ein wenig affektiert. »Ich wollte den Rat einer Fremden, denn meine Familie findet mich natürlich schön, aber ob das reicht?«

Ellen wurde klar, dass sie erst wissen musste, was *Fa'afafine* bedeutete, um etwas zu dem Anliegen der jungen Frau sagen zu können. Sie fragte nach und erfuhr, dass es sich dabei um Jungs handelte, die auf Samoa als Mädchen gekleidet und erzogen wurden, und deren Aufgabe es war, weibliche Pflichten im Haus zu übernehmen. *Fa'afafine* waren nicht zwangsläufig homosexuell und konnten sich sowohl mit Männern als auch mit Frauen verheiraten. So etwas schien auf Samoa nichts Außergewöhnliches zu sein, und genau das hätte Richard sicher sehr interessant gefunden. Verdammt, ihr Exmann sollte sich endlich aus ihrem Hirn verabschieden. Er war nicht hier und wäre auch nie hier, allein schon wegen der Hitze. Aber wenn er sie nicht verlassen hätte, wäre *sie* jetzt auch nicht hier.

»Warum …« Die junge Frau räusperte sich. »Warum bist du denn nur so traurig?«, fragte sie.

»Bin ich nicht«, widersprach Ellen und merkte, wie ihre Kehle dabei eng wurde.

Die andere schüttelte den Kopf. »Ich kann spüren, dass das nicht stimmt. Du fühlst dich allein.«

In Ellen stieg Panik auf. Sollte das eine Anmache sein? Ein Flirtversuch?

»Unsinn!«

Die junge Frau stellte ihr Bier weg und nahm Ellen die Flasche aus der Hand.

O Gott, was sollte das hier werden?

»Dreh dich auf den Bauch.«

Ganz sicher nicht! Fieberhaft überlegte Ellen, wie sie die Frau loswerden konnte, ohne die Gesetze der Gastfreundschaft zu verletzen. Doch dann wurde ihr bewusst, dass dieses Haus keine Wände hatte. Niemand würde ihr etwas tun.

»Ich werde deinen Rücken massieren, das wird dich entspannen. Der Rücken ist in unserem Körper der Ort der Vergangenheit, und ich glaube, dort liegt dein Unglück.«

»Ich möchte keine Massage«, sagte Ellen mit fester Stimme.

»Dann solltest du wenigstens mit Worten lösen, was dich so niederdrückt.«

Auf gar keinen Fall, dachte Ellen. Ich habe es schließlich schon hundert Mal durchgekaut. »Es geht mir sehr gut«, sagte sie. »Das war ein schöner Abend. Ich danke dir und deiner Familie sehr für eure Gastfreundschaft.« Hoffentlich war das deutlich genug. Sie wollte nicht über ihren Gemütszustand reden.

»Komm mit!«

»Jetzt?« Was wollte diese Frau nur von ihr? Ellen wollte doch einfach nur ihre Ruhe haben. »Ich möchte schlafen.«

»Unsinn, du möchtest glücklich sein.«

»Niemand ist immer glücklich, das ist doch Blödsinn!«

»Vielleicht. Aber zu dir wird das Glück nie kommen, wenn du nicht etwas veränderst.«

»Ach ja?«

»Komm mit. Du brauchst keine Angst zu haben. Es wird dir nichts geschehen.«

»Wohin? Meine Füße tun weh.«

»Es ist nicht weit.«

»Warum tust du das?«

»Weil es mir sinnvoll erscheint.« Die Frau trank ihr Bier aus und stellte die leere Flasche ab. »Bist du immer so misstrauisch? Wie heißt du eigentlich?«

»Ellen Schneyder.« Sie unterdrückte ein Seufzen, erhob sich dann aber doch.

Ihr Name schien offensichtlich witzig zu sein, denn die junge Frau fing wieder an zu lachen und umarmte die verdutzte Ellen, die sich plötzlich in einer Duftwolke aus süßen Frangipaniblüten und feuchtem Salzwasser wiederfand.

»Willkommen, Namensschwester. Ich heiße Eleele, aber alle nennen mich nur Sugar-Ella oder einfach Sugar!« Sie kicherte ein wenig geziert. »Keine Ahnung, warum. Findest du, dass es gut zu mir passt?«

Nein, dachte Ellen. Bei Sugar dachte sie eigentlich sofort an jemanden, der süß und dämlich war, und das war Eleele ganz sicher nicht. Aber da ihr selbst der Spitzname zu gefallen schien, murmelte Ellen nur, es sei ein schöner Name.

»Gut, dann gehen wir.«

Während sie hinter Sugar herstolperte, überlegte Ellen, ob es wohl einen tieferen Sinn hatte, dass sie ständig irgendwelchen Namensvettern begegnete. Sollte ihr damit gezeigt werden, wie die anderen Ellen Schneyders dieser Welt lebten, um ihr klarzumachen, dass sie eine Wahl hatte? Aber das würde sie doch auch dann verstehen, wenn Eleele Maria Magdalena heißen würde.

Sie folgte Sugar durch einen kleinen Palmenhain. Es war immer noch sehr heiß, aber Sugar schritt leichtfüßig voran und summte dabei leise vor sich hin. Anfangs dachte Ellen nur daran, wie weh ihr die Füße taten und dass sie schwitzte und wie gern sie jetzt auf ihrer Matratze liegen würde, aber nach und nach begann sie, die Welt, durch die sie gingen, bewusst wahrzunehmen, und diese Eindrücke brachten ihr inneres Genörgel zum Verstummen. Sie fing an, den Spaziergang zu genießen. Der Geruch nach überreifen Bananen und feuchter Holzkohle mischte sich mit dem Duft von Farn, Vanille und Jasmin, je nachdem, welche Büsche und Blätter sie mit ihren Armen oder Schultern streifte. Sie atmete tiefer und lauschte den tropischen Nachtgeräuschen, dem Sirren und Knacksen, Rascheln, Trillern und merkwürdig heiseren Vogelpfeifen, das sich mit Sugars freundlichem Summen mischte, bis diese unvermittelt stehen blieb.

»Wir sind da«, wisperte sie und deutete nach rechts.

Ellen konnte nichts entdecken, nur Palmen, Sträucher und riesige Farnwedel. Sugar teilte die Blätter wie einen Vorhang und winkte ihr. Vor ihnen lag ein Trampelpfad, der steil nach unten führte. Ellen war gar nicht klar gewesen, dass es hier ein Unten gab. Sie hatte gedacht, sie seien auf Meereshöhe. Was für ein Irrtum. Nachdem sie ein paar Meter gegangen waren, wusste Ellen, was ihr Ziel war. Unter ihnen, eingebettet in schwarze Granitfelsen, lag ein kleiner See. Er wurde von drei Wasserfällen gespeist, die im spärlichen Mondlicht weiß schäumend schillerten.

»Gehen wir etwa schwimmen?«, fragte Ellen, die trotz dieses poetischen Anblicks an Richards Bilharziose denken musste. Diesem Mistkerl gelang es doch tatsächlich, ihr auch noch aus gut fünfzehntausend Kilometern Entfernung einen so wunderschönen Anblick zu vermiesen.

Sugar ging voran. An schwierigen Wegstücken drehte sie sich immer wieder um und reichte Ellen ihre kräftige Hand. Als sie unten am See angelangt waren und nebeneinander an dem von Steinen und Felsbrocken übersäten Ufer standen, sagte Sugar mit einem zufriedenen Ausschnaufen: »So!«

»Es ist wirklich sehr schön, aber was tun wir hier?«

»Ich möchte, dass du dem Wasser alles anvertraust, was geschehen ist.«

»Wie meinst du das?«

»Siehst du den Wasserfall dort drüben?« Sugar zeigte auf die schäumenden Kaskaden, die im Nachtlicht funkelten wie diamantene Spitzengardinen.

Ellen nickte.

»Es ist hier nicht sehr tief, du kannst hinlaufen, wenn du willst, aber es sind Steine am Grund, deshalb würde ich schwimmen. Du stellst dich darunter, lässt das Wasser über dich hinwegrauschen und übergibst ihm deinen Schmerz. Aber du musst alles laut herausschreien, damit das Wasser jedes deiner Worte aufnehmen und verwandeln kann.«

»In was verwandeln?«

Sugar zuckte mit den Schultern. »Das weiß ich nicht. Das hängt davon ab, welche *agaga*, welche Seele deine Worte haben. Vielleicht werden sie *aitu, palolo* oder *mutu*, zu Geistern, Ringelwürmern oder bösen Fischen …« Sugar holte tief Luft.

Ellen wusste nicht, ob sie lachen oder weinen sollte. Ringelwürmer? Wie war Sugar ausgerechnet auf die gekommen?

Sugar fügte mit einem beruhigenden Lächeln hinzu: »Aber vielleicht werden sie auch Schmetterlinge, Eidechsen oder *mosooi*, das ist der Ylang-Ylang-Baum. Das können wir nicht wissen. Das Einzige, was ich aber sicher weiß, ist, dass dieser Wasserfall hilft.«

Das Ganze kam Ellen reichlich bizarr vor. In ihrem Hirn blitzte die Frage auf, was Misa Peter Paul wohl zu einer derartigen Mischung von Taufe und archaischem Ritual sagen würde. Gott, offensichtlich wurde ihr Kopf von Männern bevölkert, deren lächerliche Ansichten sie davon abhielten, spontan etwas Verrücktes auszuprobieren. Sugar hatte recht, es gab vieles, das sie loswerden musste. Sie begann, sich auszuziehen.

»Nein, nein!« Sugar schüttelte entsetzt den Kopf. »Du behältst den Lava-Lava an, er wird danach schnell trocknen.«

Ellen nickte und tastete sich über die Steine vorsichtig in

das lauwarme Wasser. Sobald das Wasser Oberschenkelhöhe erreicht hatte, ließ sie sich fallen und schwamm zu dem mittleren Wasserfall.

Auch wenn das abergläubischer Blödsinn war, stellte sie verblüfft fest, wie viel Spaß es ihr bereitete, hier zu schwimmen. Das hier war völlig anders als der Gummipool im Hotel. Kühler und duftender. Am Wasserfall angekommen, suchte sie auf den Felsen nach einem Halt für ihre Füße, während das lauwarme Wasser auf ihren Kopf prasselte und sie dieses Aroma, eine Mischung aus Kernseife, Limonen und Hühnerstall, tief einatmete. Sie hob ihr Gesicht, um es ebenfalls abzuduschen, und als sie danach die Augen öffnete, war sie überrascht, wie nah die Sterne über ihr waren – leuchtende Glitzerfrüchte, die von ihr abgepflückt werden wollten.

»Bravo! Und wenn du gut stehst, dann musst du alles herausbrüllen!«, hörte sie Sugar, deren Stimme von dem lauten Plätschern des Wasserfalls fast übertönt wurde. Eigentlich fand Ellen es hier viel zu schön, um herumzubrüllen.

»Ich höre nichts!«, rief Sugar.

»Richard ist ein Blödmann«, murmelte Ellen und kam sich noch bescheuerter vor als in der Nacht, in der sie es nicht über sich gebracht hatte, Richards Auto mit dem Baseballschläger zu demolieren. »Keiner liebt mich. Ich bin einfach nicht liebenswert.«

»Das Wasser hört immer noch nichts!« Sugar ließ nicht locker.

»Ich hasse mich. Ich schäme mich. Nein, ich hasse dich!«, sagte sie etwas lauter und wusste erst nicht, wen sie damit meinte – Sugar, sich selbst oder Richard oder Hanna oder Gott oder das Schicksal. Doch, doch, ja, sie war wütend. Unversehens drängten Worte aus ihrem Mund, wie Lavabrocken, an denen sie beinahe erstickt wäre. Kantige, hässliche Worte strömten heraus, brutal und anklagend, wie Richard sie belogen, verletzt und weggeworfen hatte. Elender Herzmörder und Seelenschänder, der er war.

Es war, als würde sich erst jetzt die bösartig klaffende Wunde in ihrem Herzen richtig zeigen, als wäre alles, was sie bisher über ihr Verlassenwerden in all den zivilisierten und reflektierten Gesprächen gesagt hatte, nur der Lack, mit dem sie ihr zerfetztes Inneres überzogen hatte, um das Ausmaß der Zerstörung vor anderen, und am allermeisten vor sich selbst, zu überdecken.

Nachdem sie alles losgeworden war und auch die Neandertal-Regionen ihres Hirns keine einzige Silbe mehr übrig hatten, stand sie stumm und erschöpft da und ließ das Wasser über sich hinwegströmen. Sie zitterte plötzlich vor Kälte und hatte keine Ahnung, wie sie zurück ans Ufer kommen sollte.

Als Sugar plötzlich vor ihr im Wasser auftauchte, schrak sie zusammen, aber dann war sie erleichtert.

»Das hast du gut gemacht. Ich habe gesehen, wie sie davongeflogen sind, deine Geister. Aber komm mit, wir sind noch nicht fertig.«

Ellen schwamm zusammen mit Sugars Hilfe zurück ans Ufer. Sie fror immer noch. Sugar wrang ihren Lava-Lava aus, ohne ihn abzulegen, und bat Ellen, dasselbe zu tun.

»Nun musst du dir den hässlichsten Stein aussuchen, der hier rumliegt. Er muss so schwer sein, dass du ihn kaum heben kannst.«

Ellen war zu erschöpft, um zu protestieren. Der Stoff klebte an ihren Beinen, als sie sich nach einem der Brocken bückte und mit einem Ächzen aufhob.

»Und jetzt? Ich bin kein Bodybuilder, ich kann ihn nicht lange halten.«

»Musst du auch nicht. Geh näher zum Wasser. Fühle, wie

dieser Stein alles ist, was dein Herz so schwer gemacht hat. Jetzt musst du ihn loslassen und auch dem Wasser übergeben.«

Von Werfen konnte keine Rede sein, Ellen ließ ihn einfach ins Wasser fallen, wo er mit einem lauten Platsch versank und mit einem merkwürdig dumpfen Grollen auf die anderen Steine kollerte.

»Spürst du, dass es dir besser geht?«

»Ich weiß nicht.«

»Das wird schon. Allerdings sind wir immer noch nicht ganz fertig. Komm mit.«

Ellen fühlte sich mittlerweile sehr schlapp, aber sie war auch neugierig, was sie als Nächstes tun sollte.

Sugar hatte sich neben einem der gewaltigen Felsblöcke postiert, die den See einrahmten.

»Komm her und leg deine Hand auf diesen Felsen.«

»Warum? Wird er dann mit mir sprechen?«, fragte Ellen mit einem starken ironischen Unterton, weil sie sich so merkwürdig fühlte, es aber auf keinen Fall zugeben wollte. Das hier war ihr alles ein bisschen unheimlich.

»Ich denke schon.« Sugar klang leicht missbilligend. »Natürlich bist du nur ein *papalagi*, aber es würde doch helfen, wenn du etwas mehr *migao*, etwas mehr Respekt, zeigen würdest.«

»Ich habe allerhöchsten Respekt, Sugar!«

»Okay, bist du bereit?«

»Ja.«

»Gut, dann wirf diesen Felsen jetzt ins Wasser.«

»Soll das ein Witz sein?«

»Streng dich an!«

Ellen drückte halbherzig gegen den Felsen. Sugar wollte doch wohl nicht andeuten, dass sie allein mit ihrer Geisteskraft Felsen versetzen konnte?

»Sugar, das geht nicht.«

»Dann streng dich mehr an!«

Ellen versuchte es diesmal mit aller Kraft, auch wenn sie sich ziemlich blöd dabei vorkam.

»Wirklich, Sugar, ich kann das nicht. Ich bin doch kein Magier oder Gott.«

»Nein, das bist du nicht.« Sugar klang triumphierend. »Aber dieser Richard auch nicht. Denn dieser Felsen, Ellen, das bist du. Du bist genauso stark. *Niemand* kann dich wegwerfen. Aber du kannst deine Sorgen wegwerfen, und wenn das vielleicht nicht geht, weil in deinem Land gerade kein Wasserfall in der Nähe ist, dann kannst du immer noch dasitzen, an diesen Abend hier denken und deinem Atem lauschen. Denn das ist manchmal das Einzige, was wir noch tun können und in jedem Fall tun müssen. Einatmen. Ausatmen.«

»Kann ich die Hände wieder runternehmen?«

Sugar trat zu ihr. »Natürlich. Wie fühlst du dich jetzt?«

»Seltsam. Schwach.«

»Atme!«

Ellen atmete tief ein und aus, und zu ihrer großen Verwunderung fühlte es sich wirklich an, als ob sich irgendwelche Felsbrocken von ihrer Brust gelöst hätten. »Merkwürdig, ich bekomme tatsächlich besser Luft.«

»Gut. So ist Leben, Ellen. Einatmen, ausatmen. Genau so. Schau dich an! Hier bist du, hier auf Samoa, hier in dieser warmen, sternenklaren Nacht, und atmest. Das ist der Sinn: Wir sollen leben. Ich glaube, es geht nicht um *alofa*, um die Liebe oder um Glück, sondern vielmehr darum, den Mut zu haben, zu leben. Es ist nicht immer eine schöne Geschichte, manchmal ist es eine von Scham und Schande, von *ma'i aiku*, von Krankheit und Dunkelheit, von *mu'umu'u*, von Wunden, und dann braucht es Mut, um sie durchzustehen. Glück in der Liebe ist ein schöner Bonus. Nur unser Leben, unseren Atem, den haben wir immer.« Sugar kicherte. »Na, jedenfalls bis wir sterben!« Sie wrang die Enden ihres Lava-Lava aus und war plötzlich wieder ernst. »Und deshalb sollten wir unserem Leben einen Sinn geben. Damit wir der Welt etwas zurückgeben, weil wir ihre Luft zum Atmen nehmen.« Sie nickte Ellen zu. »Ich glaube, wir können wieder zurückgehen.«

Schweigend traten sie den Rückweg an. Ellen dachte über all das nach, was Sugar gesagt hatte. Schließlich fragte sie:

»Und was ist der Nutzen für die Welt, wenn du bei einem *Fa'afafine*-Schönheitswettbewerb mitmachst?«

»Oh, es gibt viel Geld zu gewinnen, das wir dann der Kirche spenden können, und meine Familie wäre sehr stolz auf mich.«

Das Bild von Alicias Mann schob sich vor Ellens inneres Auge, wie er seine Gemeinde alttestamentarisch anbrüllte und dabei log, ohne rot zu werden.

»Wenn du aber keinen Preis gewinnst, was ist dann?« Sie erinnerte sich sehr gut an die Pflanzenschutzmittel und das, was Jim ihr über die Selbstmordrate erzählt hatte.

»Na, dann atme ich ein und aus!« Sugar lachte übermütig, und den Rest des Weges summte sie wieder vor sich hin, als wollte sie nicht weiter darüber reden. Als sie an Ellens Fale angekommen waren, verabschiedete sich Sugar.

»Jetzt sollte ich schlafen gehen, denn morgen nehme ich zusammen mit dir den ersten Bus. Meine Schicht an der Rezeption im Aggie Grey Hotel fängt früh an.« Sie nickte Ellen zu. »*Manuia te po*, gute Nacht, und achte auf das, was du heute Nacht träumst!«

Ellen legte sich auf die Matratze, deckte sich zu und dachte über das nach, was sie gerade erlebt hatte. Niemand hatte sie weggeworfen. Richard hatte sich verliebt, aber nicht, weil sie alt und mangelhaft war, sondern weil ... Sie wusste es immer noch nicht, aber es war auch nicht wichtig. Sie atmete tief ein und wieder aus und dachte unvermittelt: Das werde ich auf meine nächste Postkarte an Tom schreiben. »Atme ein und atme aus!« Sie lächelte und suchte nach dem Mond im Dach, konnte ihn aber nicht mehr entdecken.

31. KAPITEL

Am nächsten Tag mietete Ellen ein Auto und verbrachte dann die ganze Woche damit, Savaii und Upolu, die beiden Hauptinseln von Samoa, zu erkunden, was sie wegen der Hitze, den nur langsam heilenden Wunden an ihren Füßen und dem ungewohnten Linksverkehr sehr gemächlich anging. Sie besuchte endlich das Robert Luis Stevenson Museum, den Mount Vaea, die Wasserfälle, die Blowholes.

Abends verabredete sie sich oft mit Sugar, die sie mit zu ihrer Clique nahm. Sie alle trafen sich in einem Café etwas außerhalb von Apia und waren trotz ihres ständigen Geldmangels so gut gelaunt, dass Ellen sich manchmal fragte, ob da wohl Drogen im Spiel waren. Doch es wurde nichts Härteres getrunken als Vailima, und niemand rauchte Marihuana, hatte geweitete Pupillen oder weißen Puder an der Nase. Man rauchte Zigaretten, trank eiskaltes Bier und malte sich aus, was passieren würde, wenn der *faife'au*, der Pastor, sie so sehen könnte. Nichts Gutes, wie Ellen erfuhr. Man würde die Armen in jedem Fall bestrafen.

Sugar erzählte Ellen, dass man ihre Urgroßmutter damals von der Insel verbannt hatte, weil sie so dumm gewesen war, sich »eine Eidechse in den Bauch« einzuladen, weshalb man sie als *pa'umumuku*, als Hure, beschimpft und nach der Geburt von Sugars Mutter ohne das Kind fortgejagt hatte. Man hatte sie so gründlich totgeschwiegen, dass Sugar und ihre Mutter lange wirklich geglaubt hatten, man hätte Sugars Mutter als Baby am Strand gefunden, so wie Moses am Nil.

Wenn Ellen Sugar und ihren Freundinnen zuhörte, wurde ihr schmerzhaft bewusst, wie wenig sie jetzt noch von ihren Kindern wusste, wie endgültig die Zeit vorbei war, in der sie über allem gewacht hatte und sie beschützen konnte. Natürlich war ihr schon länger klar, dass ihre Kinder flügge waren, aber noch nie hatte sie so deutlich gespürt, wie unumkehrbar diese Entwicklung war, und das wurde ihr gerade deshalb so bewusst, weil man sich auf Samoa, anders als in Deutschland, offenbar niemals so eindeutig von seiner Familie abnabelte. Der Einzelne zählte hier nichts, von Bedeutung war man nur als nützliches Mitglied seiner Familie, seiner Dorfgemeinschaft, seines Clans.

Kein Wunder, dass es Sugars größte Sehnsucht war, ihre Eltern, Großeltern und das ganze Dorf stolz zu machen. Sie witzelte zwar ständig über den Matai, trank und rauchte heimlich und fluchte mitunter so, dass sie sich sofort danach mit der Hand auf den Mund schlug, den Kopf schüttelte und ein »Vater unser, vergib mir« hinterherschob, doch trotzdem wünschte sie sich nichts sehnlicher, als viel Geld zu verdienen, um der Kirche im Namen ihres Dorfes eine große Spende machen zu können. Und das allein war ihr eigentlicher Antrieb für den Schönheitswettbewerb.

Sugar bereitete sich akribisch darauf vor, hielt Diät, schwamm und tanzte viel und probierte ständig neue Schminktechniken aus. Ellen konnte zwar verstehen, dass Sugar ihre Familie stolz machen wollte, aber es erstaunte sie, wie sehr eine so kluge und witzige Frau bereit war, sich dafür nur auf ihr Äußeres und ihr *Fa'afafine*-Dasein zu konzentrieren. Sie fand es fürchterlich, dass Sugar all das auf sich nahm, nur um in ihrem schönsten Sonntagskleid im Gottesdienst von genau so einem Heuchler wie Alicias Mann aufgerufen und für ihre Spende gelobt zu werden.

Aber kein Argument der Welt konnte Sugar davon abbringen, ihrem Clan zu beweisen, dass eine *Fa'afafine* genauso viel wert war wie andere und sehr viel mehr konnte, als nur unbezahlte Frauenarbeit zu leisten. Es beunruhigte Ellen, dass ihre Freundin so siegessicher war, denn es gab große Konkurrenz aus dem gesamten Polynesischen Archipel bis hin nach Australien und Neuseeland. Was, wenn es schiefging? Wie würde Sugar damit umgehen? Vielleicht reichte es dann nicht mehr, nur ein- und auszuatmen …

Eine merkwürdige Traurigkeit beschlich sie nach diesen Abenden, eine Sehnsucht nach der Zeit, als ihre Kinder noch ständig ihre Hilfe gebraucht hatten: Hier ein Aua wegpusten, da ein Monster aus der Schublade verjagen. Lukas hatte entsetzliche Angst vor seiner untersten Kommodenschublade gehabt, weil er sicher gewesen war, dass darin bösartige Schubladenmonster hausten, die wie russische Matroschka-Puppen aussahen.

Immer wieder versuchte Ellen, Mia und Lukas zu erreichen. Ihr Wunsch, die Stimmen ihrer Kinder zu hören, wurde ständig drängender, sie musste sich einfach vergewissern, dass es den beiden gut ging. Mit Lukas zumindest hatte sie halbwegs regelmäßig Kontakt. Vor einem Tag noch hatte er ihr eine kryptische WhatsApp geschickt, die ihr immerhin verriet, dass er mit seinen Kumpels zu Hause im Garten am Teich gegrillt hatte, wo sich Tom offenbar als echt netter Kerl entpuppt hatte. Was »netter Kerl« wohl bedeutete? Zwei Kästen Bier?

Von Mia, ihrer zarten Elfentochter, allerdings kam kein Bild, keine Nachricht, nichts. Was, wenn sie sich verlobt hatte? Was, wenn dieser Wilson sie verlassen hatte und sie sich irgendwo die Seele aus dem Leib weinte? Auch von Geli, die sich seit Toronto immer nur so kurz gemeldet hatte, als hätte sie ein schlechtes Gewissen oder als wüsste sie etwas von Richard, das sie Ellen lieber nicht erzählen wollte, kam auf einmal kein einziges Lebenszeichen mehr. Offensichtlich kamen alle prächtig ohne sie zurecht.

Die Einzige, die sich bei Ellen gemeldet hatte, war Alicia, die ihr bittere Vorwürfe machte, weil sie ihren Mann so schlecht behandelt hatte. Seit dem Sonntag sei ihr Leben die reinste Hölle, und zwar einzig und allein deshalb, weil Ellen sich so unweiblich benommen hätte. Keine einzige Frau auf dieser Insel würde es wagen, Misa Peter Paul Telefoni so zu behandeln. Denn Gott habe der Frau eine klare Aufgabe in der Gesellschaft gegeben, und vor diesem Hintergrund bedauere Alicia es sehr, dass sie auf Ellens Mail geantwortet habe. Trotzdem wünsche sie ihr alles Gute, denn Vergebung zeichne eine gute Christin aus. Ellen hatte ihr mehrere Sprachnachrichten geschickt und versucht ihr zu erklären, dass sie eine andere Sicht auf diese Dinge hatte.

Sie saß gerade beim Frühstück, als eine Antwort von Alicia kam, die sich offensichtlich nun alles doch wieder anders überlegt hatte. Denn sie fragte allen Ernstes, ob Ellen nicht Lust habe, dem Kirchenchor ein deutsches Gotteslied beizubringen oder zu lernen, wie man den Lava-Lava richtig band, sodass er anständig aussah?

Danke, dachte Ellen undankbar. Wow, das waren wirklich ganz prima Ideen, die sie kein bisschen von ihrem heutigen Plan abbringen würden.

Eigentlich hatte sie vorgehabt, den Return to Paradise Beach im Südwesten der Insel zu besuchen. Doch Sugar hatte missbilligend den Kopf geschüttelt. Dort gab es ein hässliches Luxusresort, in dem es von ignoranten Pauschaltouristen aus

Australien nur so wimmelte. Stattdessen hatte sie Ellen zum Salamumu Beach geschickt und ihr versichert, dort sei keine Menschenseele. Seit die Direktflüge von den USA nach Samoa gestrichen worden waren, besuchten deutlich weniger Touristen die Insel. Und die, die kamen, wohnten dann in den Luxusresorts und verließen diese nur noch zu organisierten Angel-, Tauch- oder Feuertanzevents. Deshalb sei der Salamumu Beach herrlich leer, und es gebe ein kleines Fale oberhalb vom Strand, wo Ellen sehr komfortabel die Mittagsstunden verbringen könne.

Ellen folgte Sugars Rat, und als sie dort aus dem Auto stieg, war sie überwältigt. Vor ihr lag der Ursprung aller Südsee-Postkarten-Fantasien. So musste es ausgesehen haben, als die Europäer das erste Mal auf Samoa gestrandet waren: Schwarze Lavafelsen, unberührter weißer Sandstrand und schief gewachsene Palmen, die sich mit je einer Kokosnuss rechts und links vom Stamm über den silbrig-türkis schimmernden Ozean neigten.

Tatsächlich hatte Ellen von dem schon ein wenig löchrigen Fale aus einen atemberaubenden Blick auf die sanft heranrollenden, in der Sonne glitzernden Wellen. Es war so unwirklich schön, so perfekt, als würde man ein künstlich optimiertes GIF anstarren.

Unter dem hohen Dach des Fale ließ es sich einigermaßen aushalten, auch wenn es heute noch sehr viel drückender war als sonst und fast völlig windstill. Womöglich die Ruhe vor dem Sturm? War das der Vorbote von einem Hurrikan? So etwas war in dieser Postkartenidylle kaum vorstellbar. Ellen drapierte ihre Strandmatte und die Handtücher um sich herum und richtete sich gemütlich ein.

Nachdem ein kleiner Junge die Strandgebühr von ihr kassiert hatte, blieb sie tatsächlich ganz allein, umgeben nur vom weit entfernten Donnern der Brandung gegen das Riff, dem leisen Plätschern der Wellen am Strand und der feuchten, salzgeschwängerten Luft, die vom hektischen Summen und Schwirren der Insekten erfüllt war und von dem Gezwitscher exotischer Vögel, die Ellen aber seltsamerweise nie zu Gesicht bekam.

Eigentlich hatte sie die Gelegenheit nutzen und endlich ihre Postkarte an Tom schreiben wollen, aber nun war ihr nicht mehr danach. Sie wollte auch nicht lesen, wollte sich keine Sorgen um Mia machen, die sie immer noch nicht erreicht hatte. Sie wollte gerade wirklich nur daliegen, aufs Meer hinausblicken und atmen.

Ellen legte den Stift beiseite und döste träge vor sich hin, bis sich auf einmal unten am Meer etwas bewegte. Plötzlich war sie sich nicht mehr sicher, ob sie wach war oder träumte.

Unten am Strand waren Menschen – Frauen –, aber nicht irgendwelche Frauen, sondern Bräute! Sie rappelte sich hoch und sah genauer hin, aber das Bild blieb das gleiche: drei Frauen in Brautkleidern. Waren das durch die Hitze ausgelöste »Ja, heirate ihn!«-Halluzinationen? Drei Visionen ihrer selbst – Vergangenheit, Gegenwart und Zukunft? Sie öffnete und schloss ihre Augen und starrte wieder hinunter auf den Strand. Die drei Frauen waren immer noch da. Rechts stand eine große, kantig dünne Braut mit grotesk aufgetürmtem rotem Haar in einem bodenlangen Kleid aus riesigen weißen Blüten im Stil von Prilblumen, die lose aneinandergenäht waren. Um ihre Taille schloss sich eine Art Plastikreif, an dem ein Tüllschößchen hing.

Die Frau in der Mitte war kleiner und hatte Sanduhrkurven wie Marilyn Monroe. Ihr Körper wurde hauteng von einem Meerjungfrauenkleid umschlossen, dessen weiße Pailletten wie Schuppen aus geschnitztem Eis in der Sonne funkelten. Links daneben posierte eine ältere Frau mit offenem, langem grauen Haar in einem japanisch wirkenden Kleid mit Schmetterlingen, die auf der hauchfeinen Spitze zum Hals hin so arrangiert waren, dass sie aussahen, als wollten sie gleich davonfliegen.

Jetzt erst sah Ellen, dass sich noch mehr Menschen am Strand befanden: eine Fotografin, vier Assistenten mit gigantischen goldfarbenen Reflektoren und ein Videokameramann.

Die Fotografin ließ die Models immer wieder einen Schritt vor und zurück treten, noch mal und noch mal und noch mal. Die Frauen lächelten tapfer durch die Hitze. Dann mussten sie ihre Positionen vertauschen, mal die eine in die Mitte, mal die andere.

Sehr sinnig, die Bräute ohne Männer zu fotografieren, fand Ellen. Denn egal wie schön das Kleid war und wie mächtig und leidenschaftlich die Liebe, irgendwann war das alles vorbei. Man blieb allein zurück und hatte zur Erinnerung an alles, was man verloren hatte, nur noch sein Kleid.

Na wunderbar, gratulierte sie sich mit einem ironischen Kopfschütteln. Atme lieber weiter und hör auf zu denken, denn diese Denkweise wäre dann auch ein Argument gegen alles Leben. Eine Hochzeit ohne Männer, nur weil sie irgendwann weg sein könnten? Schließlich war alles irgendwann weg. Nicht nur die Liebe veränderte sich oder erlosch, auch die Kinder wurden groß, die Haare grau, das Auto rostig, die Bettwäsche fadenscheinig, und die Weihnachtsplätzchen schafften es auch nie bis ins neue Jahr.

Gott, Ellen, du solltest wirklich ein Buch schreiben, dachte sie und grinste. Sie stand auf, um sich das Shooting näher anzusehen, schlüpfte in ihre Flipflops und schlenderte zum Strand hinunter, wo das ganze Equipment unter einem Sonnenzelt aufgebaut worden war. Und all das hatte sie friedlich verschlafen!

Sie war noch nicht ganz bei dem Zelt angelangt, da fiel die Braut im Meerjungfrauenkleid einfach um. Ihre Kolleginnen konnten sie gerade noch auffangen, kurz bevor sie ins Wasser gefallen wäre. Alle stürzten zu ihr hin, trugen die ohnmächtige Meerjungfrau zum Sonnenzelt und legten sie auf eine eilig ausgebreitete Matte.

Einer der Assistenten warf seinen Reflektor auf den Sand, stürmte auf Ellen zu und wollte wissen, ob sie vielleicht zufällig Ärztin sei, was sie natürlich verneinen musste. Trotzdem lief sie mit dem Assistenten zu der Gruppe unter dem Zelt, um ihre Hilfe anzubieten.

Atemlos, aber voller Stolz erzählte er ihr, dass sie für die australische *Vogue* das Bride Special 2019 fotografierten.

Das ganze Team drängte sich um die Meerjungfrau und diskutierte, als sie dort ankamen, darüber, ob man es riskieren konnte, sie mit einer Ohrfeige wieder zu wecken. Die Stylistin befürchtete jedoch das Schlimmste für das Make-up und lehnte diese Methode entschieden ab.

Ellen wunderte es gar nicht, dass man bei der Hitze in so einem engen Kleid ohnmächtig wurde. Sie musterte das Model genau. Mia war während ihrer Pubertät auch einige Male in Ohnmacht gefallen und hatte sich dabei verletzt. Vielleicht bemerkte sie deshalb zuerst das Blut, das vom Fuß des Models in den Sand tropfte.

Offensichtlich hatte der Assistent, dessen Aufgabe es gewesen war, die Location zu checken, den harmlos aussehenden weißen Puderstrand unterschätzt. Ein schwerer Fehler, denn der Sand war überall durchsetzt von scharfen Korallen- und Muschelstücken.

Als das Model schließlich von selbst die Augen aufschlug, seufzten alle erleichtert. Doch die junge Frau fing sofort an, erbärmlich zu stöhnen. »Mein Fuß! O Gott, mein Fuß!« Nachdem ihr klar wurde, wo sie sich befand und dass alle um sie herumstanden, sprang sie auf und tat so, als wäre nichts passiert, doch als sie den Fuß belastete, in dem die Koralle steckte, wurde sie sofort wieder blass und schwankte.

»Das hat keinen Sinn.« Die Fotografin, eine drahtige Frau in Ellens Alter, bat die Meerjungfrau, sich wieder hinzusetzen und das Kleid auszuziehen, bevor es Blutflecken bekäme.

Die Stylistin und einer der Assistenten halfen der Meerjungfrau, sich aus dem Kleid zu schälen. Die Arme brach in Tränen aus, weil das Shooting damit für sie vorbei war, kein Titelbild auf der *Vogue*.

»Wir sollten sie ins Krankenhaus bringen«, sagte die Fotografin. »Das muss fachmännisch entfernt werden.« Sie tätschelte professionell freundlich die Hand der jungen Frau. »Schsch, meine Liebe. Du musst jetzt sehr tapfer sein. Mach dir keine Sorgen, wir buchen dich ganz bestimmt wieder. Aber die Verletzung sollte sich unbedingt ein Arzt anschauen. Du willst doch keine Blutvergiftung riskieren, die dich womöglich deinen Fuß kostet, oder?«

Die Meerjungfrau nickte schluchzend.

Der Blick der Fotografin fiel auf Ellen. »Wir sind sehr knapp mit Personal, ich kann keinen meiner Assistenten entbehren, könnten Sie das vielleicht übernehmen? Ich würde Sie selbstverständlich gut dafür bezahlen.«

»Sie wollen einfach weitermachen, als ob nichts passiert wäre?«, fragte Ellen, und im gleichen Moment ploppte in ihrem trägen Hirn plötzlich eine Idee auf, die sie hellwach machte.

»Wir haben einen Zeitplan einzuhalten. Keine Ahnung, wie ich das Konzept mit nur zwei Models hinkriegen soll, aber mir wird schon was einfallen. Also, würden Sie uns helfen?«

»Das würde ich gern, aber ich hätte einen Vorschlag, der Ihnen vielleicht gefällt. Einen Moment!«

Ellen lief zurück zu dem Fale, holte ihr Handy, auf dem ein paar Bilder von Sugar waren, und zeigte sie der Fotografin.

»Diese schöne junge Frau hat eine ganz ähnliche Figur wie Ihre Meerjungfrau.«

»Meerjungfrau?« Alle starrten Ellen verblüfft an. Ellen zeigte auf das Kleid. Ach so, sie meinte das Kleid von OSCAR DE LA RENTA!

»Wollen Sie mich auf den Arm nehmen?«, fragte die Fotografin. »Das hier ist doch ein Mann!« Sie studierte Sugars Gesicht eingehend.

»Na und? Vielleicht ist sie beides«, sagte Ellen und merkte, dass die Fotografin ins Grübeln kam. Zum Glück erinnerte sie sich an eine ihrer *Vogue*-Diskussionen mit Mona. »Die französische *Vogue* hatte im Februar 2017 schon mal ein Transgender-Model auf dem Cover: Valentina Sampaio. Wie sieht es denn da bei den Australiern aus?«

»Das war vielleicht in Europa so. Hier bestimmen die Anzeigenkunden, was gedruckt wird«, murmelte die Fotografin. »Die dürfen nicht verärgert werden.«

»Wie kann ein schönes Model denn irgendwen verärgern?«, insistierte Ellen.

Die Meerjungfrau hatte aufgehört zu schluchzen und stöhnte jetzt nur noch. Ellen konnte ihren Schmerz nachfühlen, doch der Gedanke daran, wie glücklich Sugar über eine solche Chance wäre, verdrängte alles andere.

»Ich würde Ihre Meerjungfrau ins Krankenhaus und Eleele dann hierher bringen, wenn Sie das wollen. Ich schätze, in neunzig Minuten könnte ich wieder hier sein.«

Die Fotografin zeigte ihrem Team Sugars Foto und fragte, was sie darüber dachten, während das verletzte Model wieder angefangen hatte, leise zu weinen. Die anderen beiden Mädchen hielten ihr die Hand, versicherten ihr, dass alles wieder gut werden würde, und verfolgten dabei sehr genau die Gespräche der Fotografin.

Offensichtlich war die eine Hälfte des Teams dafür, es mit Eleele zu versuchen, die andere hielt das alles für Zeitverschwendung.

Ellen wurde klar, dass sie bei einem Nein für Sugar die Meerjungfrau natürlich trotzdem ins Krankenhaus bringen würde. Es gefiel ihr, gebraucht zu werden. Vielleicht war sie einfach kein Typ fürs Paradies. Verblüfft bemerkte sie, dass sie schon zehn Minuten lang weder über die Hitze nachgedacht hatte noch über die Schweißrinnsale, die über ihr Rückgrat strömten und im Bund ihres Lava-Lava versickerten.

Die Fotografin schien eine Entscheidung getroffen zu haben und trat zu Ellen.

»Melissa Bowers«, stellte sie sich vor. »Kurz Mel bitte. Also ja, ich möchte es probieren. Sie fahren unseren Pechvogel ins Krankenhaus und holen Eleele. In der Zwischenzeit arbeiten wir hier weiter. Ich schieße ein paar Nahaufnahmen von den anderen beiden. Wenn Sie wirklich in neunzig Minuten zurück sind und das Kleid passt, könnte das klappen.«

»Und wie hoch wird ihr Honorar sein?«, fragte Ellen und schacherte dann für Sugar wie eine Profiagentin. Nie im Leben hätte sie gedacht, dass sie dermaßen taff verhandeln konnte. Erst als sie die überraschten und bewundernden Blicke der drei Models auf sich spürte, wurde ihr klar, dass sie ihre Sache offensichtlich gut gemacht hatte.

Sugar würde für den Tag – und der war ja schon halb vorbei – 1500 australische Dollar bekommen, das waren gute 1000 Euro, doppelt so viel wie das Preisgeld, das Sugar bei einem ersten Platz im Schönheitswettbewerb gewinnen konnte.

Beschwingt verabschiedete sich Ellen von Mel, und während die Assistenten die verletzte Meerjungfrau zum Auto trugen und ihr beim Einsteigen halfen, rief sie Sugar an, um ihr von den aufregenden Neuigkeiten zu erzählen.

Sugar hielt das zuerst für einen Scherz, dann war sie entsetzt. Sie sei doch gar nicht vorbereitet! Sie hatte die Haare nicht frisch gewaschen, sie war nicht ausgeschlafen … Aber nein, ihren Job wegen des Shootings früher zu verlassen, das sei zum Glück kein Problem. Eine Kusine würde für sie übernehmen, und Sugar würde bereitstehen, wenn Ellen kam.

Zum ersten Mal fuhr Ellen über die Insel, als wäre der Teufel hinter ihr her.

32. KAPITEL

Acht Stunden später lag Ellen ziemlich beschwipst unter dem langsam kreisenden Ventilator in ihrem Bett und ließ den Tag noch einmal Revue passieren.

Mel war von Sugar begeistert gewesen, was zuerst zwar zu einigen Verstimmungen mit den beiden anderen Models geführt hatte, doch Sugars gute Laune hatte schließlich das ganze Team angesteckt und dazu geführt, dass aus den stereotypen Brautkleiderbildern vor Traumstrandkulisse eine einzigartige Fotostrecke geworden war.

Ellens absoluter Favorit zeigte Sugar, die in dem Meerjungfrauenkleid an einer der Palmen bis ganz nach oben geklettert war, um eine Kokosnuss für das Team zu ernten. Dazu hatte sie das weiße Kleid bis zu den Schenkeln hochgeschoben, während ihre braunen, kräftigen Beine die Palme umklammerten.

Mel hatte genau den Moment erwischt, nachdem Sugar mit dem Messer die Nuss abgetrennt hatte. Die Nuss befand sich schon in freiem Fall, das Messer glitzerte in der Sonne, genau wie die Schuppen von Sugars Brautkleid, während man unten, nur angeschnitten im Bild, die emporgereckten Hände der anderen Bräute sah, wie um die Nuss aufzufangen. Das war natürlich Blödsinn – man ließ die Nuss auf den Boden fallen, denn sie war schwer wie eine Kanonenkugel, aber auf dem Foto sah es großartig aus.

Danach hatte Sugar die Nuss mit dem Messer behauen und zum Trinken vorbereitet. Mel fing mit einer Nahaufnahme ein, wie die drei gut gelaunten Models an ihren drei Strohhalmen das Kokoswasser herausnuckelten, was sinnlich und unschuldig zugleich rüberkam. Ganz zum Schluss hatten alle drei nach Sugars Anleitung Hula im wadentiefen Meer getanzt. Dabei klebten ihnen die Kleider an den Beinen, die Haare erweckten den Anschein einer leidenschaftlich verbrachten Hochzeitsnacht, und das gesamte Make-up hatte sich in Tröpfchen aufgelöst. Kurzum, die drei wirkten auf den Bildern so, als feierten sie gerade tatsächlich den schönsten Tag ihres Lebens.

Ellen hätte nicht gedacht, dass Sugars Stimmung noch besser werden könnte, aber als einer der Assistenten ihr nach der Fotosession eine Baranzahlung auf ihr Honorar überreichte, flippte sie geradezu aus vor Begeisterung. Auf dem Heimweg hatte sie immer wieder nachgezählt, sich ihr Honorar in samoanische Tala umgerechnet – es waren ungefähr dreitausend – und überlegt, was ihr Matai wohl dazu sagen würde. »Sie werden denken, ich habe eine Bank überfallen!«, rief sie immer wieder und zählte noch mal nach.

Keine Sekunde verschwendete Sugar daran zu überlegen, was sie für sich selbst davon kaufen könnte. All ihre Gedanken kreisten nur darum, was dieses Geld für ihre Familie und ihre Stellung in der Kirche bedeutete.

Auch wenn niemand, den sie sonst kannte, so selbstlos damit umgegangen wäre, fand Ellen es traurig, dass Sugars Selbstlosigkeit nur irgendeinen miesen Priester bereichern würde. Und was sie dann gar nicht mehr nachvollziehen konnte, war die Tatsache, dass Sugar den Schönheitswettbewerb keineswegs aufgeben wollte. Sie war nämlich überzeugt, dass ihr Gott höchstpersönlich dieses Fotoshooting als ein gutes Omen für ihren Sieg geschickt hatte.

Ellen behielt ihre Gedanken für sich, denn sie wollte Sugars Glück nicht trüben. Schließlich war das auch für sie einer der schönsten Tage, seit sie von zu Hause aufgebrochen war. Sie hatte etwas Sinnvolles getan, und das hatte ihr sehr viel mehr Spaß gemacht, als nur wie eine Touristin die Sehenswürdigkeiten der Inseln abzuklappern.

Zum ersten Mal dämmerte ihr, dass es okay war, zuzugeben, wie sehr sie das langweilte. Es war in Ordnung, sich im Paradies zu langweilen.

Auch wenn jeder sie für verrückt erklären würde, wäre es okay abzureisen. Nur weil sie weder Kosten noch Mühen gescheut hatte, um herzukommen, musste sie nicht länger hier bleiben. Und sie musste auch nicht weiter an andere feuchtheiße Orte reisen. Selbst wenn es ihr so vorkam, als ob sie Richard damit irgendwie recht geben würde. Schließlich waren sie wegen ihm immer nur in kühle Länder gereist. Und wenn ihr die Hitze jetzt auch zu schaffen machte, hatte er irgendwie gewonnen. Aber *so what*? Es war eine ganz andere Sache, die Hitze zu erleben und danach zu entscheiden, dass man selbst es lieber kühler mochte, als es nur zu behaupten. Davon abgesehen, würde sie mit ihm natürlich auch nicht darüber reden. Tatsächlich dachte sie seit der Nacht am Wasserfall kaum noch an Richard, und sie würde den Kontakt mit ihm in Zukunft auf ein Minimum beschränken.

Die Erkenntnis, dass es okay war, nicht alle Länder auf ihrer Liste zu besuchen, und ihre Erleichterung darüber brachte sie zu der Frage, warum sie sich eigentlich so merkwürdigen Zwängen unterwarf, die sie selbst aufstellte? Als würde der Himmel einstürzen, wenn sie nicht das tat, was sie sich vorgenommen hatte. Oder wie es auf Samoa hieß: Als würde ein seltsamer Vogel oder ein fliegender Fisch kommen, um sie ins Meer zu entführen. Sie hatte die Liste zwar aufgestellt, aber das bedeutete doch nur, dass sie sie auch ändern oder sogar wegwerfen und alles ganz anders machen konnte! Ähh … na ja … nein, das war dann doch zu frei. Ein paar Anlaufstellen wollte sie schon beibehalten. Sie kramte die Mappe mit ihren Reiseunterlagen hervor und betrachtete die alphabetische Liste:

- Bangkok
- Kreta
- Namibia
- Neureichenau
- Samoa
- San Francisco
- Toronto
- Vietnam
- Waren an der Müritz

Bangkok hatte ganzjährig mindestens 91 Prozent Luftfeuchtigkeit, und auch Vietnam lag zumindest zu einem guten Teil in den Tropen. Ellen strich Bangkok, denn dorthin hatte sie außer der freundlichen Mail von Tess, einer ehemaligen Studienkollegin von Richard, ohnehin nicht viel gezogen. Tess arbeitete bei der Deutschen Bank, und ihre Einladung, sie zu besuchen, hatte sich tatsächlich sehr begeistert angehört. Blieb Vietnam. Davon hatte Lukas voller Begeisterung erzählt. Von der Landschaft, vom Essen und der sanften Freundlichkeit der Menschen.

Bisher habe ich auch jede Menge freundliche Menschen kennengelernt, dachte Ellen und sah all die Gesichter vor sich, die sie in den letzten Wochen getroffen hatte: Steve, Cassie und ihre Männer, Mrs. Blaukraut und Artem, Sharon, Thien-Tai und Will und Sugar.

Es waren gar nicht die Orte, erkannte sie, das Interessante

waren die Menschen, die sie kennengelernt hatte. Und die waren überall zu finden, dazu musste sie sich keine weiteren tropischen Klimazonen mehr antun.

Wie gut, dass sie flexible Tickets hatte. Als Nächstes würde sie nach Afrika fliegen, nach Namibia. Dort war es zwar auch heiß, aber nicht so feucht. Tom hatte ihr so sehr von Afrika vorgeschwärmt, obwohl er mit seinem Schulprojekt so grausam gescheitert war. Ganz besonders gut hatte ihm der Süden von Namibia gefallen.

Ellen griff nach ihrem Laptop und loggte sich ins Internet ein, um ihre Tickets zu bestellen und die Besuche in Bangkok und Vietnam wieder abzusagen. Dabei entdeckte sie, dass sie eine ganze Menge Mails bekommen hatte. Typisch, tagelang kam gar nichts, und dann, wenn sie einmal nicht nachschaute, türmte es sich geradezu!

Die Mails waren von Cassie, von Geli, von Tom und endlich auch von Mia! Die Mail von Mia klickte sie zuerst an. Sofort ploppten Fotos auf: Mia mit ihrem Freund und dessen Familie. Die blauen Augen ihrer Tochter strahlten, als hätte sie gerade den Heiligen Gral gefunden. Wilson Fan hingegen sah Lichtjahre älter aus als sie und hatte kurze, aus der Stirn gegelte schwarze, an einigen Stellen schon leicht silbrige Haare. Er trug einen dünnen Oberlippenbart, der bis zu seiner Nasolabialfalte reichte, und einen Kinnbart, der wie ein blauer Fleck an der Spitze seines nicht sehr ausgeprägten Kinns prangte. Er hatte ein eher breites Gesicht mit zimtfarbenen Mandelaugen und wirkte wie ein amerikanischer Schauspieler, der in einem James-Bond-Film den asiatischen Bösewicht gab. Hongkong-Chinesen hatte Ellen sich irgendwie schlanker und zartgliedriger vorgestellt. Solche Gedanken waren politisch inkorrekt, geradezu rassistisch, ermahnte sie sich. Das also war der Mann, den ihre Tochter so dermaßen liebte, dass sie ihre seit Jahren unantastbaren, nicht verhandelbaren Japan-Pläne aufgegeben hatte, nur um mit ihm zusammen zu sein. Wenn du sie unglücklich machst, drehe ich dir eigenhändig den Hals um, dachte Ellen, während sie versuchte, noch mehr aus seinem Porträt herauszulesen. War er zuverlässig? Treu? Loyal?

Es gab noch ein Bild von Mia mit ihm und seiner Mutter, das in Ellen sofort ein deutliches Unbehagen auslöste. Die schon sehr alte zartgliedrige Dame zeigte ein Lächeln, als hätte man es in ihre Kieferknochen einbetoniert und dann vergessen, es mit ein paar natürlich wirkenden Lachfalten zu dekorieren. Ihre schwarzen Augen hatten die Schärfe von Laserschwertern, einer dunklen Macht, die jeden, der den Fans in die Quere kam, auslöschen würde. Je länger Ellen das Bild anstarrte, desto gruseliger fand sie es. Früher hätte sie Richard angerufen und mit ihm darüber gesprochen. Immerhin war er während ihrer Ehe so von ihrer erstaunlichen Menschenkenntnis beeindruckt gewesen, dass er sie immer wieder nach ihren Eindrücken von neuen Kunden oder Kollegen gefragt hatte.

Früher.

Einatmen. Ausatmen.

Ellen wandte sich den anderen Mails zu. Auf die von Tom freute sie sich schon besonders, die würde sie zuletzt lesen.

Cassie erzählte in ihrer Mail, dass Mrs. Blaukraut eine elende Perfektionistin sei, die ständig nervtötende Widerworte gebe und es strikt abgelehnt habe, ihren schönen Rüschenkittel zu tragen. Ellen musste lachen, denn erstens war Cassie die perfekteste Perfektionistin, die sie je getroffen hatte, und zweitens war der Gedanke, wie Mrs. Blaukraut in dieser Schürze ausgesehen hätte, wirklich haarsträubend. Gut, dachte sie. Cassie braucht jemanden, der ihr gewachsen ist. Deshalb wunderte sie sich auch nicht, als Cassie dann schrieb, es wäre ihr natürlich ein grausiger Gedanke, Mrs. Blaukraut allein in ihrem

Tempel zu lassen, aber tatsächlich könnte sie es sich beinahe schon vorstellen, ein paar Tage Urlaub zu machen. Steve und Ken hätten sich mit Mrs. Blaukraut gegen sie verschworen, und jetzt seien ein paar freie Tage in Mexiko geplant. Ob Ellen nicht auch dorthin kommen wollte? Sie hätte doch diese flexiblen Tickets? Und wie fände sie es, dass Artem, der sie übrigens herzlich grüßen ließe, seit Neuestem Privatstunden bei Mrs. Blaukraut nehme? Diese Bemerkung hatte Cassie mit einer Menge zweideutiger Emoticons versehen, die Ellen breit grinsen ließen. Der Gedanke, wie dieser glatzköpfige Muskelprotz mit dem »Schwan« was auch immer tanzte, war eigentlich weniger zum Lachen als vielmehr herzzerreißend.

Sie seufzte und wünschte, es wäre möglich, sich direkt ins Schillinger's zu beamen. Sie stellte sich eine Party im Café vor, mit all den Menschen, die sie bisher getroffen hatte, und war sicher, dass das ein ziemlich geniales Fest werden würde.

Geli schrieb ihr, dass sie ihr Handy geschrottet habe und ihr deshalb seit zehn Tagen keine WhatsApp mehr schicken konnte. Aber in zwei Tagen sollte das neue endlich da sein. Sie erzählte Ellen, dass sie ihre Nichte Hanna nun doch auf einen Kaffee im Luitpold getroffen habe. Nachdem sie ihr das mehrfach abgeschlagen hatte, sei ihre Neugier schließlich stärker gewesen, und sie hätte es ja auch für ihre Freundin getan.

Wenn Geli wüsste, wie selten Ellen in den letzten Tagen an Hanna gedacht hatte, wäre sie vielleicht sogar enttäuscht gewesen. Sie überflog Gelis Kommentare zu Hannas Aussehen: abgekämpft. Hannas Stimmung: keineswegs frisch verliebt, vielmehr müde, müde, müde, und Gelis Prognose: Hanna habe schon genug von Richard, die Trennung der beiden sei nur noch eine Frage der Zeit. Sie schloss damit, dass sie Ellen zwar viel Spaß wünsche, es aber kaum erwarten könne, bis sie endlich wieder zurück sei. Es gebe ja soooo viel zu berichten – an dieser Stelle hatte sie jede Menge Herzchen und Sternchen eingefügt –, und das könne sie gar nicht alles aufschreiben, das müsse sie ihr erzählen.

Geli war ganz offensichtlich verliebt. Ellen war sehr gespannt auf den Mann, der nach so vielen Jahren endlich Gnade vor den Augen ihrer Freundin gefunden hatte. Geli flirtete zwar viel und hatte auch mal die ein oder andere Affäre, aber an ihr Herz hatte sie bisher niemanden gelassen.

Zuletzt klickte Ellen die Mail von Tom an, der ihr Grüße von ihrem großartigen Sohn bestellte, mit dem er sehr viel gelacht hätte. Sie spürte einen winzigen Stich von Eifersucht, hätte aber nicht sagen können, auf was genau: Darauf, dass Tom mit Lukas zusammen war, oder darauf, dass die beiden Spaß hatten, oder darauf, dass sie selbst auch gern mit Tom Spaß haben wollte?

Neugierig las sie weiter. Offensichtlich war ihre *Casablanca*-Postkarte aus Toronto angekommen:

»Ich halte mich selbst eigentlich für einen harten Kerl, aber *Casablanca* war einer der drei Lieblingsfilme von Rebecca. (Die zwei anderen sind definitiv keine Klassiker, aber die verrate ich dir, wenn du wieder da bist!) Keine Ahnung, woher du das gewusst hast. Jedenfalls trieb mir der Anblick der Karte allein schon die Tränen in die Augen.

Mir!

Rebecca hat gewusst, wie gefährlich das ist, was wir da taten. Sie war so viel mutiger als ich. Selbst wenn sie gewusst hätte, was ihr dort zustoßen würde, hätte sie diesen Kindern Lesen und Schreiben beibringen wollen.

Aber zurück zu deiner Karte: Nachdem ich mich also wieder beruhigt hatte, habe ich die Karte umgedreht und dann ausgerechnet dieses Zitat gelesen: *Die drei kurzlebigsten Spuren: die*

Spur des Vogels auf dem Ast, die Spur des Fisches auf dem Teich und die Spur eines Mannes auf einer Frau.«

Entsetzt hielt Ellen inne. Ihre Karte war ein völliger Fehlgriff gewesen! Welcher Teufel hatte sie nur geritten, dieses Zitat auszusuchen? Womöglich dachte Tom, sie wollte damit sagen, dass sowieso alles egal war und außerdem schon lange vorbei.

Sie schluckte ein paarmal, bevor sie weiterlesen konnte.

»Diese Vergleiche haben mich berührt, sie hätten Becci auch gefallen. Selbst wenn manche Spuren nur kurzlebig sind, so haben sie für einen kurzen Moment doch etwas verändert. Ich kann nicht so genau erklären, warum der Gedanke so tröstlich für mich war. Vielleicht, weil es mich daran erinnert hat, dass das, was wir in Afrika getan haben, sehr viel mehr war als nur eine kurzlebige Spur, und womöglich haben wir, hat vor allem Rebecca doch viel mehr hinterlassen, als ich bisher gedacht habe.

Danke jedenfalls. Es hat wehgetan, aber es hat mir auch so etwas wie inneren Frieden gebracht.

O mein Gott, ich klinge, als wollte ich mich bei einem Esomagazin um einen Posten bewerben!

Deshalb nun lieber zu dir: Wie läuft die Reise? Wo bist du denn jetzt?

Hier ist alles in Ordnung. Deinem Garten geht es gut, Lukas meinte zwar, er fände einen grünen Rasen schöner als diesen braun verbrannten, aber dein Sohn hat auch einen komischen Geschmack: Er wollte mir beim Grillen allen Ernstes weismachen, dass verbrannte Käseknacker eine Köstlichkeit sind!

Nein, kleiner Scherz, ein Golfrasen könnte neidisch werden auf dieses saftige Grün. Was die verkohlten Käseknacker angeht, hab ich allerdings die Wahrheit gesagt.

In der Bibliothek wirst du schmerzlich vermisst, vor allem von

Mona, die beinahe in Streik getreten wäre, denn Weniger wollte ihre *Vogue* abbestellen, weil sie angeblich zu teuer ist.

Ich freue mich schon auf deine nächste Postkarte. Gib gut auf dich acht!«

Auf einmal fühlte Ellen sich wieder sehr beschwingt. Was er wohl zu der Karte aus San Francisco sagen würde, zu dem Riss, dem Gedicht von Robert Frost und zu der Frage, welchen Weg man gehen sollte?

Sie legte den Kopf auf das Kissen und starrte auf den Deckenventilator. Vor ihrer Abreise musste sie unbedingt noch die neueste Karte für Tom wegschicken. Sie hatte schon eine ausgesucht – einen Mann mit einer Tätowierung, wie Mike, der Matai von Sugars Clan, sie trug. Sie reichte von der Taille bis zur Kniekehle und bedeckte die Schenkel vorne und hinten wie eine Radlerhose. Ellen hatte Sugar die Karte gezeigt und damit einen ellenlangen Vortrag über Tattoos in Samoa ausgelöst: »Früher konnte man den Rang und die Stellung eines Mannes in seinem Clan daran erkennen. Aber heute nicht mehr. Jeder *Papalagi* kann kommen und sich einfach irgendwelche Fantasietattoos machen lassen«, hatte Sugar lamentiert und ein bisschen boshaft hinzugefügt, dass sich einige *Papalagi* dabei übel blamiert hätten, denn das Tätowieren war auf Samoa eine schmerzhafte Prozedur, die sich über Tage und Wochen hinzog, weil nicht mit Maschinen, sondern traditionell mit geschnitzten Kämmen gearbeitet wurde, deren spitze Zinken mit einem Hämmerchen in die Haut getrieben wurden. Millimeter für Millimeter. Jemand, der das große traditionelle Tattoo trug – und da hatten Sugars Augen voller Bewunderung geleuchtet –, der hätte ein kräftiges Herz, und nur das verlieh einem Mann auch einen starken Geist. Tätowierungen bei Frauen waren eher ungewöhnlich und in jedem Fall sehr viel dezenter. Denn auf

Samoa hieß es, ein Mädchen werde durch die Schmerzen der Geburt zur Frau, während der Junge nur durch die Schmerzen der Tätowierung zum Mann werde. Die Kirchen wären mit dem Tätowieren zwar nicht einverstanden, aber in diesem einen Punkt hätte das *fa'a Samoa* über das Christentum gesiegt, was Ellen natürlich gefiel.

Das alles hatte ihr Sugar nach dem Fotoshooting beim Abendessen erzählt, zu dem sie Ellen und all ihre Freunde eingeladen hatte. Zu ihrer Überraschung wollte Sugar viel lieber Burger essen als etwas Samoanisches. Ellen fand das sehr schade, denn Burger gab es überall, und bisher hatte sie, abgesehen vom Frühstück, auf Samoa immer lecker gegessen.

Der Lalumanu-Burger rumorte auch jetzt noch durch ihre Eingeweide wie eine Rohrbombe.

Ellen hatte lange überlegt, was sie auf Toms Tattoo-Karte schreiben sollte. Sie hatte auch zwei samoanische Romane *Die Blätter des Banyanbaums* von Albert Wendt und *Alofa* von Sia Figiel gelesen, aber keinen einzigen Satz gefunden, den sie passend fand.

Passend war allerdings auch das falsche Wort, denn nachdem sie sich ehrlich gefragt hatte, was genau sie eigentlich suchte, war ihr klar geworden, dass sie eine besonders vieldeutige Textstelle wollte, eine, die wie ein Gedicht einen Interpretationsspielraum bot. Anscheinend war es ihr wichtiger, Tom zu beeindrucken, als wirklich etwas zu sagen. Warum machte sie nicht gleich eine Doktorarbeit aus Toms Postkarten? An dem Punkt hatte sie beschlossen, doch nur »Einatmen. Ausatmen.« auf die Karte zu schreiben. Passte schließlich perfekt zu der schmerzhaften Tätowierprozedur, und Ellen musste jedes Mal lachen, wenn sie sich Toms Gesicht beim Lesen vorstellte.

Ein leises *Pling* lenkte ihre Aufmerksamkeit auf eine Mail von ihrem Reisebüro.

Aber noch bevor sie die öffnen konnte, klingelte ihr Handy. Seltsam, weder Sugar noch Alicia hatten bisher mitten in der Nacht angerufen, und aus Europa meldete sich üblicherweise niemand telefonisch, weil das viel zu teuer war.

Überraschung! Es war Richard.

Einatmen. Ausatmen.

33. KAPITEL

Seit ihrem letzten unerfreulichen Gespräch in San Francisco hatte Ellen nichts mehr von Richard gehört, dieser Anruf konnte deshalb eigentlich nur auf eine familiäre Katastrophe hindeuten. Ellen machte sich auf das Schlimmste gefasst, wobei sie nicht mal hätte sagen können, was denn das Schlimmste überhaupt wäre. Sie stellte den Ventilator aus, weil ihr der plötzlich sehr laut vorkam, setzte sich wieder auf ihr Bett und nahm den Anruf entgegen.

»Ja?«, fragte sie.

»Ellen? Geht es dir gut?«

»Bestens, warum rufst du an?«

»Wo bist du?«

»In Samoa.«

»Du meinst *auf* Samoa …«

Ellen unterdrückte ein leises Stöhnen.

»… also am anderen Ende der Welt.«

Nach dieser kleinen Korrektur wird er ganz bestimmt anbringen, wie froh er darüber ist, dass er nicht in der mörderischen Hitze sein muss, jede Wette.

»Gefällt es dir?«, fragte er.

Wow, er überraschte sie.

»Ja, es ist fantastisch! Ganz besonders die Menschen und die Landschaft«, sagte sie.

»Freut mich.«

Ach wirklich? Seit wann denn das? Eigentlich war sie ihm doch egal. Wollte er etwas?

»Ist es nicht sehr einsam für dich, so allein?«

»Nein.« Sie merkte, wie dieses unerwartete – möglicherweise sogar ehrliche – Interesse an ihren Schutzmauern nagte. Sie wollte ihm so gern von ihrer Reise erzählen, von Sugar, von Alicia. Aber dann erinnerte sie sich an den Stein, den sie weggeworfen hatte. Sie sollte mit ihm über das reden, was sie noch verband.

»Ich kann das nicht mehr«, sagte er genau in dem Moment, als sie ihn nach den Fotos fragen wollte, die Mia geschickt hatte.

»Wovon redest du?«

»Ich meine Hanna.«

Ellen wurde heiß, und sie spürte, wie sich etwas in ihrem Bauch verknotete. Ich sollte den Ventilator wieder einschalten, dachte sie, blieb aber sitzen.

»Findest du es nicht ein bisschen daneben, mit mir über Hanna zu sprechen?«

»Du hast recht.« Er lachte verlegen. »Aber ich kann nur mit dir darüber reden. Also, wenn du mich lässt.« Das klang für den Mann, der sonst immer gern den »Ich bin ein starker Held und schaffe alles«-Richard gab, fast schon verzweifelt.

Tu's nicht, Neugier ist der Katze Tod, ermahnte Ellen sich. Leg lieber auf. Du hast es gerade geschafft, dich besser zu fühlen. Leider schien die Hirn-Mund-Koordination von diesem rumorenden Burger in ihrem Bauch ausgeschaltet zu sein, denn während sie das noch dachte, hörte sie sich schon etwas komplett anderes sagen: »Okay, schieß los.«

Das wirst du bereuen, Ellen, ganz sicher!

»Ich«, begann er. »Es … Also, es ist so: Weißt du, als wir uns damals getroffen haben, da wollte ich, da musste ich dich einfach heiraten.«

Ihre Kehle schnürte sich zu, während das Zimmer vor ihren Augen verschwamm. Alarm! Alarm! Er redete von der Vergangenheit! Vergangenheit! Vergangenheit! Ihre Märchenehe war vorbei. Auf rosa Einhörnern davongaloppiert.

»Ich wollte auf keinen Fall das Risiko eingehen, dieses Glück, das ich bei unserem Zusammensein gefühlt habe, wieder zu verlieren. Ich wollte so sehr, dass es von Dauer wäre.«

Jetzt tropften Tränen auf ihre Wange. Dauer? Welche Art von Dauer meinte er denn? Er hatte diese Dauer doch selbst beendet. Einfach so. Aber ich bin der Fels, erinnerte sie sich. Niemand kann mich wegwerfen, und ich muss mich nicht für etwas schämen, das ich nicht allein zu verantworten habe.

»Bist du noch da?«

»Mhm.«

»Mit Hanna kann ich das nicht. Ich bin gern mit ihr zusammen, aber ich will nicht mehr heiraten. Ich glaube nicht mehr daran, dass Glück lange andauern kann.«

Ich auch nicht, dachte Ellen und unterdrückte ein Schluchzen. Dabei hätte sie es noch vor einem Jahr für Glück gehalten, wenn sie und Richard bis ans Ende ihrer Tage zusammengeblieben wären.

»Hanna will unbedingt heiraten, und ich weiß einfach nicht, wie ich aus der Nummer rauskomme.«

»Hmmm.«

»Deshalb wollte ich dich bitten, dich nicht scheiden zu lassen. Jedenfalls nicht so schnell.«

»Soll das heißen, du liebst …« Sie wollte sagen: »… liebst mich noch?«, konnte es sich aber gerade noch verkneifen, auch wenn sie den umformulierten letzten Teil des Satzes kaum herausbekam. »… liebst sie nicht mehr?«

»Natürlich tue ich das. Sehr sogar.«

Aha. Einatmen. Ausatmen.

»Aber es ist anders als bei dir damals, da wollte, da musste ich mich festlegen. Liegt das an meinem Alter, oder liebe ich sie womöglich doch nicht genug?«

Beim dritten tiefen Ausatmen merkte Ellen, wie sich ein Lachen in ihrer Kehle breitmachte. Sie wischte sich mit der Hand über die Augen. Das Ganze war dermaßen absurd. Offensichtlich hatte Richard überhaupt kein Gespür dafür, wie seltsam jeder andere Mensch auf diesem Planeten ihr Gespräch gefunden hätte, und trotzdem konnte sie ihn verstehen. Er war einfach unmöglich, und sie war verrückt, weil sie nicht schon längst aufgelegt hatte!

»Bist du noch dran?«

Er klang ziemlich durcheinander, und mit wem sonst hätte er reden sollen als mit der Frau, für die er sich mal was getraut hatte? Wahrscheinlich dachte er sogar, sie würde es als Kompliment sehen, und irgendwie war es das auch, selbst wenn sie gescheitert waren.

»Ob du sie genug liebst, kannst nur du wissen.«

Er seufzte. »Tut mir leid, das war wohl eine ziemlich unangemessene Frage.«

»Ja.« Ellen ließ das eine Weile im Raum stehen, dachte an den Stein, den sie in den See mit dem Wasserfall geworfen hatte, und beschloss, das Thema zu wechseln. »Ich mache mir Sorgen um Mia.«

»Warum denn das?«

»Hat sie dir auch diese Bilder von Wilsons Mutter geschickt?«

»Ja.« Richard lachte dieses tiefe, vertraute, warme Lachen. »Sie sieht aus wie eine kaltschnäuzige Hexe. Wenn sie Mia in ihr eisernes Herz schließt, dann feiern wir in Kürze Verlobung, wenn nicht, kommt unsere Tochter garantiert bald nach Hause. Davon kannst du ausgehen.«

»Aber wo bleibt da Mia?«

»Unsere Tochter ist erwachsen. Du kannst sie nicht immer vor ihrem eigenen Leben beschützen.«

»Vielleicht fliege ich zu ihr nach Hongkong.«

»Bloß nicht! Auch wenn du gerade deine paar Kröten für eine Weltreise raushaust.«

»Du bist doch nur eifersüchtig, wenn ich deinen Liebling mitsamt ihrem Stararchitekten vor dir treffe!«

»Wenn du hinfährst, wirkst du wie ein Kontrollfreak. Lass sie in Ruhe ihre Erfahrungen machen.«

Mit derart unangebrachten »Da müssen die Kinder durch«-Kommentaren hatte er sie früher auch schon zur Weißglut gebracht, zum Beispiel als Lukas sich die Hand verbrannt oder Mia sich das Schienbein beim Skifahren gebrochen hatte. Ellen fand, in so einem Fall war Mitgefühl angebracht und kein derart dämlicher Spruch, der es gutzuheißen schien, wenn man Erfahrungen auf möglichst schmerzhafte Weise sammelte.

Und vielleicht ging es hier ja auch um Schlimmeres, denn Mias Seele wäre definitiv nicht so leicht zu heilen wie ein Beinbruch.

»Ich möchte mich einfach nur vergewissern, dass es ihr gut geht.«

»Also, Elli«, jetzt klang er leicht gereizt, »kannst du mir nun diesen Gefallen mit unserer Scheidung tun?« Er hatte Mia längst abgehakt und war zu dem ursprünglichen Grund seines Anrufs zurückgekommen. Was wichtig war, bestimmte immer noch er.

»Nein. Ich will unsere Scheidung so schnell wie möglich durchziehen.«

»Verstehe. Du bestrafst mich dafür, dass ich dich mal sehr geliebt habe.«

So konnte man das natürlich auch hindrehen.

»Du solltest offen mit Hanna reden.«

»Das kann ich nicht.« Er seufzte hörbar. »Wir streiten nur noch.«

»Ein guter Weg, um sich richtig kennenzulernen.«

»Vielleicht will ich das gar nicht. Es ist leichter, jemanden zu lieben, den man nicht gut kennt.«

»Unsinn! Da verwechselst du etwas«, fuhr sie fort. »Sich zu verlieben ist leicht, gerade weil man sich nicht kennt. Aber wenn man Liebe mal als die erwachsene Form von Leidenschaft betrachtet, dann liegst du völlig falsch. Man kann nur jemanden wirklich lieben, wenn man ihn auch kennt.« Führte sie gerade wirklich dieses Gespräch mit Richard? Warum hatten sie sich während ihrer Ehe nie so unterhalten?

»Na gut, vielleicht irre ich mich. Aber Liebe hin oder her, ich will doch nur, dass alle glücklich sind.«

Sagte der Mann, der sie in das allertiefste Elend gestürzt hatte.

»Richard, ich bin wirklich müde.«

»Tut mir leid! Samoa, Gott, den Zeitunterschied hab ich völlig vergessen.«

»Mach's gut, Richard.«

Ellen legte auf und wusste nicht, was sie von diesem Gespräch halten sollte. Es ist doch verrückt!, dachte sie. Und einen Moment später: Es ist vorbei. Jetzt verstand sie endlich: Es war nicht die Tatsache, dass Hanna jünger und sexier war. An der Oberfläche ging es natürlich schon um Sex, aber auf einer tieferen Ebene war es etwas anderes. Richard wollte nicht, dass ihn jemand mit all seinen Ängsten und Schwächen zu gut kannte, und vor allem wollte auch er lieber niemanden allzu gut kennen. Er sehnte sich danach, ein Geheimnis zu sein und eines zu erobern, denn es war ihm unmöglich, mit dem ganzen Paket zu leben, dem Rattenschwanz, den jeder mitbrachte:

Verletzungen, Eltern, Geschwister. Es war tatsächlich nie darum gegangen, dass sie nicht gut genug gewesen war, dass sie langweilig und alt geworden war, sondern in Wahrheit war es dabei immer nur um ihn gegangen. Natürlich hatte Ellen sich das vorher auch schon gesagt, doch jetzt spürte sie es, tief in ihrem Inneren, bei jedem Atemzug.

Plötzlich fühlte sie sich wie befreit. Ihre Ehe war gar kein Fiasko, ihre Liebe war nicht falsch gewesen, sie hatte sie sich nicht nur eingebildet, ganz im Gegenteil. Richard wollte eben nur nicht so gut gekannt werden.

Sie stand auf, schaltete den Ventilator ein und sprang übermütig auf ihr Bett, das dabei gefährlich wackelte. Sie fühlte sich, als hätte sie zwei Zentner Gewicht verloren, als wäre ihr Kopf endlich wieder frei. Als wäre sie gerade aus einer Nebeldecke ans Licht emporgestiegen, auch wenn in ihrem Bauch immer noch der Lalumanu-Burger grummelte.

Sie klickte die Mail vom Reisebüro mit den möglichen Flugverbindungen von Auckland nach Windhoek an und schaute sie durch. Wenn sie eine gute Verbindung haben wollte, dann musste sie schon morgen Nachmittag den Flieger nehmen, sonst hätte sie entweder ewig lang Aufenthalt in Auckland, oder sie müsste noch drei Tage auf Samoa bleiben. Und nachdem sie sich zur Abreise entschlossen hatte, wollte sie unbedingt los.

Die meisten der Verbindungen führten über Hongkong. Na, wenn das kein Wink des Schicksals war! Wenn man zufällig gerade in der Nähe seiner Tochter war, nun, da würde doch jede Mutter auf einen kurzen Besuch vorbeikommen, oder etwa nicht?

34. KAPITEL

Heftige Turbulenzen rissen Ellen aus einem unruhigen Schlaf. Ihre lange Muschelkette hatte sich in ihrem Gurt verheddert. Sie nestelte sie wieder frei und dachte dabei an Sugar, die ihr die Ulapule mit Tränen in den Augen zum Abschied geschenkt hatte. »Du musst wiederkommen, du bist mein Glückbringer«, hatte sie immer wieder gemurmelt, Ellen fest umarmt und auf den Mund geküsst. »Diese Ulapule wird dich daran erinnern, dass du deine Gefühle immer dem Wasser übergeben kannst, wie in der Nacht am Wasserfall.«

Ellen nahm die Kette ab und wickelte sie sich um ihr Handgelenk. Ihr war ziemlich flau, obwohl sie seit dem Burger kaum etwas zu sich genommen hatte. Vielleicht war es ein Fehler gewesen, aber als der Steward seine *»Chicken or Pasta?«*-Frage gestellt hatte, hatte sie beides abgelehnt, weil ihr bei der Vorstellung, etwas essen zu müssen, ganz blümerant geworden war.

Vielleicht lag es aber auch nur daran, dass sie sich nicht richtig entspannen konnte, denn sie war in dem sehr engen Flieger auf dem Mittelplatz zwischen zwei chinesischen Geschäftsleuten eingeklemmt, die sich ständig über ihren Kopf hinweg anbrüllten, aber partout nicht den Platz mit ihr tauschen wollten.

Die beiden neben ihr tranken schon mindestens den siebzehnten Whiskey, und nicht mal das starke Wackeln des Flugzeugs brachte sie zum Verstummen.

Als die Turbulenzen noch schlimmer wurden, war Ellen sehr froh, dass sie weder Chicken noch Pasta im Bauch hatte, denn ihr wurde dermaßen übel, dass sie zum ersten Mal nach den Kotztüten griff. Plötzlich sackte das Flugzeug zudem so schlagartig ab, dass ihre Nachbarn den restlichen Whiskey über sich verschütteten und laut fluchten, bevor sie nach dem Steward klingelten. Offensichtlich wollten sie Nachschub.

Doch da knarzte die Sprechanlage, und wenn Ellen die englische Ansage durch das Knistern und Rauschen hindurch richtig verstanden hatte, würden sie wegen eines Taifuns nicht in Hongkong landen können. Sie wurden auf den Flughafen Shenzhen umgeleitet, und der Service an Bord musste bis zur Landung eingestellt werden, was ein kollektives Stöhnen bei den Passagieren hervorrief.

Wie gut, dass sie Mia ihren Besuch noch nicht angekündigt hatte. Kein Terminstress für sie. Ellen hatte keine Ahnung, wo Shenzhen sich befand und wie weit die Stadt von Hongkong entfernt war. Sie fragte ihre jetzt stark nach Torffeuer riechenden Nachbarn, die ihr voller Stolz erklärten, Shenzhen sei der viertgrößte Flughafen in China und einer der schönsten der Welt, und er sei nicht weit von Hongkong entfernt. Es gebe sogar eine Bahnexpressverbindung dorthin.

In den nächsten zwei Stunden wurden sie alle so dermaßen durchgerüttelt, dass auch ihre Nachbarn schwiegen und sich wie Ellen stöhnend in ihre Tüten übergeben mussten.

Erst als sie Shenzhen erreicht hatten, hörten die Turbulenzen auf. Trotzdem dauerte es noch eine weitere Stunde, bis sie endlich die Landeerlaubnis erteilt bekamen.

Obwohl das Flugzeug nun ganz ruhig über Shenzhen kreiste, war Ellen immer noch übel, was sie auf den Whiskeygeruch rechts und links neben sich schob. Sie konnte es kaum erwarten auszusteigen, festen Boden unter den Füßen zu spüren und frische Luft zu atmen. Es war das erste Mal, dass sie beim Fliegen Angst verspürt hatte, und sie schob es darauf, dass sie sich nicht nur müde, sondern förmlich wie erschlagen fühlte. Immer wieder wurde sie von Hitze- und Kältewellen übermannt.

Seit sie über Shenzhen kreisten, diskutierten ihre Nachbarn wieder so lebhaft über ihren Kopf hinweg, als ginge es um Leben und Tod. Ellen fragte sich, worüber die beiden wohl redeten. Ihre Familien? Fußballergebnisse? Ihren Job?

Als ihr Fensternachbar zur Toilette ging, nutzte sie die Gelegenheit, um hinauszuschauen. Der Himmel war von einem strahlenden, wolkenlosen Blau, der Sturm also definitiv vorbei. Bei einer Linkskurve erhaschte sie einen Blick auf den Flughafen von Shenzhen, der wie ein seltsames Tier aussah, mit einer Haut aus Gitternetzen. Der hintere Teil glich einem stilisierten Fisch, einem Rochen, von dem zahlreiche lang gestreckte Beine abgingen, wie die von Insekten. Eine Gänsehaut lief Ellen über den Rücken – nicht wegen des Anblicks, sondern weil sie gerade wieder anfing zu frösteln.

Bestimmt musste sie nur eine Kleinigkeit essen und trinken, dann würde es schon wieder aufhören. Das waren bloß Nachwehen von den Turbulenzen, dem Burger und der Zeitverschiebung.

Als sie endlich an einem der Insektenbeine des Flughafens angedockt hatten und aussteigen durften, fühlte sie sich so wacklig wie ein neugeborenes Kälbchen, nur dass niemand sie freundlich anstupste, sondern sie gnadenlos von den Reisenden hinter ihr vorwärtsgeschoben wurde. Kaum war sie im Flughafengebäude angekommen, wurde ihr schon wieder schlecht, und sie schaffte es gerade noch rechtzeitig zur nächsten Toilette. Dort blieb sie danach wie erschlagen sitzen. Ihre Beine zitterten, ihr war übel, außerdem hatte sie immer noch

Durchfall, was anfing ihr große Sorgen zu machen, denn schließlich hatte sie seit dem Burger mit Sugar nichts mehr gegessen. Aber sie konnte auch nicht so richtig denken, was bestimmt nur von der Übermüdung kam. Sie schleppte sich zu den Waschbecken. Der Blick in den Spiegel war niederschmetternd. Die schwarzen Ringe unter ihren Augen sahen aus, als hätte sie mit jemandem geboxt, und die Falten um ihren Mund hatten sich tief in ihr Gesicht eingegraben. Von einer Frisur konnte keine Rede sein, nicht mal von Haaren, eher von Filz. Sie spritzte sich kaltes Wasser ins Gesicht. Doch das machte sie nicht wacher, sondern ließ sie am ganzen Körper so frieren, dass sie sich nur noch wünschte, zu Hause unter einer dicken Daunendecke in ihrem Bett zu liegen. Ganz offensichtlich hatte sie sich irgendetwas eingefangen. Sie war schon so lange nicht mehr krank gewesen, dass sie ganz vergessen hatte, wie beschissen sich das anfühlte.

Reiß dich zusammen, ermahnte sie sich. Du musst ja nur noch zum Gepäckband, dann zum Transferbus, und schon bist du in Hongkong und kannst Mia anrufen. Sie stolperte mehr aus der Toilette, als dass sie lief, und schleppte sich zu dem von Menschen derart umzingelten Gepäckband, dass kein Millimeter Platz mehr für sie war.

Erschöpft suchte sie sich eine Bank mit Blick auf das Band und wartete. Wenn ihr nur nicht so übel wäre. Und jetzt auch noch diese Bauchkrämpfe. Sie legte den Kopf zurück, versuchte sich zu entspannen und schloss die Augen.

Als sie mit einem Ruck wieder zu sich kam, war keine Menschenseele mehr am Gepäckband, auf dem nur noch ein paar verwaiste Gepäckstücke herumdümpelten. Sie stand auf und musste sich sofort wieder abstützen, weil ihr so schwindelig war und ihre Knie nachgaben. Sie konzentrierte sich auf das Band. Dort sollte ihr Gepäck zu sehen sein. Nichts. Ein Mickey-

Maus-Koffer, zwei schwarze Trolleys aus Stoff und ein dunkelroter Samsonite. Keine Spur von ihrem türkisfarbenen Koffer.

Sie setzte sich und schluckte ein paar Mal. Sie brauchte dringend etwas zu trinken, aber nirgends war ein Automat zu sehen. Dann eben im Waschraum. Nein, zu gefährlich, Wasser nur aus einer Flasche. Vorher noch das mit dem Gepäck klären. Nein. Hinlegen, einfach nur hinlegen.

Sie stöhnte.

Okay, erst das Gepäck, dann trinken, dann ausruhen.

Sie suchte auf einer Informationstafel nach dem Schalter für verlorenes Gepäck und machte sich auf den Weg. In ihrem Kopf war es seltsam taub. Sie hörte nur nebelartige Geräuschfetzen, musste ständig stehen bleiben, um nach Luft zu ringen, und wurde dabei von hektischen Chinesen jedes Mal fast über den Haufen gerannt.

Am Schalter zeigte sie ihren Gepäckschein. Ein freundlich lächelnder Mann redete auf sie ein und bewegte dabei seinen Arm wie eine dieser goldenen Grinsekatzen, aber sie verstand ihn nicht, hörte nichts, und nur um das endlich abzuhaken, nickte sie, zeigte Ausweis und Tickets und unterschrieb die Zettel, die er ihr hinlegte, in der Hoffnung, dass damit alles geklärt wäre. Der Grinsekatzenmann hatte irgendwie Mitleid mit ihr und schien zu merken, dass sie durstig war, denn er schob ihr abschließend eine kleine Flasche Wasser zu, die Ellen dankbar annahm und sofort austrank. Als sie den Kopf nach dem Trinken wieder senkte, wurde ihr schwarz vor Augen, und sie musste sich an einer Bank abstützen.

Jetzt sollte sie sich endlich zu dem Transferbus von Shenzhen nach Hongkong aufmachen, doch sie hatte keine Ahnung mehr, von wo der abfahren sollte und in welche Richtung sie gehen musste. Und vielleicht war der auch längst weg, so wie alle anderen Passagiere aus ihrem Flugzeug.

Weg wie ihr Gepäck.

Sie setzte sich auf die nächste Bank, um ihre Optionen zu überdenken. Es war klar, dass sie müde und krank war und sich hinlegen musste. Kurzum, sie brauchte ein Hotel.

Das Wasser vom Grinsekatzenmann gurgelte durch ihren Bauch. Den Transferbus konnte sie erst mal vergessen. Sie schleppte sich zum nächsten Informationsschalter, um sich nach einem Hotel zu erkundigen. Leider entpuppte sich auch das als ein Problem. Wenn sie es richtig verstanden hatte, war es zwar okay, mit einem deutschen Reisepass nach Hongkong einzureisen. Doch wenn sie in Shenzhen den Transitbereich verließ – und die Hotels befanden sich außerhalb davon –, dann betrat sie chinesischen Boden, auf dem andere Gesetze galten als in Hongkong, das jetzt zwar auch zu China gehörte, aber immer noch einen Sonderstatus hatte. Mit letzter Kraft pilgerte Ellen zur Visastelle. Ihr Kopf war so schwer, als hätte er sich in einen Felsbrocken verwandelt, durch dessen Last ihr Körper schrumpfte. Am Visaschalter wartete schon eine kleine Schlange. Ob der Transferbus, für den man kein Visum brauchte, wirklich schon weg war? Sie blickte sich in dem riesigen Flughafen um und fühlte sich wie eine Ameise im viertgrößten Ameisenhaufen der Welt. Wohin jetzt? Ein Albtraum. Ihre Knie zitterten, die Zähne klapperten ihr vor Kälte, und irgendwie kam ihr das Wasser vom Grinsekatzenmann ständig wieder hoch. Sie sah sich nach einer Bank um, einem Stuhl, Hocker, Sofa, Bett, Pritsche, Planke, irgendwas. Nichts. *Nada.* Sie ging in die Hocke und strich mit der Handfläche über den Boden. Einwandfrei. Sauber und glatt. Sie legte sich hin, streckte sich aus, presste ihre Wange auf die Fliesen und schloss die Augen. Nur ganz kurz ausruhen.

Ein Fuß bohrte sich in ihre Taille, und als sie die Augen öffnete, sah sie zwei Paar schwarze Schuhe vor sich, die uniformierten Sicherheitspolizisten gehörten, von denen einer gerade in die Hocke ging und sie streng aufforderte, sich umgehend zu erheben. Sie nahmen ihre Schlagstöcke in die Hand, was Ellen an etwas erinnerte. Nichts Gutes. Die würden sie doch nicht etwa schlagen? Jetzt fiel es ihr wieder ein: ihre Nacht mit dem Baseballschläger, die Nacht, in der sie das Auto nicht demoliert hatte.

»Das ist keine gute Idee«, murmelte sie, was die Polizisten offensichtlich als Beleidigung werteten, denn sie traten noch näher. Ellen rollte sich zusammen, versuchte auf die Knie zu kommen, schaffte es jedoch nicht. Die Uniformierten beobachteten sie ungerührt, als wäre sie ein Insekt, das versuchte, einen Zuckerbrösel fortzutragen.

»Ich kann nicht«, stöhnte Ellen und schämte sich. Schließlich kam ihr eine junge Französin zu Hilfe, die auch in der Schlange angestanden hatte, und bot ihr an, sie vorzulassen, auch wenn das zu Protestgemurmel in der Reihe hinter ihr führte. Die Polizisten blieben noch in der Nähe stehen, steckten aber die Schlagstöcke wieder weg.

Ellen hätte der Französin gern ausführlicher gedankt, doch sie brachte nur gerade so ein *merci* hervor, erhielt ihr Visa und taumelte mehr, als sie zu gehen vermochte, zum nächsten Hotel.

Doch man hatte wieder keine guten Nachrichten für sie. Alle Zimmer waren wegen eines Kongresses belegt. Am liebsten hätte sie sich auch hier wieder vor der Rezeption auf den polierten schwarzen Granitboden gelegt. Sie musste sich so anstrengen, aufrecht stehen zu bleiben, dass sie gar nicht verstand, was der Rezeptionist ihr vorschlug. Erst nach einiger Zeit wurde ihr klar, dass er ihr helfen wollte und empfahl, es im Nachbarhotel zu versuchen, das nur fünf Minuten zu Fuß entfernt sei.

Als sie kraftlos nach einem Taxi fragte, schüttelte der junge Mann den Kopf, kam um den Tresen herum und lief mit ihr nach draußen, um ihr das Hotel zu zeigen. Die dampfige Luft erinnerte Ellen an Toronto. Cassie, dachte sie, das wäre jetzt schön. Meine Klosterzelle. Sie seufzte und versuchte sich auf den Mann zu konzentrieren.

Das Hotel war eigentlich genau gegenüber, man musste nur an einer zwanzig Meter entfernten Ampel eine vierspurige Autobahn überqueren, was ihr gerade wie eine Reise zum Mond vorkam.

Sie bedankte sich und rang nach Luft, denn irgendwie gelangte kein Fitzelchen Sauerstoff in ihren Körper. Vielleicht weil ihr Felsbrockenkopf immer schwerer wurde und ihre Lungen immer weiter zusammendrückte. Sie stolperte zu der Ampel und musste ständig stehen bleiben, um nach Luft zu schnappen, bekam trotz der schwülen Hitze einen Schüttelfrostanfall und musste abwarten, bis sie wieder weitergehen konnte.

Mit letzter Kraft erreichte sie das Hotel. Keinen Schritt weiter würde sie mehr gehen.

Mit einem höflichen Lächeln verriet ihr die aktuelle Miss China, die komischerweise am Empfang arbeitete, dass sie wegen eines Kongresses leider ausgebucht seien.

Nein, nein, nein. Ellen merkte, dass sie gleich die Fassung verlieren, zusammenbrechen und anfangen würde, zu weinen. Sie hielt sich am Tresen fest und versuchte nachzudenken, während sie Miss China anstarrte und die Frage durch ihr Hirn suppte, ob Sugar den Wettbewerb wohl gewinnen würde.

In diesem Moment trat eine grauhaarige Drachenhexe zu der Rezeptionistin und tuschelte mit ihr. Mit einem plötzlich strahlenden Lächeln teilten ihr die beiden mit, dass sie natürlich auch die Golden Swan Deluxe Suite beziehen könne, doch die würde selbstverständlich entsprechend mehr kosten als ein Superior Comfort Zimmer.

Ja, dachte Ellen, ja, ja, ja! Sie nickte, zückte Ausweis, Visa und

Kreditkarte und füllte die Formulare aus. Erst die erstaunte Frage nach ihrem Gepäck machte ihr klar, dass sie keine Ahnung hatte, was ihr der Mann am Gepäckschalter vorhin erklärt hatte. Wahrscheinlich war es auf dem Weg nach Hongkong?

In ihrem Kopf drehte sich alles. Sie zuckte mit den Schultern, und dann endlich begleitete Miss China sie bis zum Aufzug und sogar bis ganz nach oben, denn, wie sie ihr voller Stolz erklärte, das Golden Swan war die Penthouse-Suite. Zum Glück öffnete sie Ellen auch die Tür, denn das alles hätte die allein nicht mehr geschafft.

Sie fiel komplett angezogen auf das Bett, ohne die mit orangegoldenen Schwänen bestickte glänzende Tagesdecke runterzunehmen, und schlief sofort ein.

Als sie aufwachte, war es dunkel, und sie hatte keine Ahnung, wie lange sie geschlafen hatte. Ihr Kopf schmerzte, ihre Zähne klapperten vor Kälte, aber ihre Stirn war heiß. Offenbar hatte sie hohes Fieber. Als sie versuchte aufzustehen, klappten ihr die Beine weg, und sie fiel hin. Sie fühlte sich, als hätte sie keinen einzigen Muskel mehr im Leib, und blieb einfach liegen.

Irgendwann kam sie auf dem weichen Berberteppichboden wieder zu sich und hatte im ersten Moment keine Ahnung, wo sie sich befand. Wie lange lag sie hier schon? Sie wollte nach Hause, in ihr Bett, in ihr Schlafzimmer, in ihr Haus. Quälender Durst brachte sie dazu, durch das Zimmer zu kriechen und die Minibar zu suchen. Als sie den Kühlschrank gefunden hatte, war sie erstaunt über dessen gigantische Ausmaße. Er war sogar größer als der in ihrer Küche. Ihre Küche. Ihr Haus. Ihre Familie. Lukas. Mia. Richard. Tom. Mia. Wasser! Sie wollte Wasser.

Ellen zog sich an dem Schrank hoch und bekam eine Wasserflasche in die Finger, konnte sie aber nicht aufdrehen. Zu schlapp. Zum Glück gab es eine große Auswahl an Flaschen, und beim dritten Anlauf gelang es ihr, eine mit Kronkorken zu öffnen. Als sie den Kopf in den Nacken legte, um zu trinken, ging das Hämmern in ihrem Kopf nahtlos in ein scharfes Stechen über, und sie verschüttete die Hälfte. Immerhin tat das Wasser gut. Sie erinnerte sich daran, dass sie in ihrer Handtasche immer Aspirin hatte. Aber wo war die nur? Sie tastete sich an der Wand lang, fand die Tasche auf dem Boden neben dem Bett, nahm vier Aspirin, setzte sich auf die Bettkante, zog die Tagesdecke weg und ihre Schuhe aus. Das strengte sie so an, dass sie sofort wieder einschlief und erst aufwachte, als jemand auf ihren Kopf hämmerte.

Nein, ihr Schädel dröhnte zwar, aber das Hämmern kam von der Tür. Geh weg, geh doch einfach nur weg, dachte sie, hielt sich die Ohren zu und dämmerte wieder ein.

Als jemand sie sachte am Ärmel berührte, war Ellen nicht sicher, ob sie das gerade träumte oder nicht. Sie schlug die Augen auf und sah nach. Eine Drachenhexe starrte sie an. Sie träumte, ganz klar. Aber die Drachenhexe blinzelte und roch nach irgendwas, und sie redete mit ihr. Die Hexe und ein Mann standen an ihrem Bett und musterten sie. Sie war in einem Hotel!

Sie werden mich rauswerfen. Die wollen sicher niemanden hier, der krank ist, das ist total unhygienisch, dachte Ellen. Sie verstand kein Wort von dem, was die Hexe sagte, beschloss aber, sich nicht einen Millimeter von der Stelle zu rühren. Die müssten sie schon mit der Polizei abtransportieren lassen. Sie machte sich schwer, hatte aber das Gefühl, dass sie ihre Muskeln gar nicht mehr kontrollieren konnte.

Der Mann legte seine Hand auf Ellens Stirn und murmelte etwas, das klang wie: »*Let me see your tongue.*« Sie streckte folgsam wie ein Kind die Zunge heraus, was die Hexe mit einem beifälligen Nicken kommentierte. Ellen lief eine Gänsehaut über den Rücken. Was passierte hier? War das eine chinesische Form von Hänsel und Gretel? Wenn ihre Zunge dick genug war, würden die sie dann schlachten? Davor musste jemand sie retten, musste die Hexe in den Ofen schieben. Aber gab es überhaupt so große Öfen hier in China? Was für ein wirrer Unsinn! In Hänsel und Gretel gab es keinen Mann, nur die Hexe! Sie musste sehr hohes Fieber haben.

Völlig erschöpft schloss sie die Augen und wachte erst wieder auf, als die Hexe ein Tablett auf ihrem Nachttisch abstellte.

Sie zog einen Stuhl heran und hielt ihr eine Tasse hin. Ellen stieg der Duft von Limette, Ingwer und Jasmin in die Nase, und dann, entfernter, der von Hühnerbrühe. Sie streckte die Hand nach der Tasse aus und merkte, wie sie zitterte und ihr der Schweiß dabei ausbrach.

Die Hexe setzte sich neben sie auf die Bettkante, half ihr, sich aufzurichten, und unterstützte sie beim Trinken. Der Tee schmeckte süßlich, und obwohl er in ihrem Bauch entsetzlich gurgelte, spürte sie, dass er ihr guttat. Deshalb ließ sie sich dann auch löffelweise mit Suppe füttern.

Doch je klarer ihr Kopf dabei wurde, desto peinlicher war es ihr, von einer wildfremden Frau gefüttert zu werden. Nachdem sie mehrere Löffel geschafft und drin behalten hatte, erkundigte sie sich nach dem Namen der Frau. Sie wollte jemanden, der so fürsorglich zu ihr war, nicht einmal in Gedanken Hexe nennen. Einen Moment lang war Ellen darauf gefasst, dass sie Li Schneyder sagen würde oder Ellen Fo, aber sie sagte »Si-Hong« und machte dann »Schsch«, wie es Ellen getan hatte, wenn ihre Kinder krank waren und ihre Kräfte schonen sollten.

Tränen stiegen ihr in die Augen, als sie an ihre Kinder dachte. Kein Grund, sentimental zu werden. Sie sind groß, es geht ihnen gut, und alles wird gut.

35. KAPITEL

Als Ellen endlich mit klarem Kopf aufwachte, hatte sie keine Ahnung, wie viele Tage vergangen waren, aber ihr wurden schlagartig mehrere Dinge bewusst: Ja, sie war krank gewesen, genau wie Geli befürchtet hatte. Sie hatte es überstanden, ohne von Ratten angeknabbert zu werden. Aber was noch viel besser war: Sie hatte sich nicht danach gesehnt oder gewünscht, dass Richard käme und sich um sie kümmerte, tröstend seine Arme um sie legte und ihr mit seiner wunderbaren Stimme etwas liebevoll Aufmunterndes ins Ohr flüsterte. Nichts davon! Sie konnte tatsächlich ohne seine Nähe, ohne seine Liebe leben. Natürlich gehörte er schon noch zu ihrer Familie – und bei der musste sie sich unbedingt melden! Dann wurde ihr plötzlich wieder bewusst, dass sie eine Suite bewohnte, die bestimmt auch für chinesische Preisverhältnisse sehr teuer war. Bisher hatte sie in günstigen Hotels oder Wohnungen übernachtet, ihr Budget war schließlich begrenzt.

Das Wichtigste zuerst. Ellen stand auf, um ihr Handy und ihren Laptop zu suchen. Gott, war sie wacklig auf den Beinen, immer noch. Offensichtlich hatte sie eine ganze Weile nur herumgelegen. Sie probierte es mit ein paar Kniebeugen. Ihr wurde schwindlig, doch es fühlte sich trotzdem gut an, ihre Muskeln zu benutzen.

Die Akkus von Handy und Laptop waren leer, sie musste

alles erst laden. Leider passten ihre Stecker nicht in die Steckdosen, und den Weltreiseadapter hatte sie in ihrem Koffer verstaut. Sie brauchte einen Moment, bis sie sich daran erinnerte, dass ihr Gepäck nie in Shenzhen angekommen war und sie am Gepäckschalter danach gefragt hatte. Allerdings hatte sie keine Ahnung, was der Mann zu ihr gesagt hatte.

Sie rief in der Rezeption an und bat um einen Adapterstecker. Dann suchte sie nach dem Hotelprospekt, um nachzusehen, was die Suite kostete. Immer wieder musste sie kleine Verschnaufpausen einlegen. Schließlich nahm sie den Prospekt vom Schreibtisch und setzte sich in einen der Lounge Chairs. Dort schlug sie die Preisliste auf und schloss entsetzt die Augen.

Sie war erledigt!

Eine Nacht hier drin kostete 540 Euro, und Ellen hatte keine Ahnung, wie viele Tage sie schon hier war. Sicher mehr als vier oder fünf.

Als es eine Minute später an der Tür klingelte, hatte sie über ihren panischen Rechenversuchen den Stecker schon wieder vergessen.

Si-Hong war selbst gekommen, verbeugte sich tief, überreichte ihr den Stecker auf einem Silbertablett und entschuldigte sich mehrfach für die Unannehmlichkeiten, weil sich kein Adapter in ihrer Suite befunden habe. Diese würden leider gern von den Gästen als Souvenir mitgenommen, aber das solle keine Entschuldigung sein, sie werde das Zimmermädchen ganz gewiss für dieses Versäumnis streng ermahnen.

Doch Ellen interessierte sich gerade nur für eine einzige Frage. Sie holte tief Luft und wollte wissen, was sie dem Hotel schuldete.

Si-Hong nickte, als hätte sie die Frage schon erwartet. Ihre Augen blitzten auf, als sie ihr mit einer leichten Verbeugung ankündigte, sehr gute Neuigkeiten für sie zu haben. Si-Hong freute sich sehr, ihrem geschätzten Gast im Namen der Geschäftsleitung mitteilen zu können, dass sie ihr wegen ihrer unerfreulichen Indisposition gern einen Rabatt von elf Prozent anbieten würden. Der Preis für die Suite betrüge dann also nur noch 480 Euro pro Nacht.

Si-Hong sah sie so erwartungsvoll strahlend an, dass es an Körperverletzung gegrenzt hätte, nicht freundlich darauf zu reagieren.

»Das ist ja wunderbar«, stammelte Ellen und deutete ebenfalls eine Verbeugung an.

Dann rechnete Si-Hong ihr wie eine freundliche Präzisionsrechenmaschine vor, welche Kosten entstanden waren. Bei sieben Nächten, zusammen mit der Arztrechnung einer Koryphäe für traditionelle chinesische Medizin, Medikamenten und der Pflege beliefen sich die Kosten auf knapp 5 000 Euro.

Seit einer Woche war sie schon hier! Ellen hatte das Gefühl, gleich wieder krank zu werden. Selbst wenn ihre Reisekrankenversicherung den alternativen Arzt anerkennen und ihr das Geld zurückzahlen würde, war sie pleite, musste hier sofort ausziehen und konnte nur noch nach Hause fahren.

Fürs Erste war ihre Reise damit zu Ende.

Und?

Sie war überrascht, dass sich das gar nicht so schlimm anfühlte. Mia würde sie allerdings schon noch gern besuchen, sie hatte ihre Tochter ja so lange nicht mehr gesehen. Vielleicht konnte sie ein paar Tage bei ihr wohnen, das würde Kosten sparen.

Sie bedankte sich für den Adapter und den Rabatt und brachte Si-Hong zur Tür. Danach schloss sie Handy und Laptop ans Netz und rief ihre Tochter an. Doch die nahm nicht ab. Ellen suchte Mias Mail mit ihren Kontaktdaten in Hongkong, und dabei fiel ihr auf, wie viele Mails in der letzten Woche gekommen waren. Doch eins nach dem anderen. Sie wählte Mias angegebene Festnetznummer in Hongkong.

»*Yes?*« Eine unfreundliche Frauenstimme. Nicht Mia. Vielleicht die unsympathische Mutter von Wilson, oder womöglich hatten die auch eine Haushälterin?

Ellen erklärte, sie würde gern mit Mia sprechen, und musste zu ihrer großen Enttäuschung erfahren, dass ihre Tochter mit Wilson in London war. Und zwar schon seit zehn Tagen, weil es unerfreuliche Planänderungen gegeben habe. Leider wisse man deshalb nicht, wann Mia und Wilson wieder nach Hongkong zurückkehren würden. Ob Ellen eine Nachricht hinterlassen wolle?

So viel zu der Idee mit dem Überraschungsbesuch. Ellen bedankte sich und beschloss, eine Mail an Mia zu schreiben.

Gerade als sie den Laptop in Position gebracht hatte, klingelte es. Neugierig schleppte sich Ellen zur Tür. Sie erwartete niemanden, denn das Zimmermädchen war schon früh am Morgen da gewesen.

Überrascht sah sie sich wieder Si-Hong gegenüber, diesmal zusammen mit deren Tochter Li, Miss China, wie Ellen sie wegen ihres unglaublich klaren und schönen Gesichts insgeheim immer noch nannte. Die beiden überreichten Ellen mit einem strahlenden Lächeln mehrere Einkaufstüten mit Kleidern. Offenbar hielten sie sie für eine Multimillionärin.

Ellen bat sie herein, und Miss China fing mithilfe ihrer Mutter sofort an, voller Stolz das Ergebnis ihrer Shoppingtour auf dem Sofa auszubreiten. Ellen musste trotz ihres finanziellen Desasters laut lachen. Das alles war einfach so absurd.

Miss China hatte nicht nur Unterwäsche besorgt – Höschen mit Hello-Kitty-Aufdruck für jeden Tag –, sondern auch jede Menge andere Sachen. Neben einer gerade geschnittenen

Jeans lag da auch ein minzgrüner Chiffonrock, nudefarbene und kanariengelbe Blüschen mit rosa Pünktchen, ein knallroter Plisseerock und dazu noch eine Jeansjacke mit Blumenpatches von »Galvin« Klein, wie der unfreiwillig komische Aufdruck verriet, sowie Radlerhosen für untendrunter. Dazu Ballerinas und passende Söckchen mit einem Rüschenrand aus türkisfarbenem Tüll.

Nie im Leben würde Ellen das anziehen! Aber als sie den erwartungsvollen Blick von Miss China auf sich spürte, brachte sie es nicht übers Herz, sie zu enttäuschen. Sie verschwand mit den Kleidern im Schlafzimmer und zog schließlich den grünen Chiffonrock mit der nudefarbenen Bluse an.

Überrascht betrachtete sie sich im Spiegel. Alles passte ihr wie angegossen – und was noch viel verblüffender war: Es sah wirklich gut aus.

Es war eine ganz andere Ellen, die sich da im Spiegel betrachtete, eine, die sie so noch nie gesehen hatte. Dieses Outfit war nicht nur frisch und witzig, sondern brachte auch ihre schmale Taille zur Geltung, und das zarte Nude der Bluse verlieh ihrer eben noch so müden Haut einen schimmernden Perlmuttton, den sie noch nie bei sich festgestellt hatte. Ihre Haare waren während der Reise gewachsen, was richtig gut aussah, auch wenn sie reichlich wirr über ihren Schultern hingen, doch selbst das verlieh ihr etwas Verwegenes.

Aber würde sie das zu Hause auch anziehen und so zur Arbeit gehen? Mona mit ihrem Faible für die *Vogue* wäre wahrscheinlich begeistert und würde sich dann vielleicht auch endlich trauen, ihren beigefarbenen Strickjackenlook gegen ein wilderes Outfit auszutauschen. Unvermittelt hatte Ellen die Vision von einer in rosafarbenes Lackleder gekleideten Mona vor Augen, die ihre beiden Hunde Dick und Doof an einer mit Swarovskisteinen besetzten goldenen Leine spazieren führte.

Sie musste wieder lachen, ganz offensichtlich ging es ihr endlich besser. Ellen lief zurück in das Wohnzimmer der Suite, um sich Miss China und Si-Hong zu zeigen.

Die beiden applaudierten und kommentierten ihr Outfit mit lautstarken chinesischen Wortsalven. Als Ellen die Kleider auf ihre Rechnung setzen lassen wollte – es war jetzt sowieso schon alles egal –, schüttelten die beiden den Kopf und weigerten sich, auch nur einen Yen anzunehmen.

Si-Hong teilte ihr mit, der Kongress sei vorbei, und sie könne nun jederzeit in ein günstiges Einzelzimmer umziehen. Ebenfalls zu einem Sonderpreis.

Als Ellen das entschieden ablehnte und den beiden mitteilte, dass sie mit dem nächsten Flieger zurück nach Deutschland fliegen müsse, zuckten die enttäuscht mit den Schultern und verschwanden aus der Suite.

Mittlerweile war Ellens Laptop endlich wieder geladen. Sie öffnete ihn, um Mia eine Mail zu schreiben und ein Ticket zu buchen, dann warf sie einen kurzen Blick auf die Betreffzeilen der vielen neuen Mails:

»Melde dich!«

»Wo verdammt noch mal bist du?«

»Was ist passiert?«

Was war denn da los? Sie fing nun doch an, zu lesen und stellte erleichtert fest, dass zu Hause zumindest alles in Ordnung war.

Als ihr türkisfarbener Koffer in München vor der Tür gestanden hatte, sie selbst dann aber nicht aufgetaucht war, hatte man sich ziemlich gewundert. Und als sie dann auch auf ihrem Handy nicht erreichbar gewesen war, hatten alle verständlicherweise angefangen, sich Sorgen um sie zu machen.

Wie hatte das nur passieren können? Ellen dämmerte, dass sie in ihrem Fieberwahn offensichtlich am Gepäckschalter in

Shenzhen ein Formular ausgefüllt hatte, aufgrund dessen ihr Gepäck direkt nach München geschickt worden war.

All diese Erkenntnisse machten sie so hektisch, dass sie nicht wusste, was sie zuerst tun sollte. Einatmen, ausatmen. Sie sollte die Kette von Sugar immer tragen, um sich daran zu erinnern, was wirklich wichtig war. Ellen stand auf und holte die Kette, die auf ihrem Nachttisch lag.

Zuerst brauchte sie einen Flug, dann würde sie alle anrufen oder ihnen mailen, um sie zu beruhigen.

Nachdem sie den nächsten bezahlbaren Flug von Hongkong nach München gebucht hatte, rief sie Geli an, die ihr die meisten Mails geschrieben hatte.

»Du lebst!«, freute sich Geli und klang zutiefst erleichtert, doch dann wurde sie sofort wütend. »Wo bist du? Warum hast du dich nicht gemeldet? Was verdammt noch mal ist denn bloß passiert?«

Nachdem Ellen ihr alles erklärt hatte, wollte ihre Freundin wissen, ob sie auch wirklich wieder gesund sei. Ob sie sich noch von einem richtigen Arzt habe untersuchen lassen und wann sie denn nun nach Hause käme, oder ob sie noch nach Afrika fliegen würde?

Als Ellen ihr sagte, dass sie nach Hause kommen würde, versprach Geli, sie am Flughafen abzuholen, und bat sie dringend, Lukas und Tom anzurufen. Die hätten zwar immer so getan, als fänden sie Gelis Besorgnis übertrieben, aber wahrscheinlich hätten sie Geli nur beruhigen wollen. Sogar Richard habe sich bei ihr nach Ellen erkundigt. Der habe zwar nichts von dem Gepäck gewusst, sei aber auch unruhig gewesen, weil er Ellen nirgends hatte erreichen können.

Er hatte versucht, sie zu erreichen. Aha.

»Geht es dir wirklich wieder gut?«, fragte Geli noch einmal, als traute sie Ellen nicht so ganz.

»Körperlich bin ich noch ein bisschen klapprig, aber seelisch geht es mir gut. Ich freue mich auf zu Hause, und den Flug werde ich schon schaffen. Ich muss ja einfach nur dasitzen.« Unwillkürlich musste sie grinsen, weil sie sich an ihren letzten Flug mit den Turbulenzen erinnerte, und an ihre brüllenden, Whiskey schlürfenden Sitznachbarn.

»Gut. Weil ich nämlich Neuigkeiten für dich habe, von denen ich nicht weiß, wie du sie finden wirst.«

»Du machst es aber spannend. Sag schon!«

»Das kann ich auf keinen Fall am Telefon, dazu müssen wir uns sehen.« Geli druckste so merkwürdig herum, dass Ellen auf bizarre Ideen kam. »Hast du Hanna den Mann ausgespannt? Bist du jetzt mit Richard zusammen?«

»Du spinnst wohl! Dein Exmann ist für mich so tabu wie der Papst!«

»Aber was verheimlichst du mir denn dann?«

Geli gab ein merkwürdiges Geräusch von sich, das Ellen nicht einordnen konnte. »Alles Weitere, wenn du wieder da bist, okay?«

Ellen musste Geli versprechen, ihr eine SMS zu schicken, wenn sie im Flieger saß.

Danach rief sie ihren Sohn an und versicherte ihm, dass sie noch lebte und mit ihr alles okay war.

»Mama, weißt du schon, was passiert ist?«

»Du wurdest gefeuert?«

»Ja, und ich habe auch schon eine neue Lehrstelle, und zwar in Dachau, das ist doch echt cool, oder?«

»Und was ist noch passiert?«

»Du kapierst gar nicht, warum ich das mit Dachau so cool finde, oder?«

»Cool« war in der Tat das Letzte, das ihr im Zusammenhang mit Dachau einfallen würde, aber bevor sie nachfragen konnte, lachte Lukas und erklärte es ihr.

»Mama, manchmal stehst du echt so was von auf dem Schlauch: Ich werde doch Dachdecker! In Dach-Au!«

»Aha.«

»Also echt, Mom, du hast doch wohl hoffentlich unterwegs nicht auch noch deinen Humor verloren, so wie dein Gepäck, oder?«

»Nein. Ganz im Gegenteil. Ich habe unglaublich viel gefunden, viel mehr, als ich zu träumen gewagt hätte«, setzte Ellen an und freute sich über das Interesse ihres Sohnes.

»Klingt super, Mom, davon musst du mir dann erzählen, wenn du wieder da bist. Jetzt muss ich los, ich treff mich mit Marie.«

Es klickte, und schon war er weg. Ellen stieß einen enttäuschten Seufzer aus. Schade. Aber was hatte sie erwartet? Sie blickte auf Sugars Muschelkette. Die würde sie noch öfter brauchen, um sich immer wieder daran zu erinnern, was wirklich wichtig war.

36. KAPITEL

Es kam Ellen vor, als wäre sie ein halbes Jahrhundert lang weg gewesen und nicht nur knapp zwei Monate, als sie am frühen Morgen aus dem Flugzeug stieg und den Münchner Flughafen betrat. Es war zwar noch dunkel, aber sie hatte die Sonne schon über den Wolken gesehen.

Aufgeregt und hellwach lief sie unter der hell erleuchteten Stahlkonstruktion des Terminals zur Passkontrolle und konnte noch gar nicht ganz fassen, dass sie wirklich wieder zu Hause war. In der langen Schlange bei der Passkontrolle – zwei Schalter für 620 Passagiere – hatte sie dann aber genug Zeit, sich wieder an Deutschland zu gewöhnen.

Als sie endlich an der Reihe war und ihr Blick zufällig den Ausweis streifte, den der junge Polizist an einem langen Band um den Hals trug, konnte sie nicht glauben, was da stand. Sie sah noch mal genauer hin. Steffen Schneyder. Ihre Mundwinkel zuckten.

»Ist irgendwas?«, fragte der Polizist irritiert und rückte seine Krawatte gerade.

»Nein, nein«, sagte Ellen und versuchte ernst zu bleiben.

»Ganz schön rumgekommen«, sagte der uniformierte Schneyder und versenkte sich nun besonders tief in ihren Reisepass, wo er jeden einzelnen Stempel besorgniserregend ausführlich studierte.

Ellen brach der kalte Schweiß aus. Man starrte Polizisten eben nicht an, und auf gar keinen Fall grinste man bei der Einreise nach Bayern.

»Irgendwelche Drogen dabei?«, fragte er da auch schon. Klar, so dämlich wie sie grinsten wirklich nur Junkies an der Grenze.

Während sie noch überlegte, was jetzt eine kluge Antwort wäre, kam von Steffen Schneyder schon: »War ein Scherz!« Er schob ihr den Ausweis mit einem breiten Lächeln über den Tresen wieder zurück. »Willkommen daheim!«

Sie bedankte sich und lief beschwingt von diesem kleinen Intermezzo weiter. Noch nie war sie so lange von Deutschland weg gewesen, und die Rückkehr gefiel ihr sehr viel mehr, als sie es sich vorgestellt hatte. Es war noch ganz still und friedlich auf dem Flughafen, und gerade eben öffneten die ersten Geschäfte.

Sie musste nicht zum Gepäckband, weil sie nur ihren Handkoffer mit nicht viel mehr als den chinesischen Kleidern und ein paar Geschenken für Geli und die Kinder dabeihatte. Lukas und Mia würden es natürlich hassen, wenn sie wüssten, dass sie in ihrem Kopf immer noch *die Kinder* waren und auch immer bleiben würden, ganz egal, ob sie Dächer bauen oder heiraten und chinesische Schwiegermütter haben würden.

Ellen fühlte sich immer noch hellwach und merkte, dass sie ein Lächeln im Gesicht vor sich hertrug, und das nicht nur wegen Steffen Schneyder bei der Einreise. Sie freute sich sehr darauf, Geli zu sehen, freute sich auf Lukas und Tom, ja sogar auf Mona und Weniger. Sie freute sich unbändig auf ihren Garten und auf das Haus, und während sie an der Zollkontrolle vorbei nach draußen lief, war sie ganz sicher, dass sie unter keinen Umständen ausziehen würde, ganz egal was Richard wollte. Sie würde es schon irgendwie hinkriegen, das Haus zu behalten. Es war der Mittelpunkt ihres Lebens.

Draußen sah sie als Erstes ein riesiges Banner, auf dem stand:

Endlich! Willkommen zu Hause, Ellen,
beste Freundin der Welt!

Dann erst sah sie Geli, deren Kopf von dem Banner verdeckt wurde.

Ellen schoss die Röte ins Gesicht. Ihre Freundin musste es aber auch immer übertreiben! Doch dann sah sie, dass noch viel mehr Leute mit Bannern herumstanden, anscheinend war das gerade der letzte Schrei. Geli trat einen Schritt zur Seite und gab den Blick frei auf ein weiteres Banner, diesmal mit chinesischen Schriftzeichen, unter denen stand: *Mom, wir lieben dich!*

Gehalten wurde das Banner von … nein, nein, das musste eine vom Jetlag verursachte Sehstörung sein! Das war doch gar nicht möglich? Doch da standen Mia und Wilson und wedelten mit ihrem Banner, als wollten sie künstlichen Wind erzeugen. Definitiv keine Sehstörung. So aus der Nähe, live und in Farbe, sah Wilson viel besser aus als auf den Fotos, und er wirkte freundlich, allerdings auch doppelt so alt wie Mia. Aber das war ihr alles gerade so egal! Was für ein Empfang!

Tränen kullerten über ihr Gesicht, und weil sie vor lauter Glück nicht wusste, zu wem sie zuerst rennen sollte, blieb sie wie angewurzelt stehen und hielt damit den ganzen Betrieb auf.

Kurzerhand löste ihre Tochter das Problem.

Mia überließ Wilson das Banner und stürmte auf sie zu. »Mom, ich freue mich so, dich zu sehen!« Sie schlang ihre Arme um Ellen und wirbelte sie herum. Seit wann war ihre Tochter so stark?

»Kruzifix, gengas owei!«, schimpfte eine extrem braun gebrannte Dame in einem glitzernden Polyesterdirndl hinter ihnen.

Ahh, dieser bayerische Grant. Den hatte sie irgendwie auch vermisst. Sie war zu Hause. Ich bin wirklich zu Hause, dachte

Ellen und musste lachen. Sie drehte sich um und sagte: »Herzlich willkommen auch Ihnen!« Dann lief sie Hand in Hand mit ihrer Tochter zu Wilson und Geli, die sie feixend angrinste. »Ich musste mich so beherrschen, dir nix zu verraten!«

Ellen umarmte nun auch Geli. »Danke für diese schöne Überraschung!«, stammelte sie immer noch überwältigt. Dann riss sie sich zusammen, wischte ihre Tränen ab und wandte sich an Mia.

»Wie ist das möglich? Wo kommt ihr denn her?«

Statt einer Antwort stellte Mia ihr ganz förmlich Wilson vor, der ihr einen so formvollendeten Handkuss gab, als wäre er um die Jahrhundertwende in der ungarischen »Küss die Hand«-Donaumonarchie aufgewachsen.

Geli stand strahlend daneben, drückte Ellen kurz am Arm und nickte ihr zu.

Dann sprudelten Mia und Wilson auf Englisch, Deutsch und Chinesisch los. Sie waren in London gewesen, als Ellens herrenloses Gepäck aufgetaucht war, man aber Ellen nirgends erreichen konnte. Das hatte Mia solche Sorgen bereitet, dass sie einfach nach München fliegen musste. Außerdem hatte sie Sehnsucht nach Lukas gehabt – diesem nichtsnutzigen Blödmann von Bruder –, und sie wollte dann auch gleich noch ihren armen alten Vater sehen. Zum Glück hatte Wilson sie ebenfalls alle unbedingt kennenlernen wollen, obwohl er natürlich längst schon wieder in Hongkong hätte sein müssen, und in Shanghai brannte es an allen Baustellen. Deshalb mussten sie morgen Abend leider schon nach Hongkong zurückfliegen, aber immerhin hatten sie ja heute noch den ganzen Tag, den Abend und dann noch morgen.

Geli schlug vor, dass sie sich zum Auto begeben sollten, damit Ellen schnell nach Hause käme. Wie sich herausstellte, waren die drei mit getrennten Autos gefahren, weil Mia und

Wilson in der Villa seiner Familie am Starnberger See wohnten. Die Fans hatten nämlich überall auf der Welt, wo es schön war, eine Dependance, erklärte Mia so stolz, als würde ihr das alles gehören, was Ellen ein wenig Sorgen bereitete. Aber sie wischte das schnell beiseite. Ihre Tochter musste selbst ihre Erfahrungen machen. Alles, was jetzt zählte, war nur, dass sie hier war.

Überwältigt von den vielen Neuigkeiten, beschloss Ellen, bei Geli mitzufahren, um ihrer Freundin Gesellschaft zu leisten, denn immerhin hatte sie das alles eingefädelt.

Am Auto verabschiedete sich Mia so innig von Ellen, als würden sie doch jetzt schon wieder nach China fliegen.

Nachdem sie losgefahren waren, warf Geli ihr von der Seite einen prüfenden Blick zu. »Du siehst zwar müde aus, aber man sieht, dass das nur von dem langen Flug kommt. Du wirkst glücklich – und zwar schon gleich, als du rausgekommen bist, und bevor du uns entdeckt hast. Ganz anders als vor deiner Reise.«

»Das hoffe ich doch. Bei all dem Schönen, was ich unterwegs erlebt habe. Ich fühle mich großartig.«

»Gut! Ich war nicht ganz sicher, ob es dir gut gehen würde, immerhin warst du ja ziemlich krank da in China.« Sie holte tief Luft. »Weil … es ist nämlich so … Ich muss dir etwas beichten, und das muss ich jetzt sofort loswerden.«

Ellen konnte sich beim besten Willen nicht vorstellen, was das sein könnte. Ihre Freundin war der gutherzigste Mensch unter der Sonne.

»Versprich mir, dass du nicht sauer wirst!«

»Aber ich habe ja keine Ahnung, was los ist.« Langsam fand Ellen das doch etwas beunruhigend. »Jetzt schieß schon los!«

»Also, du hast dich sicher gewundert, dass ich mich so selten gemeldet habe.«

»Stimmt!«

»Das lag daran, dass ich ein schlechtes Gewissen hatte und

dass ich Angst hatte, wenn wir länger reden, findest du's raus und hasst mich.«

»Geli! Was in drei Teufels Namen ist denn los?«

»Um es kurz zu machen …« Geli redete so schnell, als hätte sie Angst, Ellen könnte sie unterbrechen, bevor sie fertig war. »Ich habe mich verliebt, und es ist … es hat mich schlimm erwischt. Ganz schlimm. Und ihn auch.«

»Aber weshalb sollte ich dir da böse sein?« Plötzlich kam ihr ein schrecklicher Gedanke. »Du … und Lukas?«

»O Gott, nein! Ich bin doch nicht hinter Kindern her! Wie kommst du nur auf so was?«

»Ja, aber warum sollte ich denn sonst sauer sein?«

»Du hast mir doch die Liste gegeben mit den Orten und Namen.«

»Ja, und?«

»Na ja, nachdem du weg warst, war mir langweilig, und da hab ich mir mal die Orte angeschaut. Dann wurde ich noch neugieriger und habe mir auch die Leute mal näher betrachtet – also, was ich so im Internet über sie finden konnte. Und da war einer dabei in Neureichenau, der hatte dir damals eine Karte aus dem Böhmerwald geschickt.«

»Der Elch!«, rief Ellen und musste lächeln, weil sie sich daran erinnerte, wie sie Richard eine Zeit lang immer Elchman genannt hatte. »Und wie ging's weiter?«, fragte sie.

»Na ja, ich habe mich mit Markus getroffen.« Geli wurde so rot, dass Ellen es sogar von der Seite sehen konnte.

»Weil ich ihn so süß fand.«

»Oookayyy?«

Geli rutschte nervös auf ihrem Autositz herum. »Na ja, aber um ihn dazu zu bringen, sich mit mir zu treffen, habe ich so getan, als wäre ich du.«

»Aha.« Verblüfft fragte sich Ellen, ob mit ihr was nicht

stimmte, denn statt sich darüber zu ärgern, fand sie es eher lustig, dass Geli sich für sie ausgegeben hatte. Immerhin waren sie sich rein äußerlich so ähnlich wie Baiser und Zwieback, wobei Geli natürlich das formschöne Baiser war. Wahrscheinlich hatte Markus nie auch nur ein Bild von Ellen gesehen, und sie konnte sich auch nicht erinnern, dass Elch-Markus auf ihrer Hochzeit gewesen war, denn dann hätte er sie vielleicht doch beide wiedererkannt. Andererseits – nach so vielen Jahren? Geli starrte mit eingezogenem Kopf auf die Autobahn, offensichtlich erwartete sie eine donnernde Predigt von Ellen, was diese dazu verführte, ihre Freundin ein bisschen hochzunehmen.

»Das ist ja ... Da fehlen mir die Worte für so viel ... Also wirklich!« Ellen bemühte sich um einen finsteren Gesichtsausdruck und legte Empörung in ihre Stimme. »Das ist Persönlichkeitsdiebstahl!«

Geli sackte noch mehr in sich zusammen.

»Und wie lange belügst du den armen Kerl schon? Wann wirst du ihm verraten, wer du wirklich bist?«

»Was denkst du denn? Gleich bei unserem ersten Treffen hab ich alles gebeichtet! Nie im Leben hätte ich ihn anlügen und dann küssen können.«

»Da bist du ganz sicher eine Ausnahme.« Ellen konnte sich nicht länger beherrschen und lachte jetzt lauthals. »Hey, alles ist gut! Ich habe dich nur auf den Arm genommen!«

»Echt?«

»Echt!«, wiederholte Ellen und freute sich, dass ihr beim Thema Lügen und Küssen nicht als Erstes Richard eingefallen war, sondern ihr Gespräch mit Bounty.

»Dann bist du wirklich nicht sauer?«

»Nein, erzähl mir von ihm.«

»Du wirst ihn kennenlernen. Heute Abend auf deiner Überraschungsparty. Ups! Verdammt!« Geli schlug sich auf den

Mund. »Jetzt hab ich das doch verbockt. Dabei war ich so stolz, dass ich das mit Mia für mich behalten habe.«

»Alles gut, ich werde niemandem etwas verraten.« Ellen unterdrückte ein Gähnen. »Gerade eben war ich noch hellwach, aber jetzt baue ich ab. Ich muss wohl doch eine Runde schlafen.«

Geli berührte Ellens Arm. »Ich bin so froh, dass du wieder da bist. Markus ist zwar, glaube ich, nach Gerd endlich die zweite große Liebe meines Lebens, aber so eine Freundin wie dich finde ich sicher nie mehr.«

Und dann sprudelte sie nur so los. Was für tolles Haar Markus hatte und Muskeln überall, und dabei war der auch schon über fünfzig. Dass er eine Sportskanone war und sie zusammen auf der Amper zum Stehpaddeln waren und dass Markus sogar gerne lesen würde, Krimis und Science-Fiction, was Ellen doch sicher auch toll fand, da müsste sie ihr mal ein paar Tipps geben, und … Ellen bekam gar nicht alles mit, aber sie freute sich, dass Geli so glücklich war.

Als sie endlich vor dem Haus anhielten, war Ellen fast ein bisschen enttäuscht, dass es hier so normal aussah – keine Girlanden, keine Luftballons.

Geli stieg aus, um Ellen zu umarmen. »Ich muss dir noch etwas verraten, um dich zu warnen.«

»Schon mal überlegt, ob du bei der NSA anheuern willst, bei all den Geheimnissen, die du so mit dir herumträgst?«, witzelte Ellen.

»Es ist wegen Richard. Deine Kinder wollten unbedingt, dass er heute Abend auch kommt.«

»Ist okay für mich.« Ellen sah den Stein vor sich, den sie auf Samoa ins Wasser geworfen hatte, und fühlte sich noch genauso leicht. »Er wird immer Teil meines Lebens bleiben.« Ellen nickte bekräftigend und strich sich eine lose Haarsträhne hinter die Ohren. »Und ich werde sogar Hanna überleben, falls sie mitkommt.«

Geli musterte sie besorgt. »Oh, hat dir das noch keiner gesagt? Hanna ist passé. Richard hat einen neuen Assistenten eingestellt.«

Jetzt war Ellen doch verblüfft, aber nicht wegen Gelis Neuigkeiten, sondern weil es ihr tatsächlich vollkommen egal war, ob Hanna Richard oder Richard Hanna verlassen hatte und warum.

»Richard ist wirklich Vergangenheit.«

»Allerdings scheint mir, dass er davon keinen Schimmer hat.« Geli grinste. »Sein neuer Assistent ist schwul und hat Haare auf den Zähnen. Lukas hat mir erzählt, Richard hofft, dass er dich mit Unterstützung der Kinder wieder zurückerobern kann.«

»Klar, die wollen Mama und Papa wieder vereint sehen, obwohl sie doch schon erwachsen sind. Verrückt!«

»Und Mia ganz besonders«, fügte Geli hinzu.

Ellen runzelte die Stirn und fragte sich, ob Mia womöglich Angst hatte, ihre Hochzeit mit Wilson stünde auf dem Spiel, wenn ihre Eltern geschieden wären. Aber so etwas wollte sie nicht denken. Sie hatte doch ihre kluge Tochter nicht zu einer derart unterwürfigen Frau erzogen.

»Danke, Geli, aber mach dir keine Sorgen. Mir geht's gut, und ich werde das heute Abend prima hinkriegen. Viel mehr als Richard interessiert mich, ob dieser Markus auch wirklich gut genug für dich ist!«

Gelis Augen blitzten freudig auf, bevor sie Ellen einen Kuss auf die Wange gab. »Was habe ich für ein Glück gehabt, dass du meinen Ratschlägen nicht gefolgt und als Erstes nach Toronto geflogen bist! Bis nachher dann, ruh dich aus, ja?«

Geli nickte Ellen zu und fuhr dann unter lautem Hupen davon.

Ellen winkte ihrer Freundin nach. Dann atmete sie die reine

klare Luft tief ein und genoss die Stille. Nicht mal ein Vogel zwitscherte.

Statt hineinzugehen, lief Ellen um das Haus herum, das ihr viel größer vorkam, als sie es in Erinnerung hatte, und nach hinten in den Garten. Sie freute sich über die späten rosa- und gelborangefarbenen Rosen, die in den Kübeln auf der Terrasse vereinzelt noch blühten. Ganz offensichtlich hatte Tom einen grünen Daumen.

Sie ging zum Teich, setzte sich dort in einen der Korbstühle und betrachtete ihren Garten. Die schon verblühten englischen Teerosen, die den grünen Rasen säumten, die Kräutertreppe, die Himbeerhecke und weiter hinten ihren Staudengarten, in dem blaue Herbstmargeriten und goldfarbene Astern leuchteten. Tom hatte das alles wirklich gut in Schuss gehalten. Sie hätte es nicht besser gekonnt.

Ellen ignorierte den Impuls herumzulaufen, um hier und da zu schnuppern oder ein paar verblühte Stängel abzuzupfen, sondern genoss einfach nur den Anblick ihres Gartens, in dem alles Grün schon schwer durchtränkt war vom satten Gelb des Herbstes. Ihr war klar, was das bedeutete. Der nächste starke Wind würde die ersten Blätter fallen lassen, der Sommer war vorbei. Aber auch darauf freute sie sich, sie mochte den Herbst.

Wie Sugar wohl der Herbst hier gefallen würde? Und was würde Steve zu ihren Rosen sagen? Ganz bestimmt würden sich hier alle wohlfühlen, überlegte sie und stellte sich ein Fest vor, zu dem all ihre neuen Freunde angereist kämen.

Und sie merkte gar nicht, wie dabei ihre Augen zufielen.

37. KAPITEL

Ellen erwachte, als jemand sachte an ihre Schulter tippte. Gerührt bemerkte sie, dass man eine Decke über sie gebreitet hatte. Sie streckte sich und öffnete die Augen. Zu ihrer Überraschung stand nicht Lukas über ihr, den sie eigentlich erwartet hatte, und im ersten Moment wusste sie nicht, wer sie da so freundlich anlächelte. Erst nach und nach dämmerte ihr angesichts der riesigen schwarzgeränderten Brille und dieser Cyrano-de-Bergerac-Nase, dass es Tom sein musste. Aber er sah so verändert aus.

Als ihr klar wurde, warum er so anders und so viel besser aussah, musste sie sich ein Lachen verbeißen. In ihrer Erinnerung hatte sie immer das rotblonde geflochtene Ziegenbärtchen vor Augen gehabt, und genau das hatte er offensichtlich abrasiert. Der fehlende Bart ließ ihn komischerweise älter erscheinen, was aber viel besser zu ihm passte. Er sah richtig gut aus, ja, er gefiel ihr. Sie merkte, dass sie bei dem Gedanken ein bisschen rot wurde, wie ein Teenager. Trotzdem hielt sie dem Blick seiner, wie sie zum ersten Mal bemerkte, kirschlorbeerblattgrünen Augen stand, mit denen er sie gerade freundlich anlächelte.

Welche Karte hatte sie ihm noch gleich als letztes geschickt? Eine aus Shenzhen, die sie einen Tag vor ihrem Abflug in einem Kräuterladen neben dem Hotel entdeckt hatte. Auf der Karte waren ein Hahn und eine Sonne mit einer Menge chinesischer Schriftzeichen abgebildet. Die freundliche Verkäuferin hatte für sie übersetzt, was auf der Karte stand. Ein Spruch von Konfuzius, irgendwas über Hähne und die Sonne … Wie war es noch gleich?

»Ist meine Karte aus Shenzhen schon angekommen?«, fragte sie, um die Stille zwischen ihnen zu durchbrechen.

Tom nickte und grinste breit. »Heute Morgen.« Und dann ging sein Grinsen in Lachen über.

»Es ist so …«, begann er, konnte aber nicht weitersprechen. Sein Lachen gefiel ihr, es klang warm und dunkel, kam tief aus seinem Bauch heraus und passte zu ihm. Auch wenn sie keine Ahnung hatte, was an ihrer Karte so komisch war. Schließlich lachte sie mit, ohne zu wissen warum, einfach weil es sich so gut anfühlte.

»Was ist denn so lustig an Konfuzius?«, fragte sie schließlich völlig außer Atem.

»Konfuzius?« Verwirrt hielt Tom inne. Dann schien er zu verstehen und brach wieder in Gelächter aus. »Warte!«

Er lief in die Küche und holte die Karte mit dem Hahn und der Sonne, auf der ein Post-it klebte.

»Als dein Schwiegersohn in spe die Karte auf dem Tisch liegen sah, hat er mich beiseitegenommen und mir einen sehr ernsthaften Vortrag darüber gehalten, dass Walnüsse, und zwar grüne Walnüsse, sehr viel besser wirken als das hier.«

»Ich verstehe nicht?«

»Er hat die Karte für mich übersetzt: *Nimm eine rechte Hand voll und dann eine linke Hand voll unreifer Himbeeren, gebe sie in eine Pfanne und röste sie dort trocken. Danach breite sie aus und lasse alles gut durchtrocknen. Alsdann pulverisiere sie sanft und nimm jeden Morgen einen Teelöffel des Pulvers auf nüchternen Magen ein und du wirst schnell wieder ein echter Hahn sein!*«

Ellen brauchte einige Sekunden, bevor ihr klar wurde, was er damit sagen wollte. Sie hatte ihm wirklich und tatsächlich ein Rezept gegen Potenzprobleme geschickt! Einen Moment lang war sie vollkommen sprachlos und überlegte, ob Wilson sich vielleicht einen Witz mit Tom erlaubt hatte, schloss das aber sofort wieder aus. Gleichzeitig fiel ihr auch das Zitat wieder ein, das die Verkäuferin für sie übersetzt hatte.

»Und was hast du gedacht, was da steht?«, fragte Tom.

»Ein Spruch von Konfuzius: *Du kannst den Hahn zwar einsperren, doch die Sonne geht trotzdem auf.*«

Sie sahen sich an und mussten schon wieder lachen.

»Mir hat die Karte trotzdem gut gefallen«, sagte Tom, als sie sich wieder beruhigt hatten. »Genau wie all die anderen, die du mir geschickt hast. Nur die Bücher habe ich noch nicht alle gelesen. Dazu blieb mir einfach keine Zeit. Du musst unbedingt wieder zur Arbeit kommen, ich bin für diese Leitungsposition einfach nicht gemacht. Das hab ich mit Weniger schon besprochen, die warten alle schon auf dich.« Er sah auf seine Armbanduhr. »Apropos, du hast ziemlich lange geschlafen, und in einer Stunde steigt hier eine Party. Ich wurde abkommandiert, um den Grill vorzubereiten. Vielleicht willst du dich noch duschen oder umziehen?«

Als Ellen sich erhob, musterte er sie beifällig und nickte ihr zu. »Aber für mich kannst du genau so bleiben, du siehst gut aus. Richtig gut, im Sinne von sexy.«

Beschwingt warf Ellen die Decke von sich, streckte sich noch mal und lief dann zum Haus. Obwohl sie neugierig war, ob Tom in ihrer Abwesenheit etwas verändert hatte, entschied sie, lieber erst zu duschen und sich dann später umzusehen, und ging gleich nach oben in ihr Schlafzimmer. Jemand hatte einen Strauß mit kurz geschnittenen Rosen auf ihren Nachttisch gestellt, deren üppige rosa Blüten das Zimmer mit spätsommerlich süßem Duft erfüllten. Als sie sich hinunterbeugte, um daran zu schnuppern, sah sie das »Ja, heirate ihn!«-Buch, das daneben lag. Sie setzte sich auf ihr Bett und nahm es in die Hand. Ganz vorn war die Karte aus Samoa. Langsam blätterte sie weiter. Kanada, Japan, Böhmerwald, San Francisco, Wollongong …

Sie hatte nicht alle diese Orte besucht, ja sogar nur sehr wenige, aber ganz bestimmt die richtigen. Verblüfft stellte sie fest, dass dieses Buch nicht nur ihr Ja zur Ehe und ihr Ja zu Richard begleitet hatte, sondern letztlich auch dabei geholfen hatte, ihr zerfetztes Herz wieder zu heilen.

Nach all den Geschichten, die sie auf ihrer Reise erlebt hatte, verstand Ellen jetzt, dass Richard auf der Suche nach etwas war und nie vorgehabt hatte, ihr das Herz zu brechen. Trotzdem war genau das passiert, war es ihnen beiden passiert, nur war ihm nicht bewusst, dass letztlich auch er Narben davontragen würde. Und sie hoffte, er würde seinen Verletzungen Beachtung schenken, denn nur dann konnten sie auch heilen, so wie ihre Narben, die zwar noch nicht völlig verblasst waren, aber doch schon anfingen, perlmuttfarben zu schimmern.

Sie legte das Buch zurück und zog ihre Kleider aus, um endlich duschen zu gehen. Danach würde sie ihr allerschönstes Kleid anziehen und natürlich die Ulapule, die Muschelkette von Sugar.